本书为国家社科基金项目
"网络社会思潮的传播及引导研究"（17BKS150）的结项成果

网络社会思潮的传播与引导研究

王娟 著

天津出版传媒集团

天津人民出版社

图书在版编目（CIP）数据

网络社会思潮的传播与引导研究 / 王娟著. -- 天津：
天津人民出版社，2025. 5. -- ISBN 978-7-201-21127-5

Ⅰ. C912.67；G206.2

中国国家版本馆 CIP 数据核字第 2025AF4634 号

网络社会思潮的传播与引导研究
WANGLUO SHEHUI SICHAO DE CHUANBO YU YINDAO YANJIU

出　　版	天津人民出版社	
出 版 人	刘锦泉	
地　　址	天津市和平区西康路 35 号康岳大厦	
邮政编码	300051	
邮购电话	(022)23332469	
电子信箱	reader@tjrmcbs.com	

策划编辑	郑　玥	
责任编辑	郭雨莹	
装帧设计	汤　磊	

印　　刷	天津新华印务有限公司	
经　　销	新华书店	
开　　本	710 毫米×1000 毫米　1/16	
印　　张	14.75	
插　　页	2	
字　　数	200 千字	
版次印次	2025 年 5 月第 1 版　2025 年 5 月第 1 次印刷	
定　　价	88.00 元	

目　录

导　论

一、研究背景

著名传播学学者马歇尔·麦克卢汉在概括媒介在人类社会发展中的地位和作用时提出"媒介即讯息"，即真正有意义的讯息并不是各个时代的媒介所提示给人们的内容，而是媒介本身，"'媒介即讯息'的意思是，一种全新的环境被创造出来了"，"环境并非消极的包装用品，而是积极的作用机制"①。媒介环境学派的开创者之一尼尔·波兹曼提出了"媒介即隐喻""媒介即认识论"，认为媒介的形式极为重要，因为"特定的形式会偏好某种特殊的内容，最终会塑造整个文化的特征"②。互联网是继报纸、广播、电视之后出现的新的大众传播媒介，作为20世纪最伟大的发明之一，互联网广泛渗透于政治、经济、文化和教育等各个领域，并对这些领域均产生了深刻的影响。网络媒介的出现、发展及其给思想文化领域带来的深刻影响既构成了网络社会思潮形成和发展的社会背景，也是网络社会思潮研究的现实背景。

1994年中国开启与国际互联网的全功能连接，翻开互联网发展史的首

---

①　[加拿大]马歇尔·麦克卢汉：《理解媒介：论人的延伸》，何道宽译，译林出版社，2019年，第10~11页。

②　[美]尼尔·波兹曼：《娱乐至死》，章艳译，中信出版社，2015年，第10页。

页。1995年邮电部向社会开放接入服务,上网、用网成为机构和个人的新时尚。1997年中国互联网进入商用化阶段,网民群体逐渐发展。2000年后互联网的各种应用蓬勃发展,新浪、腾讯、网易和搜狐四大门户网站崛起,百度打造搜索引擎,人们通过门户网站可以了解到各种各样的信息。1994—2003年是互联网发展的web1.0时代,互联网以静态、单向阅读的网页为主。这一时期中国社会对网络的认识有一个从东西方政治力量博弈的"网络危害论"到互联网发展大可有为的"网络工具论"的转变过程。这一时期,网络作为工具,是信息的载体和人们获取信息的手段之一,思想文化信息开始在网络领域汇聚,社会思潮亦开始传入和汇聚网络领域。

2003年后互联网发展开始进入以分享为特征的实时网络web2.0时代。网络论坛、网络社区等各种交流、共享平台纷纷建立,博客、新浪微博等自媒体平台也陆续出现。网络为思想信息的交流与流动提供了一个群体环境下的场域,广大网民在互联网上发表观点,畅谈看法,网络"意见领袖"开始大量涌现,抛出各种观点参与公共话题的讨论,各种网络虚拟社群逐渐形成,并基于群体互动实现网络议题的生成和扩散。人们通过互联网拓展了自己的社交网络,获得了更丰富的信息,网络不再仅仅是信息的载体和传播工具,而是发展成为一个与现实领域平行、互动的网络空间、网络领域。互联网的使用和普及给文化环境带来了深刻的影响,不仅推动了文化信息资源的整合,还生成了一种新的文化形态——网络文化。网络文化迅速发展,成为深刻影响和改变人们思维方式、行为方式、生活方式和生产方式的最大众化、最活跃、最具影响力的文化形态。互联网的发展形成了多元互动的媒介场景,也重塑着社会舆论生态,各种思想信息和社会舆论汇聚于网络。互联网既是舆论生成的发源地、舆论传播的集散地、舆论交锋的主阵地,也成为意识形态交锋的阵地、社会思潮汇聚的舞台。网络的开放性使得过去在现实领域受到抑制的社会思潮找到了自由传播的舞台,网络广泛的覆盖面使得过去活跃于学术领域和政治领域的社会思潮实现了向大众领域的快速渗透和扩散。现实社会中的各种社会思潮迅速在网络领域登场，通过网络提供的各种平台传播自己的思想主张，表达自己的价值诉求，多元社会思潮在网络领域争夺地盘，不同社会思潮在激烈论争的同时也不断地融合发展。汇聚于网络领域的社会思潮与网络话语、网络文化深度融合，不断根据网络语境和网络媒介的发展调整话语体系和传播方式，甚至衍生出适合网络传播的新形态。

2012年以来，随着手机操作系统生态圈的全面发展，移动互联网发展进入爆发期，大数据兴起，数据驱动决策成为一种时尚和新思路。新媒体行业迅猛发展，围绕网民互动及个性体验的互联网应用技术日益发展和完善，互联网不断深入人们生活。网络与人们生活日益融合，创造了新的话语体系，并带来新的生活方式。网络大众文化与网络领域大众化社会思潮互为助力，推动网络领域大众化社会思潮的发展和弥散化传播，大众化社会思潮丰富了社会的思想文化、拓宽了人们视野，但也给广大网民尤其是青少年的精神世界造成了极大困扰。同时，网络谣言、网络暴力和网络炒作等不良网络现象也在网络空间滋生蔓延。精心伪装的"网络大V"和大量的"网络喷子"肆意解读、解构乃至诋毁国家的政治机构、社会体制，诋毁、歪曲中国的历史、文化和历史英雄人物；一些网络红人为了吸引眼球利用娱乐平台肆意消费、娱乐经典和权威；反动势力打着自由、民主的旗号在网络空间大肆推销极具欺骗性的"普世价值"；网络"公知"抛售各种虚无主义言论，扰乱人们的价值认知。各种包含着社会思潮思想主张的信息以碎片化、娱乐化的形式弥漫于网络领域，网络日益成为众多思想意识的集散地、舆论斗争的主战场和意识形态斗争的最前沿。

党的十八大以来，以习近平同志为核心的党中央高度重视网络文化、网络生态和网络安全，面对日益复杂的互联网安全形势，围绕网络意识形态建设、发展与治理作出一系列重大决策、部署,提出了一系列重要思想。2013年,习近平在《中共中央关于全面深化改革若干重大问题的决定》的说明中强调指出:"面对传播快、影响大、覆盖广、社会动员能力强的微客、微信等社交网络和即时通信工具用户的快速增长,如何加强网络法制建设和舆论引导,确保网络信息传播秩序和国家安全、社会稳定,已经成为摆在我们面前的现实突出问题。"[1]2016年4月19日,习近平在网络安全和信息化工作座谈会上的讲话中明确指出:"网络空间是亿万民众共同的精神家园。网络空间天朗气清、生态良好,符合人民利益。网络空间乌烟瘴气、生态恶化,不符合人民利益。"[2]"我们要本着对社会负责、对人民负责的态度,依法加强网络空间治理,加强网络内容建设,做强网上正面宣传,培育积极健康、向上向善的网络文化,用社会主义核心价值观和人类优秀文明成果滋养人心、滋养社会,做到正能量充沛、主旋律高昂,为广大网民特别是青少年营造一个风清气正的网络空间。"[3]

在党的十九大报告中,习近平指出要"坚持正确舆论导向,高度重视传播手段建设和创新,提高新闻舆论传播力、引导力影响力、公信力。加强互联网内容建设,建立网络综合治理体系,营造清朗的网络空间"[4]。2018年4月20日在全国网络安全和信息化工作会议上的讲话中,习近平强调:"互联网是我们面临的最大变量,在互联网这个战场上,我们能否顶得住、打得赢,

---

① 习近平:《关于〈中共中央关于全面深化改革若干重大问题的决定〉的说明》,《人民日报》,2013年11月16日。

② 习近平:《在网络安全和信息化工作座谈会上的讲话(2016年4月19日)》,人民出版社,2016年,第8页。

③ 习近平:《在网络安全和信息化工作座谈会上的讲话(2016年4月19日)》,人民出版社,2016年,第9页。

④《中国共产党第十九次全国代表大会文件汇编》,人民出版社,2017年,第34页。

直接关系国家政治安全。"①"能不能牢牢掌握意识形态工作领导权,关键要看能不能占领网上阵地,能不能赢得网上主导权。""要高度重视网上舆论斗争,加强网上正面宣传,消除生成网上舆论风暴的各种隐患。""坚决打赢网络意识形态斗争,维护国家政治安全。"②在党的二十大报告中,习近平进一步指出,要"加强全媒体传播体系建设,塑造主流舆论新格局。健全网络综合治理体系,推动形成良好网络生态"③。

网络社会思潮是网络领域活跃的思想意识,是煽动社会舆论,影响网络生态的重要意识形态,网络社会思潮的研究不仅在学术层面是深化社会思潮研究的必然要求,而且在现实层面是把握网络领域的思想动向,进而在科学理论的指导下打好打赢网络意识形态斗争主动仗,守住守好互联网阵地,牢牢掌握网络意识形态领域主动权的重要环节。

二、国内研究动态

学界对网络领域社会思潮的关注始于21世纪初,最初是在探讨互联网对社会的冲击与影响的文章中零星提及社会思潮,或者在社会思潮研究中偶尔提及网络媒介。2003年网络民族主义思潮作为第一个"网络+思潮"的组合称谓出现在报刊媒介上。④可以查到的最早从学术研究的角度探讨网络领域社会思潮的文章是发表于2004年的《商品抑或礼物:新自由主义与新

---

① 《习近平关于网络强国论述摘编》,中央文献出版社,2021年,第56页。

② 《习近平关于网络强国论述摘编》,中央文献出版社,2021年,第55页。

③ 习近平:《高举中国特色社会主义伟大旗帜 为全面建设社会主义现代化国家而团结奋斗——在中国共产党第二十次全国代表大会上的报告》,人民出版社,2022年,第44页。

④ 李慕瑾:《网络民族主义掀开中国民族主义新篇章》,《国际先驱导报》,2003年9月18日。

左派在赛博空间的对垒》。①最早的"网络+思潮"学术文章是2005年的一篇
文章:《网络民族主义:并不虚拟》。②此后,有关网络社会思潮的研究逐年增
多。2010年前后的网络社会思潮研究主要是从整体上探讨网络领域社会思
潮的种类、生成、传播策略及其带来的影响。2015年前后网络领域具体社会
思潮的专门研究开始增多,研究内容涉及网络领域具体社会思潮的观点主
张、呈现方式、影响及引导,不仅最早进入学者们研究视野的网络民族主义
思潮得到更深入的探讨,而且网络领域的其他社会思潮也开始陆续受到关
注,并于2018年前后达到研究数量上的高峰。学界二十余年来对网络领域
社会思潮的研究主要集中在以下五个方面:

(一)网络社会思潮的界定

学界对网络社会思潮的概念界定主要出现于网络社会思潮研究的起步
阶段,突出表现为两种视角、三种定位。一种视角是视网络社会思潮为伴随
网络媒体出现的一种新兴社会思潮。把网络社会思潮定位为一种全新的社
会思潮,即网络舆论的制造者和参与者通过在网络上发布和传播舆论信息,
"利用公众舆论压力影响社会问题解决"的思想倾向和价值取向,③以中下层
民众表达特定的经济或者政治诉求为主要特征,本质上是"民众网络评价活
动"④。另一种视角则是指网络领域的具体社会思潮。这种视角又分为两种
不同的定位:一种定位认为网络社会思潮是以网络为传播媒介的社会思潮,
是现实领域社会思潮通过网络争夺话语权,主要是传播方式和接受方式发

———————————

①　杨立雄:《商品抑或礼物:新自由主义与新左派在赛博空间的对垒》,《自然辩证法研究》,
2004年第1期。

②　向洋:《网络民族主义:并不虚拟》,《世界知识》,2005年第14期。

③　钟志凌:《网络思潮的传播规律与合理性调控研究》,《学术论坛》,2010年第4期。

④　刘波亚、郭燕来:《内涵·特点·路径:网络思潮的本质探析》,《理论与改革》,2012年第3期。

生了变化。①另一种定位认为网络社会思潮是传统意义上的社会思潮在网络领域的衍生物,是网络技术条件下的特有产物,②是一种与传统意义上的社会思潮在传播主体、传播方式、传播效果及社会影响等各方面都大为不同的"新的表现形态"。③

在网络领域社会思潮研究持续深入推进后,从第一种视角定义网络社会思潮的声音趋于沉寂,网络领域活跃的具体社会思潮陆续进入研究视野,学界不再拘泥于定义网络社会思潮,而是在网络领域具体社会思潮的研究中分析具体社会思潮的网络形态。有些研究对于在网络领域衍生出明显网络形态的社会思潮以"网络+思潮"命名,有些研究并不以具体社会思潮是否衍生出网络形态为依据,而是直接以"网络+思潮"指代网络领域的具体社会思潮,这种情况可以理解为把网络社会思潮定义为网络领域的社会思潮。

(二)网络领域具体社会思潮的研究

目前学界没有针对网络领域出现的社会思潮种类、数量的专门梳理,有学者通过研究认为,网络领域影响中国主流意识形态建设的社会思潮主要有八种,包括"新自由主义、民主社会主义、新左派、民族主义、文化保守主义、历史虚无主义、无政府主义、民粹主义"④《人民论坛》问卷调查中心对2010—2019这十年的重大社会思潮进行了跟踪研判分析,十年来关注过的比较重大的社会思潮多达三十余个,⑤这些社会思潮都在不同程度上通过网

---

① 陈伟军:《虚拟社区中的社会思潮传播与价值形塑》,《浙江学刊》,2013年第1期。

② 陶文昭:《互联网上的民粹主义思潮》,《理论导报》,2011年第7期。

③ 连水兴:《网络、虚拟空间与社会思潮的延伸——关于网络空间"文化保守主义"论争的传播学思考》,《内蒙古社会科学》,2007年第5期。

④ 郭明飞、郭冬梅:《互联网上影响我国主流意识形态建设的社会思潮分析》,《江汉论坛》,2014年第3期。

⑤ 人民论坛"特别策划"组:《2010—2019重大社会思潮十年演变》,《人民论坛》,2020年第3期。

络途径传播。具体社会思潮的网络传播研究是陆续进入学者们的研究视野的,较早得到学界专门研究的社会思潮主要有网络民族主义、网络民粹主义、网络领域的文化保守主义、新左派、新自由主义等。截至目前,研究较多的网络社会思潮是网络民族主义、网络民粹主义和网络历史虚无主义。

网络民族主义是最早引起学界关注的网络社会思潮,也是最早出现的"网络+思潮"组合,自2005年被纳入学术视野后,2005—2015十年间研究数量逐年攀升,2015年以来虽然年度研究数量上有波动,但每年学术论文的数量都在十篇左右。在网络民族主义研究的起步阶段,有学者总结了媒体和知识界对网络民族主义的四种定位:一是网络领域"愤青"的极端言论,是一种狭隘的民族主义;二是网络领域的爱国主义;三是网络领域宣泄民族主义取向的社会现象;四是传统民族主义在网络领域的表达。[①]随着研究的推进,学界在网络民族主义是民族主义在网络领域的衍生形态上基本达成共识,虽然在网络民族主义利弊认识方面仍存在争议,但对网络民族主义的评价更多地倾向正面和积极。网络民族主义思潮研究起步早,关注度高,学界的研究涉及的内容较为全面,研究也比较系统。研究内容不仅涉及网络民族主义现象、性质与类型,对不同群体尤其是青年群体的影响,对我国外交的影响与应对等宏观层面的问题,而且还涉及网络民族主义思潮中的"意见领袖",涉日、涉美事件中的网络民族主义等更加具体和微观的问题,网络民族主义演进中出现的新现象如图像叙事、娱乐化表达等均有研究持续跟进。

网络民粹主义思潮的研究虽然起步稍晚于网络民族主义,但从学术文章的研究数量上看,其在学术领域的受关注程度还稍高于网络民族主义。根据中国知网文献查询,最早涉及网络民粹主义研究的文献是发表于2009年的《网络事件中的民粹主义现象分析——以"哈尔滨警察打死大学生"事

---

① 王军:《试析当代中国的网络民族主义》,《世界经济与政治》,2006年第2期。

件为例》。①网络民粹主义论文研究数量可视化分析显示,除了2015年度的小幅下滑外,2009—2018年研究数量呈逐年上升的趋势,2018年后开始逐年小幅回落。根据《人民论坛》问卷调查中心的数据,自2011年以来,民粹主义思潮连续十年入选最受关注十大社会思潮,2016、2017年度连续位列第一。②鉴于当前中国的民粹主义主要表现为网络民粹主义,③由此推断,网络民粹主义应属近十年来关注度最高的网络社会思潮。学界对网络民粹主义的研究以民粹主义现象分析、成因分析、利弊影响和引导治理为主,同时对网络民粹主义的话语策略、叙事方式亦有专门探讨。

网络历史虚无主义思潮也较早引起学界的关注,但早期的研究不是专门的研究。早期的网络历史虚无主义研究主要出现在学者们分析和批判网络"恶搞"现象的文章中,如认为以颠覆的、滑稽的无厘头表达来解构严肃主题作品使之产生喜剧效果的娱乐文化是历史虚无主义的一种形式。④专门的网络历史虚无主义研究是2014年发表的《微博时代的"文化自弃"——微博中历史虚无主义和文化投降主义的倾向成因简析》。⑤此后,专门的网络历史虚无主义研究直线攀升,并于2018年达到研究数量的年度高峰。2014年以来短短几年间,网络历史虚无主义成为研究数量最多的网络社会思潮之一。学界从新媒体空间的历史虚无主义、历史虚无主义的网络传播等角度开展网络领域历史虚无主义的研究,也有学者直接以网络历史虚无主义为名称谓网络领域的历史虚无主义思潮。网络历史虚无主义研究成果丰

①　王君玲、石义彬:《网络事件中的民粹主义现象分析——以"哈尔滨警察打死大学生"事件为例》,《国际新闻界》,2009年第4期。

②　人民论坛"特别策划"组:《2020国内社会思潮》,《人民论坛》,2021年第3期。

③　丛日云:《中国网络民粹主义的表现与出路》,《人民论坛》,2014年第4期。

④　王敏坚、钱凌梓:《"恶搞"现象对青少年思想道德的影响及应对》,《中国教育研究论丛》,2007年(年刊)。

⑤　王虎:《微博时代的"文化自弃"——微博中历史虚无主义和文化投降主义的倾向成因简析》,《东南传播》,2014第1期。

富,研究成果涉及网络领域历史虚无主义的表现、本质、成因、影响、发展趋向、对策及治理等各个方面。

除了上述三种较早纳入研究视野、研究成果比较丰富的社会思潮外,网络领域的文化保守主义、新左派、新自由主义和消费主义也较早进入学者们的研究视野,但是研究成果相对较少。

最早关注网络领域文化保守主义思潮的学术文章是发表于2007年的《网络、虚拟空间与社会思潮的延伸——关于网络空间"文化保守主义"论争的传播学思考》。①此后,虽然文化保守主义思潮和新儒家研究的文献颇丰,但专门就网络领域文化保守主义思潮的相关研究只有发表于2017年的《新儒家思潮的网络传播与高校意识形态安全》②和2020年的《新儒家主义思潮网络传播的表征及其引领》。③所以整体而言,网络领域文化保守主义思潮的研究比较有限。

新左派思潮是网络领域比较活跃的社会思潮,但是对网络领域新左派思潮的专门研究则非常少见。通过中国知网文献查询,最早的研究成果是2004年的《商品抑或礼物:新自由主义与新左派在赛博空间的对垒》,④此外还有一篇通过质性观察和归纳研究"国家主义左翼思潮""民粹主义左翼思潮"与"自由主义左翼思潮"三种网络左翼思潮的关系及发展趋势的《网络左翼的三重面相——基于个案观察和大数据的探索性研究》。⑤其他涉及网络

① 连水兴:《网络、虚拟空间与社会思潮的延伸——关于网络空间"文化保守主义"论争的传播学思考》,《内蒙古社会科学(汉文版)》,2007年第5期。

② 丁嘉庆:《新儒家思潮的网络传播与高校意识形态安全》,《法制与社会》,2017年第11期。

③ 李明德、乔婷:《新儒家主义思潮网络传播的表征及其引领》,《内蒙古社会科学》,2020年第5期。

④ 杨立雄:《商品抑或礼物:新自由主义与新左派在赛博空间的对垒》,《自然辩证法研究》,2004年第1期。

⑤ 桂勇、黄荣贵、丁昳:《网络左翼的三重面相——基于个案观察和大数据的探索性研究》,《社会》,2018年第3期。

领域新左派思潮的研究主要出现于探讨网络民粹主义与新左派合流的文章中,或者出现于个别提及网络因素的新左派研究的文献中。

新自由主义思潮也是较早活跃于网络领域的社会思潮,但是网络领域新自由主义思潮的专门研究也不多见,除了上述发表于2004年的《商品抑或礼物:新自由主义与新左派在赛博空间的对垒》外,涉及网络与新自由主义的专门研究文献不到十篇,零星分布于2012—2020年间,研究内容涉及新自由主义网络传播的影响,对主流意识形态的消解,①新自由主义网络表达的政治隐喻②及新自由主义与中国网络民粹主义表达等,③研究内容比较分散。

网络领域消费主义的研究开启于2008年前后,相关研究主要是把消费主义作为研究视角和研究背景探讨具体网络现象、网络行为,如消费主义视角下的网络"恶搞",④消费主义背景下的网络导向型生活,⑤从消费主义看网络审丑等,⑥相关研究数量比较有限。专门从宏观层面探讨网络领域消费主义思潮的文献更少,总数量不到十篇。目前可以查到的较早的网络领域消费主义专门研究是出现于2009年的《网络传播消费主义研究》。⑦此后的专门研究还有《网络消费主义、网络成瘾与日常生活的异化》,⑧《论网络消费主义对当代女大学生价值观念的塑造》等,⑨文献数量少,研究的角度和涉及的内容比较分散。

---

① 罗忠荣、杨永志:《警惕网络新自由主义对主流意识形态的消解》,《理论界》,2012年第6期。
② 杨谦、张婷婷:《新自由主义思潮的网络政治隐喻及应对》,《马克思主义理论学科研究》,2020年第6期。
③ 罗谡:《新自由主义与中国网络民粹主义表达》,《新闻研究导刊》,2018年第9期。
④ 蔡立媛、付芳薇:《消费主义下的网络"恶搞"》,《新闻爱好者》,2008年第3期。
⑤ 蒋建国:《消费主义背景下的网络导向型生活与精神迷失》,《现代传播(中国传媒大学学报)》,2015年第2期。
⑥ 马丽娟:《从消费主义看网络媒介审丑现象》,《今传媒》,2014年第4期。
⑦ 高永亮:《网络传播消费主义现象批判》,中国传媒大学博士毕业论文,2009年。
⑧ 蒋建国:《网络消费主义、网络成瘾与日常生活的异化》,《贵州社会科学》,2014年第5期。
⑨ 胡静柔:《论网络消费主义对当代女大学生价值观念的塑造》,《新闻知识》,2020年第4期。

　　除了上述较早引起学界关注的社会思潮外,泛娱乐主义、犬儒主义和"普世价值"这三种社会思潮属于研究起步较晚,但是日益受到学界密切关注的网络社会思潮。

　　泛娱乐主义思潮作为新兴社会思潮,形成于网络时代,也主要表现为网络泛娱乐主义。学界对网络泛娱乐主义的研究开端于2005年前后对网络领域泛娱乐化现象的关注和研究,相关的文献研究涉及网络文学娱乐至上的审美向度,[1]网络泛娱乐倾向的文化反思,[2]"恶搞"泛娱乐化现象的忧思,[3]等等。把泛娱乐主义作为一种社会思潮研究开始于2018年前后,并随即开启了泛娱乐主义思潮研究的热潮。网络泛娱乐主义思潮研究的内容涉及泛娱乐主义的成因、表现、影响及其对策等,目前泛娱乐主义思潮的研究仍处于不断升温阶段。

　　网络犬儒主义思潮的相关研究起步比较晚,相关研究数量较少,总文献数量不到五十篇。较早的研究出现于网络现象的分析与研究中,如在网络标题"奇观化"叙事的分析中谈及其是犬儒主义立场与行为的体现,[4]专门的网络领域犬儒主义思潮研究最早出现于2013年,[5]此后为数不多的研究涉及网络公共领域中的犬儒主义根源及形式,[6]网络大众文化的犬儒主义批判等。[7]

　　"普世价值"思潮的政治话语和学术话语开启于2007年,因而相对于其他社会思潮,"普世价值"思潮的学术研究出现较晚。虽然"普世价值"思潮

---

① 张汝山:《简析网络文学娱乐至上的审美向度》,《美与时代》,2005年第2期。
② 付丽:《网络泛娱乐倾向的文化反思》《学习与探索》,2005年第5期。
③ 刘雪玉:《泛娱乐化时代的网络恶搞》,《东吴学术》,2017年第3期。
④ 张秀敏:《网络标题"奇观化"叙事》,《学术交流》,2011年第5期。
⑤ 何彤宇:《网络对犬儒说不!——网络公共领域犬儒主义的特点及表现形式》,《佳木斯教育学院学报》,2013年第11期。
⑥ 何彤宇:《论网络公共领域中的犬儒主义根源及形式》,《今传媒》,2014年第1期。
⑦ 韩升、刘晓慧:《当前网络大众文化的犬儒主义批判》,《新疆社会科学》,2016年第2期。

的传播在现实领域和网络领域于 2007 年同步开启,但是网络领域"普世价值"思潮的专门研究则晚得多,而且到目前为止文献数量不到十篇,较早的专门研究是 2017 年的关于"普世价值"思潮的网络议题与引导策略的探讨。①其他的研究还涉及"普世价值"思潮网络传播的危害与防范等。②

此外,网络领域的具体社会思潮如女权主义、生态主义、网络自由主义、网络无政府主义等也受到了学界的关注,但研究数量都比较有限,不再一一细述。

(三)网络社会思潮的传播研究

在网络社会思潮传播研究方面,学界既有网络社会思潮传播的整体研究,也有具体社会思潮的传播研究。在整体性研究方面,学者们的研究涉及网络社会思潮的传播主体、传播形态、传播内容与话语方式、传播效果等。在网络社会思潮的传播主体上,认为网络社会思潮的生产与传播不再仅由精英完成,传播主体具有大众化和多元化特征;在传播形态上,各种社会思潮互相交织、吸纳和融合,相互思想主张、价值标准、政治立场的交错混杂使得各种社会思潮之间的界限越来越模糊;在传播内容上,社会思潮内容愈来愈多地指向利益性和娱乐性话题;在话语方式上,日益脱离高品质的学术特征,言语表达趋向偏激和非理性,呈现粗放化乃至暴力化;③在传播方式上,思潮网站往往通过树立标杆构建思潮阵地,吸纳网民扩充思潮认同的队伍,紧扣热点推动思潮落地和实地宣传扩大思潮对大众的影响;④在传播的运行特点上,注重依托素材和目标放大宣传,采取多元化传播手段,建立全方位

---

① 赵丽涛:《西方"普世价值"思潮的网络议题与引导策略》,《思想教育研究》,2017年第8期。
② 何小芸:《"普世价值"思潮网络传播及其引导研究》,《法制与社会》,2018年第36期。
③ 方付建:《网络时代社会思潮发展动向研究》,《电子政务》,2015年第8期。
④ 方付建:《网络空间社会思潮发展方式研究》,《宁夏社会科学》,2013年第2期。

立体化的传播体系;[①]在传播效果上,传播覆盖面广,传播速度快,更容易带来立竿见影的效果,[②]等等。

在网络领域具体社会思潮研究方面,主要有网络民族主义、网络民粹主义、网络历史虚无主义、文化保守主义和消费主义社会思潮的传播研究。具有代表性的研究成果认为公共事件是网络民粹主义产生的诱因,网络民粹主义的传播策略突出表现为借助公共事件的"话语强占";[③]网络民族主义往往由突发事件激起,随着事态的缓和趋于缓和;[④]网络空间历史虚无主义的传播与现实事件和网络热点相关联,更多表现为内容荒诞的历史小说和调侃历史人物的图片与视频,传播表现出更强的持续性;[⑤]网络语境中的新儒家主义思潮传播既存在"抱团"整合,嬗变合流及两极分化,也存在将传统文化标签化,泛娱乐化的现象;[⑥]网络消费主义的传播表现为网络"恶搞"、人肉搜索等网络手段的大量使用,网络广告对消费主义大肆倡导,网络消费类信息泛滥等。[⑦]

(四)网络社会思潮的影响研究

学界对网络社会思潮的影响的研究以具体社会思潮的利弊影响为主,同时涉及社会思潮对不同群体特别是青少年群体的影响。网络社会思潮的影响因具体社会思潮性质和主张的差异而有所不同,在已有的涉及影响研

---

① 周莹莹:《网络社会思潮的运行规律》,《人民论坛》,2018年第18期。
② 连水兴:《网络、虚拟空间与社会思潮的延伸——关于网络空间"文化保守主义"论争的传播学思考》,《内蒙古社会科学》,2007年第5期。
③ 陈龙:《话语强占:网络民粹主义的传播实践》,《国际新闻界》,2011年第10期。
④ 王军:《试析当代中国的网络民族主义》,《世界经济与政治》,2006年第2期。
⑤ 陈定家:《网络空间的历史虚无主义症候》,《红旗文稿》,2016年第7期。
⑥ 李明德、乔婷:《新儒家主义思潮网络传播的表征及其引领》,《内蒙古社会科学》,2020年第5期。
⑦ 高永亮:《网络传播消费主义现象批判》,中国传媒大学博士毕业论文,2009年。

究的成果中,学者们比较一致地认为网络民粹主义、网络自由主义、网络民族主义是"双刃剑"。网络民粹主义在监督精英和社会权威,关怀弱势群体方面具有积极影响,但其二元对立的立场、极端平民化主张激化社会矛盾,对社会和谐造成冲击和危害,①网络民粹主义在网络领域与无政府主义、历史虚无主义等合流,对政治发展的危害远远超过其积极方面。②网络自由主义在文化层面具有提升公众权利意识的进步意义,但网络自由主义在政治层面以变革社会制度为导向,对我国的现实制度和社会基础具有冲击性和破坏性。③网络民族主义"激励民族斗争、维护国家利益与制造混乱、麻烦并存",目前总体上破坏性不强,但未来如何则具有不确定性。④

与上述影响呈现"双刃剑"的社会思潮相比,对于网络领域的历史虚无主义、"普世价值"和新自由主义思潮,学者们则明确地指出这些社会思潮对中国的意识形态安全构成破坏和威胁。认为网络领域的历史虚无主义呼应资本主义国家"西化"中国的企图,借助网络社区、微博、微信等新兴传播媒体,歪曲历史、抹黑历史英雄的招数犀利凶狠,⑤具有扰乱网民群众的历史认知,加剧价值取向混乱,削弱民众的主流意识形态认同等消极影响;⑥"普世价值"以"非意识形态化"或"去意识形态化"方式消解社会主义意识形态;⑦新自由主义通过网络的广泛传播会对中国主流的社会主义意识形态形成冲击,消解社会主义意识形态。⑧

---

① 陶文昭:《互联网上的民粹主义思潮》,《理论导报》,2011年第7期。

② 石立春、何毅:《网络民粹主义与当代中国政治发展研究——当代中国网络民粹主义思潮评析》,《电子政务》,2017年第3期。

③ 刘瑞生:《网络自由主义思潮趋向偏激》,《人民论坛》,2012年第24期。

④ 罗迪、毛玉西:《争论中的"网络民族主义"》,《中国青年研究》,2006年第5期。

⑤ 陈定家:《网络空间的历史虚无主义症候》,《红旗文稿》,2016年第7期。

⑥ 陶鹏:《网络语境下历史虚无主义的流变及其批判》,《中州学刊》,2016年第8期。

⑦ 赵丽涛:《西方"普世价值"思潮的网络议题与引导策略》,《思想教育研究》,2017年第8期。

⑧ 罗忠荣、杨永志:《警惕网络新自由主义对主流意识形态的消解》,《理论界》,2012年第6期。

此外,学界亦有对网络领域犬儒主义思潮、泛娱乐主义思潮和消费主义思潮影响的研究,认为这些社会思潮政治诉求较弱,但影响不容小觑。犬儒主义渲染的信念缺失和精神颓废的生存境遇"蚕食着社会主流价值观,助长了虚无主义的消极文化氛围"。[①]泛娱乐主义"表现出来的情绪化的、轻蔑事实的'后真相'特征,深刻威胁到了以理性对话为基础的健康政治生态"[②],冲击政治导向,消解媒体责任,淡化理想信念,威胁国家安全等。[③]网络消费主义排斥人文与哲学精神,"并由此导致网民的价值迷乱和精神缺失"[④]。

(五)网络社会思潮及其消极影响的应对举措研究

网络社会思潮虽然纷繁复杂,但是在引导、治理及消极影响应对方面则有着诸多通用的举措。因而,学者们在对网络领域不同社会思潮的引领与治理研究方面,提出的举措有着诸多的共性。已有研究提出的应对举措主要围绕现实领域与网络领域调控相结合,管理与引导相结合展开。现实领域的应对举措主要是通过政治、经济、文化及社会领域的深层次改革和调整,推动社会公平、缓解和解决社会矛盾;网络领域则包括加强网络空间、网络平台的监管,通过政策、道德、法律及技术手段规范网络信息传播等。[⑤]管理和引导相结合即加强网络空间治理,[⑥]提高网络舆论规制法治化水平,加大对网络领域秩序失范行为的威慑与惩罚;强化主流舆论,提高网络舆论引

① 韩升、刘晓慧:《当前网络大众文化的犬儒主义批判》,《新疆社会科学》,2016年第2期。

② 陈昌凤:《斜杠身份与后真相:泛娱乐主义思潮的政治隐患》,《人民论坛》,2018年第6期。

③ 王玉鹏、李鑫:《网络泛娱乐主义思潮:危害及其破解路径》,《中国矿业大学学报(社会科学版)》,2021年第1期。

④ 蒋建国:《消费主义背景下的网络导向型生活与精神迷失》,《现代传播(中国传媒大学学报)》,2015年第2期。

⑤ 钟志凌:《网络思潮的传播规律与合理性调控研究》,《学术论坛》,2010年第4期。

⑥ 易鹏、王永友:《错误社会思潮网络传播对国家意识形态安全的危害与治理》,《思想理论教育导刊》,2018年第2期。

导工作的实效性;发挥法律法规与政策规定的价值导向功能等。①

　　对人的引导也是引领社会思潮、应对社会思潮不良影响的重要方面。根据网络社会思潮的性质和影响,学者们亦提出了对社会大众特别是青少年的引导对策,如积极回应网民关心的热点和敏感问题,减少认知偏差带来的消极影响,培育网民"积极的网络社会心态"②;加强"智识启蒙"③,提升网民的媒介素养,培育"理性的思维方式"④,加强对社会思潮的辨析和批判,引导民众看清社会思潮的"真实面目""本质和危害"⑤,等等。

　　除了上述对网络社会思潮内涵、传播、影响与应对等一般问题的研究外,学界对研究起步较早、研究文献量比较大的社会思潮有着更加深入和具体的研究,如网络民粹主义事件中的情感动员研究,⑥网络民族主义的视觉资源竞争性叙事传播,⑦等等。随着网络日益成为社会思潮的主要传播阵地,越来越多的社会思潮发展出网络衍生形态,乃至原生形态的网络社会思潮的出现,网络领域更多的社会思潮必然进入学者们的研究视域,对新的网络社会思潮的探讨和对已受到学界关注的网络社会思潮的深入、系统研究,必然成为今后网络社会思潮研究的一个重要方向。

---

　　① 　石立春、何毅:《网络民粹主义与当代中国政治发展研究——当代中国网络民粹主义思潮评析》,《电子政务》,2017年第3期。

　　② 　赵丽涛:《西方"普世价值"思潮的网络议题与引导策略》,《思想教育研究》,2017年第8期。

　　③ 　杨建义:《历史虚无主义的网络传播与应对》,《思想理论教育导刊》,2016年第1期。

　　④ 　王辉:《论民粹主义思潮网络嬗变对大学生的影响及其对策》,《湖南师范大学社会科学学报》,2016年第4期。

　　⑤ 　王玉鹏、孟献丽:《警惕历史虚无主义荼毒新媒体网络空间》,《红旗文稿》,2016第5期。

　　⑥ 　郭小安、王木君:《网络民粹事件中的情感动员策略及效果——基于2002—2015年191个网络事件的内容分析》,《新闻界》,2016年第7期。

　　⑦ 　周逵、苗伟山:《竞争性的图像行动主义:中国网络民族主义的一种视觉传播视角》,《国际新闻界》,2016年第11期。

三、核心概念界定

(一)思潮、学术思潮与社会思潮

思潮研究的肇始者梁启超在其以思潮及其转变来考察清代学术史的《清代学术概论》中写道:"今日恒言,曰'时代思潮'。此语最妙于形容。凡文化发展之国,其国民于一时期中,因环境之变迁,与夫心理之感召,不期而思想之进路,同趋于一方向;于是相与呼应汹涌,如潮然。""凡'思'非皆能成'潮',能成'潮'者,则其'思'必有相当价值,而又适合于其'时代'之要求也。"①《辞海》对思潮的定义为:"某一历史时期内反映一定阶级或阶层的利益和要求的一种思想倾向。""涌现出来的思想感情。"②本研究中的思潮采用《辞海》的定义,同时采用学界关于思潮包括学术思潮和社会思潮的认定。

学术思潮即指存在于特定学术领域的学术思想,如史学思潮、哲学思潮、文艺思潮、经济思潮等。学术思潮的内涵和外延相对比较清晰,从内涵上讲,学术思潮即人文社会科学领域的特定学术流派及其学术思想,外延上包括不同学术流派的思想理论主张,也包括学术研究的研究范式与研究方法。思想理论主张如教育思潮中人本主义教育思潮、全民教育思潮、终身教育思潮,研究范式与方法如哲学中的新实证主义思潮、分析哲学思潮等。

社会思潮是"较大规模的观念形态的运动",其中社会一词"主要是就某种思潮的社会载体的广泛性和社会实际影响程度而言"。③学术思潮和社会思潮并不是互相独立的两个领域,两者的区分是相对的,而两者的密切联系则是绝对的。当学术思潮经过各种复杂的途径影响到社会生活,就会成为

---

① 梁启超:《清代学术概论》,中华书局,2020年,第13页。
② 《辞海》(下),上海辞书出版社,1979年,第3837页。
③ 高瑞泉主编:《思潮研究百年反思》,上海古籍出版社,2009,第10~11页。

社会思潮,而有些学术思潮则又是对某种思想趋势、思想潮流、思想运动的高度概括和提炼总结。社会思潮的内涵和外延相对比较模糊,其内涵和外延的模糊一方面来自在学术思潮向社会层面推进的过程中,学术思潮与社会思潮区分度的把握;另一方面来自社会思潮的理论内核在从人们的心理倾向和零散观念凝聚而成的过程中,思想的成熟性和理论的完备程度是否已经构成社会思潮的区分度的把握,即某种思想潮流是否可以称得上是一种社会思潮。

《中国大百科全书·哲学卷》对社会思潮的定义为:"反映特定环境中,人们的某种利益或要求并对社会生活有广泛影响的思想趋势或倾向。"认为,"社会思潮有时表现为由一定理论形态的思想做主导,有时又表现为特定环境中人们的社会心理,是社会意识的综合形式"。①就其核心要素来说,社会思潮包括一个相对稳定的观念核心或理论核心,广泛的社会心理及建立在思想理论学说和社会心理基础上的思想运动。

本研究中的社会思潮采用学术界比较通用的社会思潮定义,把社会思潮定义为:在特定历史时期的社会条件下,建立在某种思想理论学说或者思想意识基础上的,反映一定阶级、阶层或群体的利益或诉求,并传播于社会公众,对人们思想和生活产生影响的社会意识或思想潮流。本研究包括十个具体的社会思潮,其中民族主义、新自由主义、"普世价值"、历史虚无主义、新左派、消费主义、民粹主义和犬儒主义九个社会思潮是有一定的理论渊源且得到学界共同认可和长期关注的社会思潮,泛娱乐主义思潮是随着电子媒介尤其是网络媒介带来的泛娱乐化现象出现的新兴大众化社会思潮。

---

① 《中国大百科全书·哲学》,中国大百科全书出版社,1987年,第765页。

(二)网络社会思潮

网络领域的社会思潮可以归纳为三种形态:一是传统意义上的社会思潮。这一形态的社会思潮来源于现实领域,借助网络媒介传播,其在网络领域的存在形态、表达方式等与在现实领域没有明显差异,在网络领域尚不存在具有独立的能动性的衍生形态。二是衍生的网络社会思潮。这一形态的社会思潮产生于现实领域,但在网络领域传播和发展的过程中发生了一定的变化而且出现新的具有独立的能动性的网络衍生形态。三是直接产生于网络领域的社会思潮,即原生形态的网络社会思潮。互联网是思想文化的集散地和社会舆论的放大器,随着网络的发展,必然有原生形态的网络社会思潮出现,如已有学者提到的"网络民主思潮",[①]还有学者把底层民众通过网络制造舆论压力表达诉求的现象视为一种思潮,并命名为"网络思潮"。[②]狭义上的网络社会思潮包括原生形态的网络社会思潮和传统意义上社会思潮在网络领域的衍生形态。广义上的网络社会思潮包括上述三种形态的社会思潮。

本研究中的网络社会思潮是指广义上的网络社会思潮,泛指网络领域活跃的上述三种形态的社会思潮。本研究的十种社会思潮中,网络民族主义、网络历史虚无主义、网络民粹主义、网络泛娱乐主义、网络消费主义和网络犬儒主义是具有网络形态的社会思潮,因而在书中主要以"网络+思潮"的名称出现,新自由主义、"普世价值"、新左派和文化保守主义思潮在网络领域不存在独立的网络形态,因而主要以"网络领域的+思潮"的名称出现。

---

① 曹泳鑫、曹峰旗:《西方网络民主思潮:产生动因及其现实性质疑》,《政治学研究》,2008年第2期。

② 刘波亚、郭燕来:《内涵·特点·路径:网络思潮的本质探析》,《理论与改革》,2012年第3期。

第一章　社会思潮及其在网络领域的延伸

　　思潮频繁发生是20世纪中国社会现象的一个重要特点，[①]社会思潮纷繁也是改革开放以来中国思想文化领域的突出特征。当前活跃于思想文化领域的社会思潮，从出现的时间上看既有渊源于近代的社会思潮，也有伴随着改革开放和社会发展新出现的社会思潮；从来源上看既有外来思想的嫁接和派生，也有本土思想的回应、主流思想文化的变异乃至社会意识的汇聚。马立诚在《最近四十年中国社会思潮》一书中对改革开放以来主要的社会思潮进行了总结，详细分析阐述的社会思潮有老左派思潮、新左派思潮、民主社会主义思潮、自由主义思潮、民族主义思潮、民粹主义思潮和新儒家思潮等社会思潮。[②]朱汉国等著的《当代中国社会思潮研究》，研究涉及的社会思潮包括新自由主义思潮、社会民主主义思潮、文化保守主义思潮、民族主义思潮、历史虚无主义思潮及当代民间信仰。[③]人民论坛调查中心自2010年开始每年通过专家咨询等方式评选国内十大社会思潮，通过十年的数据监测

[①]　高瑞泉主编：《思潮研究百年反思》，上海古籍出版社，2009年，第4页。

[②]　马立诚：《最近四十年中国社会思潮》，东方出版社，2015年。马立诚在《最近四十年中国社会思潮》一书中把中国特色社会主义也作为一种社会思潮，因而，马立诚此著作中涉及的社会思潮包括中国特色社会主义思潮、老左派思潮、新左派思潮、民主社会主义思潮、自由主义思潮、民族主义思潮、民粹主义思潮和新儒家思潮八种。

[③]　朱汉国等：《当代中国社会思潮研究》，北京师范大学出版社，2012年。

社会思潮的概貌,十年间关注的社会思潮多达三十余个。[①]

当前中国思想文化领域的社会思潮不仅数量繁多,而且涵盖范围广泛,社会思潮的内容涉及政治、经济、文化、社会等各个领域。在数量众多的社会思潮中,关注中国改革方向和发展道路的政治意识形态类社会思潮占了半壁江山,而且影响力和活跃度比较高。同时,大众文化类社会思潮也日益凸显。数量繁多的社会思潮构成了思想文化领域庞杂的社会思潮体系,但这个庞杂的社会思潮体系并非无章可循,虽然社会思潮涉及领域广泛,且具体的社会思潮处于动态的潮涨潮落之中,但活跃在思想文化领域的社会思潮的总体种类、谱系大致稳定。依据纵向上社会思潮的发展脉络和横向上社会思潮的性质、在思想文化领域的地位及社会思潮之间的相互关系来看,改革开放以来,在社会主流意识形态以外的社会思潮可以归纳为一条主线——民族主义思潮,两条辅线——"西化"与"反西化"类社会思潮和多元的大众化类社会思潮。

20世纪90年代以来,在互联网技术发展的背景下,这些社会思潮都出现了以网络为重要传播媒介和发展平台的传播与发展态势。在通过网络媒介传播和在网络领域生存、发展的过程中,有的社会思潮迅速融入网络环境,与网络文化相结合,呈现出强劲的传播势头,乃至发展出衍生的网络形态;有的基于现实因素、社会思潮自身特质等原因,保持着与其在现实领域大致相同的存在形态;也有的逐渐走向式微,仅以思想支撑材料的形式融入其他社会思潮之中。虽然具体社会思潮在网络领域的变化不一,但是整体而言,网络社会思潮基本上仍然沿袭着现实领域社会思潮的种类与谱系关系。

---

① 人民论坛"特别策划"组:《2010—2019重大社会思潮十年演变》,《人民论坛》,2020年第3期。

一、一条主线:民族主义思潮①与网络民族主义思潮

民族主义是以民族意识、民族情感为基础的社会思潮和政治运动。作为社会思潮,民族主义是一种以本民族利益为重心的学说体系或思想信念。②民族主义以民族国家作为忠诚的焦点和看待世界的出发点,③既包含了对民族的理性认知,也蕴含着巨大的非理性情感表达。民族主义强调民族利益至上,强调对民族的忠诚和奉献,强调捍卫本民族文化和本民族利益。

民族主义思潮之所以是近代以来中国繁多的社会思潮中的一条主线,一是源于民族主义思潮自身的特质,二是取决于民族主义思潮与其他社会思潮的关系,三是就民族主义思潮自近代以来对中国社会影响的事实而言。

从民族主义思潮自身的特质来看,民族主义强调民族归属感和文化认同,是一种具有广泛的动员力量,具有强大感染力与凝聚力的社会思潮。《布莱克维尔政治学百科全书》把民族主义定义为"一种政治上的学说和情感",同时指出民族主义"是迄今为止世界上最强有力的意识形态"。④著名历史学家卡尔顿·海斯认为民族主义是"民族性和爱国主义的现代情感的融合和夸大"⑤。安东尼·吉登斯认为民族主义是一种"个人在心理上从属于那些强

---

① 民族主义至少有四种类型:族群民族主义(Ethnicnationalism)、文化民族主义(Culturalnationalism)、国家民族主义(Statenationalism)和公民民族主义(Civicnationalism)。参见潘亚玲:《爱国主义与民族主义辨析》,《欧洲研究》,2006年第4期。本研究的民族主义是国家民族主义,是以国家为对象,强调民族国家利益至上,以维护和捍卫本民族国家利益为价值诉求的思潮或行动。

② 喻大华:《中国近代民族主义的困境与歧路》,《天津社会科学》,2007年第5期。

③ 喻大华:《中国近代民族主义的困境与歧路》,《天津社会科学》,2007年第5期。

④ [英]戴维·米勒、韦农·波格丹诺:《布莱克维尔政治学百科全书》,邓正来等译,中国政法大学出版社,1992年,第492页。

⑤ 参见周平:《民族政治学导论》,中国社会科学出版社,2001年,第166页。

调政治秩序中人们的共同性的符号和信仰"的心理学现象。①国内学者萧功秦在论及民族主义的文章中反复提及民族主义是"世界上最强烈、最富有情感力量的思想意识",民族主义对人们产生最直接、最自愿、缘于亲缘本能的感召力,就"如同家庭对于家庭成员的天然亲和力一样"。②民族主义天生的情感化特质,使它在作为唤醒民族意识、激发民族情感、煽动民族情绪、培养民族精神和凝聚民族力量等方面的政治动员手段时,其效果超过了任何一种意识形态。也正是民族主义思潮强大的感召力和动员力,使其在近代以来的世界历史上发挥着举足轻重的作用,著名思想家以赛亚·伯林在其《民族主义:被忽视的过去和现在的力量》中指出,"民族主义是过去二百年里最重要的社会政治现象之一"③。

从民族主义思潮与其他社会思潮及意识形态的关系来看,民族主义是一种"具有统领、涵盖、弥漫其他思潮的特点的综合性的社会思潮"④。纵向上从民族主义变迁的历史看,民族主义可以和任何政治思潮、意识形态、社会制度相结合。美国学者史华兹认为,民族主义是中国近代史上同时出现的激进主义、自由主义与保守主义三大思潮的并生系统,是三大思潮所共同具有的致思取向、思维特征与"共同观念",是三大思潮具有同构性的重要方面。⑤横向上从不同国家和地区的民族主义浪潮来看,不同国家和地区的民族主义不具有特定的清晰可辨的统一的内涵和形式,不同民族主义的意识形态特征取决于它所附着的特定的意识形态和政治家、学者对它的意义建

---

① [英]安东尼·吉登斯:《民族国家与暴力》,胡宗泽、赵力涛译,生活·读书·新知三联书店,1998年,第141页。

② 萧功秦:《困境之礁上的思想水花——当代中国六大社会思潮析论》,《社会科学论坛》,2010年第8期。

③ 转引自王绍光:《民族主义与民主》,《公共管理评论》,2004年第1期。

④ 俞祖华、赵慧峰:《民族主义与近代中国三大思潮的双向互动》,《学术月刊》,2007年第8期。

⑤ 转引自郑大华、周元刚:《"五四"前后的民族主义与三大思潮之互动》,《学术研究》,2008年第7期。

构。因而,民族主义的流派、内容是多种多样的,不像保守主义或自由主义那样具有明晰的政治含义或理论要义。民族主义不形塑任何意义上的政治、经济、文化等制度体系,它可以和不同的价值标准相结合,形成不同类型甚至不同性质的民族主义观念。[①]

就中国的民族主义思潮而言,从纵向历史发展脉络上看,民族主义在近代以来曾经和文化保守主义、自由主义、激进主义等社会思潮融合,正如张汝伦所述,民族主义在近代为"在其他问题上立场观点迥异的人所认同","康有为、梁启超与孙中山,梁漱溟与胡适,他们对于中国现代化之路的设想千差万别,却都是坚定的民族主义者","在建立统一的民族国家的共同目标下,现代中国的民族主义在其不同的代言人那里,有着不同的侧重和表述",但是民族主义产生的动员力量是没有任何一种其他的精神产生过的,民族主义不仅"是中国近代史上的主导力量",而且"晚清以来的各种思潮背后都有一条民族主义的基线"。[②]当代民族主义思潮兴起的直接诱因是经济全球化的挑战和新霸权主义的威胁,因此,中国当代民族主义的批判矛头指向西方国家和西方国家主导的世界经济政治秩序。在批判矛头方面的共识使当代民族主义与"反西化"类社会思潮,特别是新左派思潮具有较大的价值共识与合作空间,也因此容易被误划分到"反西化"思潮阵营。但是民族主义与新左派的这些共识和合作只是二者在具体问题上的阶段性的融合。当代民族主义与"反西化"类社会思潮无论在解决社会问题的思路、变革社会的方式主张,还是对主流意识形态的认知乃至利益关注的边界等方面,都有着相当的区别。因此,中国的民族主义思潮不属于"社会思潮激进与保守、左与右"中的任何一方,但与任何一方都存在着融合的可能性。

从民族主义对中国影响的事实而言,民族主义无疑是近代以来对中国

---

① 黄军甫:《民族主义内涵嬗变与中国现代化的道路选择》,《社会科学》,2018年第4期。

② 张汝伦:《现代中国思想研究》,上海人民出版社,2014年,第178页。

影响最大最持久的意识形态。中国民族主义的生成与近代中国深重的民族危机有着不可分割的密切联系,"是在中国与西方国家的交往和冲突中被动地产生的"[①]。自1840年鸦片战争开始,西方列强对中国的侵袭和掠夺极大地破坏了中国的稳定与统一,导致了空前民族危机。为了救亡图存,梁启超等人将西方的民族主义理论引入中国,期望以此唤醒民众,对抗西方帝国主义,改变中国被动的局面。因此,近代中国的民族主义思潮产生于民族危机极为深重之时。在民族危亡时刻,民族主义迅速在思想界占据突出地位,成为中华民族凝聚联合的最大向心力。

抗日战争全面爆发后,民族主义为建立抗日民族统一战线起到了巨大的推动作用,在民族主义这面大旗下,国共两党携手合作,社会各界力量汇聚,国人的民族意识空前高涨,在举国同心的基础上取得了抗日战争的完全胜利。抗日战争胜利后,共产党进行积极的民族主义宣传与动员,继续领导全国人民对抗和美国结为一体的国民党政府,并最终实现了民族的独立和人民的解放。

新中国成立到改革开放,民族主义转化为爱国主义运动,中国民族主义是以社会主义的强国梦想的形式表现出来的,其内涵由爱国主义这一概念来表征。

改革开放之后,伴随对外开放政策的推进,国人封闭已久的心灵也逐渐被打开,因为已经有将近三十年的时间没有与世界真正沟通过,面对复杂多变的国际环境,国人的心里涌出陌生感、好奇心、茫然感和探求欲。青年人面对中西方经济、文化的差距,产生了巨大的心理落差,在巨大的心理落差下,20世纪80年代中后期,中国出现了一个短暂的逆向民族主义时期。这一时期民族主义思潮与资产阶级自由化思潮、虚无主义思潮相结合,表现为向

---

① 张汝伦:《现代中国思想研究》,上海人民出版社,2014年,第180页。

往西方"蓝色文明"痛斥"黄土文明"的民族虚无主义,并兴盛一时。

20世纪90年代开始,随着中国经济的发展和综合国力的提升,中国人的民族自豪感得到极大的提升。人们期待中国的国际政治地位和在国际社会的话语权也随着中国综合国力的提升得到相应的提升,希望中国能够拥有在国际政治舞台上同西方国家平等地表达自己意愿的机会,但中国在国际政治领域的话语权受到西方国家的抑制和阻挠,中国外交事务上的种种不愉快打破了人们对西方文明美好童话的幻想,刺激了人们的民族自尊心,也激起了人们对中国近代备受西方列强压迫、剥削的屈辱历史记忆,激活了"民族复兴"情结。在"复兴想象"与屈辱的反复碰撞下,民族主义情绪被重新点燃,民族主义思潮在中国再次爆发并延续至今。

一般来说,民族主义可从政府、导向大众舆论的精英知识分子和一般大众三个层次表现出来。[1]20世纪90年代兴起、延续至今的民族主义思潮是以民族认同为基点,以民族情感为纽带,以追求民族利益、维护民族尊严为目标指向的意识形态,呈现两种互为支撑的类型:一是知识分子民族主义,表现为民族主义知识分子对民族主义所做的理论探讨和建构;二是大众民族主义,表现为普通民众的民族主义情绪和话语表达。

20世纪90年代,中国出现了三波知识分子民族主义浪潮。1990年,民族主义代表人何新倡导用全球化视野审视当代中华民族利益,提出加强爱国主义,反击西方颠覆阴谋。萧功秦也提出应以民族主义作为增强社会凝聚力的资源,掀起了第一波民族主义热潮。20世纪90年代中期,美国学者塞缪尔·亨廷顿的《文明的冲突》传到中国,引发了一场关于文明与文化的热烈争论,引发了第二波民族主义浪潮。1996年,一本由几位文学青年撰写的被认为"反映了中国民族感情"的通俗读物《中国可以说不》掀起了一阵"说不"

---

① 中国社会科学研究会编:《中国与日本的他者认识——中日学者的共同探讨》,社会科学文献出版社,2004年,第279页。

旋风,被视为1996年中国最响亮的声音,推动中国当代民族主义思潮走向高潮。随后出版的《妖魔化中国的背后》《全球化阴影下的中国之路》也引起了相当大的关注,这两本书与《中国可以说不》构成了民族主义在知识界表达的三部曲,也推动了知识分子民族主义与大众民族主义的积极互动。

与知识分子民族主义密切互动的大众民族主义浪潮在20世纪90年代后也日益高涨。从1993年"银河号"事件到1999年以美国为首的北约轰炸中国驻南斯拉夫大使馆事件,再到2001年的中美撞机事件,以及此后陆续不断的美国对台湾、西藏等中国内政的持续干涉,日本首相参拜靖国神社,蔡英文"台独"事件,国外品牌商品辱华事件等系列事件,使得中国民众的民族主义情绪不断受到刺激,民族主义情绪持续高涨并推动民族主义浪潮风起云涌。

网络媒体出现后,互联网技术的发展和网络社会的形成给大众民族主义话语表达、情绪宣泄、信息传播与信息汇聚提供了便捷,网络迅速成为汇聚民族主义思潮的平台。网络领域大众民族主义话语和情绪的反复发酵使得民族主义思潮与网络文化迅速结合,并衍生出新的民族主义形态——网络民族主义。网络民族主义是第一个被放到网络背景下关注的社会思潮,也是第一个以"网络+思潮"命名的社会思潮。网络民族主义作为民族主义在互联网中的延伸与发展,是民族主义在互联网时代的表现形式之一,是在网络领域以维护中华民族利益为出发点表达民族情感的社会思潮和社会运动。网络民族主义以20世纪90年代以来兴起的当代民族主义为基础,但不是传统意义上的民族主义在网络领域的简单复制,而是基于网络空间的环境、话语特质和传播方式而出现的与传统意义上的民族主义具有一定区别的衍生形态。

在网络时代纷繁复杂的社会思潮中,网络民族主义思潮的主线地位仍然清晰。作为民族主义思潮在网络领域的衍生形态和民族主义思潮在网络时代的主要表现形态,网络民族主义没有改变其是世界上最强烈的也最富于情感力量的意识形态这一特质,也没有改变其既具有相对独立性,同时又统领、涵盖、弥漫于其他社会思潮的综合性社会思潮的地位,网络民族主义更易于与网络领域其他的社会思潮融合,成为其他社会思潮吸附之上以增强自身影响力的对象。不仅网络领域的新左派、文化保守主义等思潮呈现鲜明的民族主义关怀,而且网络领域的"西化"类社会思潮也打着"忧国忧民"乃至为中华民族选择强国富民出路的旗号宣传其思想主张,与民族主义建立直接或者间接的联系。当前网络领域的消费主义、民粹主义等大众化社会思潮,也有着与网络民族主义思潮"捆绑"的思想运动和社会动员。

自传入网络空间以来,在外界各种突发事件的刺激下,网络民族主义思潮的潮涨潮落,不时掀起舆论高潮,是网络领域感召力和社会动员能力最强的网络社会思潮。对于广大民众来说,网络民族主义仍然是最具有感召力和影响力的社会思潮。在网络领域,民族主义运动和网络民族主义思潮的传播往往是同步进行,网络民族主义思潮推动民族主义运动,民族主义运动强化网络民族主义思潮的传播。

从近代民族主义思潮出现到当代民族主义思潮兴起再到网络民族主义思潮的生成,可以看出,在不同历史时期,民族主义思潮有不同历史阶段特征,民族主义思潮的诱因和民族主义运动的形式有变化,但是民族主义思潮在中国思想文化领域一直占据着其他社会思潮无法比拟的重要地位,也发挥着其他社会思潮无法替代的影响力。

二、两条辅线:"西化"与"反西化"类社会思潮及其在网络领域的延伸

"西化"与"反西化"类社会思潮两大派系的形成源自近代以来思想界对

事关中国社会现实和未来发展道路这一关键性命题的讨论和分歧。"西化"
类社会思潮的发展脉络为渊源于近代的"西化"运动,在20世纪七八十年代
表现为资产阶级自由化思潮,再到当前具体到政治、经济、伦理、历史等各领
域的民主社会主义思潮、新自由主义思潮、"普世价值"思潮和历史虚无主义
思潮。"反西化"类社会思潮主要包括从近代开始延续到当前的文化保守主
义思潮和改革开放以来的老左派思潮、新左派思潮。"西化"与"反西化"类社
会思潮都是具有强烈意识形态倾向和政治制度意向的社会思潮,改革开放
以来的"西化"与"反西化"类社会思潮都试图以自身所设计的观念模式和制
度方案为中国社会寻找发展出路,试图以解构或遮蔽主流意识形态的方式
影响甚至左右党和政府的改革发展方向。其中20世纪90年代延续至今的
自由主义与新左派围绕对中国基本国情、社会公正,以及对民主的认识等的
论战是"西化"与"反西化"论争中最突出的表现,是主流意识形态以外一个
占据着突出地位的思想文化现象。因此,无论纵向上"西化"类社会思潮与
"反西化"类社会思潮论争与分歧的历史发展过程,还是当前"西化"与"反西
化"类社会思潮在政治和思想文化领域的论战与影响力,都表明"西化"与
"反西化"类社会思潮不仅是围绕主流意识形态的两条辅线,而且是主流意
识形态以外的社会思潮中与民族主义思潮始终产生关联的两条辅线。

(一)"西化"类社会思潮及其在网络领域的延伸

中国近代的"西化"运动先后经历了晚清严复的"以自由为体,民主为
用"、五四新文化运动前期的"西化"主张、20世纪30年代的"全盘西化"三个
阶段。[①]近代的"西化"思潮是伴随着西方列强的殖民掠夺而产生的一种文
化现象,是对鸦片战争后凭借着坚船利炮来到中国的西方文化及由此引起

---

① 郑大华:《"西化"思潮的历史考察》,《湖南师范大学社会科学学报》,2005年第2期。

的中国文化危机的回应。因此,近代的"西化"思潮是知识分子在寻求救国道路上试图通过学习西方的器物、制度和文化以达到富国强兵目的的一股文化思潮,是近代中国的部分志士仁人对中国文化和社会发展出路的一种选择。虽然不是中国文化和社会发展出路的正确选择,但在当时的历史条件下具有一定的历史价值和积极意义。[①]

20世纪七八十年代,随着改革开放带来的西方文化的涌入,中国兴起了一股宣扬"西化"思潮的文化热潮。由于对西方话语缺乏反思,一些对西方文化抱有不切实际幻想的知识分子主张弘扬西方文化,走西方的现代化道路,掀起了一股试图把改革引向资本主义道路的资产阶级自由化思潮,对此,邓小平曾强调要"旗帜鲜明地反对资产阶级自由化"[②]。

进入20世纪90年代以后,随着西方政治、经济、文化等各领域社会思潮的不断涌入,以资产阶级自由化为典型特征的"西化"思潮具有了更加具体的表现形式,突出表现为政治领域的民主社会主义思潮、经济领域的新自由主义思潮、伦理领域的"普世价值"思潮和历史领域的历史虚无主义思潮。这些社会思潮活跃的领域不一,各有自己的一套理论主张,但又相互声援,共同指向否定社会主义道路,倡导西方资本主义道路。因此,从根本上说,这些思潮都是政治意识形态类社会思潮。

1.民主社会主义思潮与网络领域的民主社会主义思潮

民主社会主义是和科学社会主义相联系而存在、相斗争而发展的一种思潮。民主社会主义的前身是社会民主主义,社会民主主义诞生于19世纪中叶,是19世纪中叶欧洲社会党思想体系的统称。民主社会主义已有超过150年的发展进程,在这一历史发展进程中,民主社会主义的内涵发生了显著变化,但其始终没有脱离资本主义的藩篱,是一种非马克思主义的、排斥

---

① 郑大华:《"西化"思潮的历史考察》,《湖南师范大学社会科学学报》,2005年第2期。

② 《邓小平文选》(第三卷),人民出版社,1993年,第194页。

科学社会主义的资产阶级改良主义。民主社会主义扮演的是"资本主义病床边的医生"的角色,是在资本主义基本制度的框架内进行的改良,在消除资本主义弊端、缓和资本主义社会矛盾方面起到了一定的积极作用。对于资本主义制度而言,民主社会主义实际上起着改进资产阶级的统治、维护资本主义制度的作用;对于社会主义制度而言,民主社会主义则是世界范围内对共产党进行和平演变的主要力量。

民主社会主义是一种在世界范围内广泛传播的社会思潮,中国受其影响在所难免。20世纪80年代末期,中国的理论界出现了一股宣传民主社会主义的潮流。20世纪90年代开始,民主社会主义思潮开始与资产阶级自由化思潮相互呼应,携手扩张。此后,民主社会主义思潮在中国不断蔓延并迅速发展并在2007年前后达到传播的高潮。民主社会主义的支持者宣称恩格斯晚年赞成民主社会主义,变成了民主社会主义者;宣称民主社会主义才是马克思主义的"正统",鼓动中国放弃马克思主义,走民主社会主义道路。①民主社会主义的基本观点有两个:一是主张用非暴力的方式即民主的方式来实现社会主义,认为中国通过暴力的革命强行进入社会主义是错误的;二是强调民主在社会主义社会的作用与价值,主张指导思想的多元化,主张通过实行普选来促进中国政治发展。

民主社会主义思潮理论体系复杂,学理性强,较难用简单的语言描述,在宣传上很难做到通俗易懂,理解民主社会主义的思想主张需要一定的理论与历史知识铺垫。在诸多社会思潮通过网络媒介扩大影响的网络时代,民主社会主义思潮因其难以被专业之外的普通网民理解,导致其影响力仍多停留在学术领域和政治领域,过低的大众化程度使其很难在网络领域施展拳脚。因此,近十年来,民主社会主义思潮一方面由于其在现实领域处于

---

① 周新城:《戳穿歪曲恩格斯的谎言——兼析民主社会主义泛滥的危害》,《毛泽东邓小平理论研究》,2019年第5期。

低潮,另一方面由于其强理论性难以适应网络环境、难以吸引普通网民关注而在网络领域声音微弱。民主社会主义在网络领域非常有限的传播和影响力导致其在网络领域几乎不存在单独的发展阶段和话语体系。网络领域为数不多的民主社会主义思潮话语主要渗透于其他的"西化"社会思潮的话语中。

2.新自由主义思潮与网络领域的新自由主义思潮

新自由主义思潮是在吸收古典自由主义思想的基础上发展起来的一种思想潮流,产生于20世纪30年代,20世纪70年代开始以强劲的姿态在全球蔓延开来。20世纪70年代末80年代初相继在英、美两国受宠,一度成为这两个国家的官方经济学。新自由主义思潮的主要观点有:提倡自由放任的市场经济,反对国家过多干预经济,认为市场的自我调节是分配资源的最优越和最完善的机制;主张私有化,认为私有化是保证市场机制得以充分发挥作用的基础,要求对现有公共资源进行私有化改革;倡导个人主义,认为每个人在经济活动中首先是利己的,任何集体利益的实现都不应该以压制合理的个人利益为代价。1989年"华盛顿共识"的诞生标志着新自由主义从学术理论嬗变为国际垄断资本主义的经济范式和政治性纲领,也是由此开始,新自由主义成为发达资本主义国家极力向全球推销的一种经济理论和意识形态,是国际垄断资本主义尤其是美国推广自身价值观和意识形态的重要舆论手段和政治工具。

新自由主义是西方资本主义国家推崇的意识形态,因此有着成熟的理论体系和现实的实践形态。20世纪80年代,新自由主义作为学术理论进入中国,为中国的自由主义思潮输入了新鲜血液,成为中国自由主义思潮中最受人瞩目的部分。新自由主义思潮在中国的兴起和发展是改革开放以来中国经济转轨、社会转型过程中的一个重要的政治现象。新自由主义传入中国后,既作为一种学术话语存在,也是一种努力影响政府决策的政治思潮。

新自由主义试图以西方资本主义成熟的经验和做法替代中国社会发展的既定原则和方向,试图通过肯定私有化、市场化和自由化来否定中国的社会主义市场经济和公有制经济。

伴随着由传统媒体延续到网络领域的自由主义与新左派的论争,新自由主义思潮于20世纪90年代末期传入网络领域。中国最早的网络"意见领袖"中有不少是新自由主义思潮的倡导者。由于新自由主义思潮代表人物阐发自由主义主张的话题多是涉及诸如贫富差距、官员贪腐、社会公平等的社会热点,因此这些主张和话题往往很快发展成为网络舆论的中心,影响范围也从学术领域走向大众领域,新自由主义思潮的代表性观点逐渐为广大网民关注,新自由主义思潮对中国社会的影响也随之进一步得到了扩张。网络传播也使新自由主义思潮实现了由学术话语、政治话语向学术话语、政治话语与大众话语共存的发展。但是与强劲的学术话语、政治话语相比,网络领域新自由主义思潮的大众话语相对薄弱。中国新自由主义思潮的潮涨潮落与国内外大环境的变化息息相关,但与国外新自由主义思潮的发展并不同步。网络领域新自由主义思潮的潮涨潮落与现实领域新自由主义思潮的传播基本同步。为了适应网络媒体和网络受众,网络领域的新自由主义思潮也基于网络传播的需要出现了碎片化、感性化传播的现象,但网络领域的新自由主义思潮不具备形态上的独立性和功能上的能动性。因此,网络领域的新自由主义思潮表现为以网络为传播媒介的新自由主义思潮,尚未形成衍生形态的网络新自由主义思潮。

3."普世价值"思潮与网络领域的"普世价值"思潮

一般认为,"普世价值"一词渊源于1993年美国芝加哥召开的世界宗教议会大会提出的"全球伦理"(Global Ethic),即"由所有宗教所肯定的、得到教徒和非教徒支持的、一种最低限度的共同的价值、标准和态度"①。此后，关于建立"全球伦理""普遍伦理""普世伦理"的讨论在世界范围内展开，并于20世纪90年代初在中国开始出现。

中国早期出现的"普世价值"话语主要是伦理学、哲学领域进行小范围学术性探讨的学术话语，与"普世伦理"和"普遍伦理"等术语通用。此后，"普世价值"从伦理学、哲学领域逐渐扩展到政治学、经济学、文化学、医学等领域。21世纪初期，政治话语的"普世价值"逐渐凸显，政治话语的"普世价值"借由学者们对"全球伦理""普遍伦理""普遍价值"的学术讨论，以维护"全人类共同价值"的名义，凭借西方大国的话语垄断，在经济全球化、政治多极化和文化多元化浪潮的推动下，演绎成为一种具备成熟理论形态、鲜明政治倾向和广泛影响力的"普世价值"思潮。"普世价值"思潮宣称西方资本主义的自由、民主、人权等是普遍适用、永恒存在的价值，而在此基础上建立的自由民主制度是"人类意识形态发展的终点"。②中国国内认同和推崇西方"普世价值"的学者、自由派人士将西式的民主、人权奉为"普世价值"，并以此为评判标准否定中国的社会主义民主政治建设。

2007年前后，认同和推崇西方"普世价值"的学者、自由派人士利用书刊、报纸和网络积极传播西方"普世价值"，2007年后出现的关于"普世价值"的争论开启了"普世价值"学术话语、大众话语和政治话语相互交织的复杂局面，2007年由此成为"普世价值"思潮发展演变的重要分水岭。2008年国内认同西方"普世价值"的自由派人士和当时站在自由主义立场上的新闻媒体借助5·12汶川地震宣传以西方自由、民主、人权、法治为主要内容的"普世

①　[德]孔汉斯等编:《全球伦理:世界宗教议会宣言》，何光沪译，四川人民出版社，1997年，第171页。

②　胡媛媛、王岩:《意识形态安全视阈中的"普世价值"思潮批判》，《马克思主义研究》，2019年第7期。

价值",并且将党领导全国人民进行抗震救灾的壮烈举动定性为"向自己的人民,向全世界兑现自己对于普世价值的承诺"。①此后,"普世价值"思潮逐渐成为中国学界开展意识形态斗争备受关注的一个问题。"普世价值"的支持者用抽象的人性价值来表达现实的政治诉求,宣扬西方资产阶级的思想文化和价值观念。在当前价值多元化的时代,"普世价值"以"全人类共同价值"自居,将资本主义社会的核心价值包装成超越物质基础和社会历史的永恒价值,充当西方发达资本主义国家强制推行资本主义政治理念和制度模式的意识形态工具。

西方"普世价值"思潮在中国传播的伊始正是中国网络媒体的快速普及发展时期,加之自由派知识分子是传入网络较早的一部分群体,西方"普世价值"与新自由主义思潮政治立场和价值主张高度一致,甚至在某种程度上是新自由主义思潮在伦理思想领域的传播样态,在这些综合因素的影响下,网络领域"普世价值"思潮的传播同步于现实领域。网络领域"普世价值"的争论本身就是同步到网络空间的现实领域的报纸、杂志上关于"普世价值"的论争。"普世价值"思潮的思想主张具体而且简单明了,现实领域与网络领域的"普世价值"思潮在发展过程、传播内容等方面保持着高度的一致性,因此"普世价值"思潮在网络领域不存在异于现实领域的衍生形态,网络领域的"普世价值"思潮就是以网络为媒介传播的"普世价值"思潮。

需要注意的是,作为网络领域备受关注的议题之一,网络领域的"普世价值"话题有学术研究领域的学术探讨,也有普通网民对社会伦理道德问题的思考与探讨,更有政治领域的"普世价值"思潮的论争。一般来说,一种社会思潮的学术话语、政治话语和大众话语都是这一社会思潮话语在不同领域传播的体现,而"普世价值"则不同,学术话语和大众话语的"普世价值"议

---

① 南方周末编辑部:《汶川震痛,痛出一个新中国》,《南方周末》,2008年5月23日。

题大都属于非政治意识形态性的议题,政治话语的"普世价值"议题则是资产阶级自由、民主、平等、人权理念在意识形态和价值观领域的理论呈现,因而"普世价值"思潮专指打着自由、民主、平等、人权的幌子传播西方资产阶级价值理念的思想潮流。虽然学术话语和大众话语的"普世价值"议题大都属于非政治意识形态性的议题,但活跃在网络领域的"普世价值"思潮往往以学术话语和大众话语的假象出现,假借学术话语和大众话语传播,并与网络领域的新自由主义思潮、历史虚无主义思潮等"西化"思潮互相呼应。

4.历史虚无主义思潮与网络历史虚无主义思潮

"历史虚无主义是改革开放以来我们党研判意识形态领域社会思潮提出的一个特定的政治概念。"①广义上的历史虚无主义与民族虚无主义的内涵与外延接近,指对包括中国近现代史在内的整个中华民族历史与中国传统文化的虚无。狭义上的历史虚无主义专指对中国近现代史和中国共产党历史的虚无。中国当前存在的历史虚无主义思潮主要是狭义上的历史虚无主义思潮。

在中国改革开放进程中,历史虚无主义思潮几度泛起,在20世纪八九十年代,主要表现为打着"反思历史""重估历史"的旗号肆意夸大毛泽东晚年错误,将抹黑、诋毁毛泽东和曲解毛泽东思想作为"西化"和分化中国的重要突破口,通过攻击党和国家领导人攻击党的指导思想,否定社会主义建设史。20世纪90年代以后,伴随着《告别革命》一书的问世,历史虚无主义思潮

---

① 李方祥:《历史虚无主义》是意识形态领域特定的政治概念——基于党的文献》,《思想理论教育导刊》,2015年第1期。

以"告别革命"①的形式再度抬头。"告别革命"是世界范围内否定革命、否定社会主义制度的历史虚无主义思潮,20世纪80年代开始在国外盛行,并在东欧剧变、苏联解体的过程中起到了"攻心战"的作用。②"告别革命"思潮于20世纪90年代中期传入中国,此后一直打着学术研究的幌子活跃于学术领域,并从学术领域辐射到政治领域。

历史虚无主义思潮质疑中国革命历史的必然性和正义性,否定社会主义改革与建设成就,选择性地虚无中国共产党领导的社会主义革命史和建设史,其实质是借歪曲历史本来面目来证明"学习西方"的主流文化是无法抗拒的历史必由之路。③与新自由主义思潮相比,历史虚无主义"全盘西化"的政治倾向有过之而无不及。④

网络媒体出现后,历史虚无主义思潮先是沿袭其在现实领域的传播方式,打着"重新评价""重写历史"的幌子在网络空间传播,随后与网络亚文化相结合,以网络"恶搞"等娱乐化的形式碎片化传播。历史虚无主义思潮以后现代史学为理论基础,后现代史学在历史本体论方面的去"宏大叙事",在认识论上对历史学客观性的否定,以及历史价值观上的多元论非常符合网络话语的碎片化、非理性化和解构性特质。因而,历史虚无主义思潮在网络领域十分活跃,并在网络语境下迅速发展出衍生形态——网络历史虚无主义。

网络历史虚无主义与传统意义上的历史虚无主义一脉相承,除了沿袭

---

① "告别革命"是20世纪80年代西方国家掀起的在世界范围内流行的一种攻击和否定革命、颂扬改良的思潮。布热津斯基的《大失败》和福山的《历史的终结》是"告别革命"思潮的代表作。1995年,香港天地图书有限公司出版由李泽厚、刘再复谈话录音整理而成的《告别革命》一书,拉开了中国"告别革命"思潮流行的序幕。在中国,"告别革命"是20世纪90年代以来历史虚无主义的主要形式之一。

② 梅荣政、杨瑞:《历史虚无主义思潮的泛起与危害》,《思想理论教育导刊》,2010年第1期。

③ 龚书铎:《历史虚无主义二题》,《高校理论战线》,2005年第5期。

④ 王岩:《新自由主义的中国样态及其批判》,《探索》,2018年第1期。

传统意义上的历史虚无主义的基本思想主张外,还突出地表现为碎片化肢解、歪曲历史,以"揭示真相"的幌子,纠缠于一些历史细节;"戏说"历史,通过有意制造的博取眼球的话题来颠覆大众的历史认知和历史价值观。网络历史虚无主义与消费主义、泛娱乐主义等社会思潮深度融合,"恶搞"、消费革命英雄人物和红色经典。网络历史虚无主义娱乐化的外衣使其极具隐蔽性,容易引起不明真相的网民的盲目起哄与跟风传播。网络历史虚无主义超越了专业领域和知识分子学术讨论的范畴,在话语表达场域上更倾向于向大众的生活场域渗透,借助大众文化、大众娱乐等多种形式深入日常生活,拓展社会覆盖面,保持较高的活跃度,具有争夺话语权、增强影响力方面的独立性和能动性。

(二)"反西化"类社会思潮及其在网络领域的延伸

"反西化"思潮是作为"西化"思潮的对立物而出现的,包括近代出现延续至今的文化保守主义思潮,改革开放后出现的老左派和新左派思潮。与"西化"类社会思潮共同指向走西方资本主义道路而相互呼应不同,文化保守主义思潮与老左派、新左派思潮在中国社会发展方向和发展道路上基本没有交集,只有老左派和新左派在思想主张上有一定的共识。

1.文化保守主义思潮与网络领域的文化保守主义思潮

文化保守主义是20世纪中国三大思潮之一,[①]是在西方现代化扩张背景下以认同、回归、捍卫本民族文化传统为根本特征的文化潮流,也是中国现代思想史上"全盘西化"思潮的直接理论对立面。中国近代文化保守主义思

---

① 许纪霖:《二种危机与三种思潮——20世纪中国的思想史》,《战略与管理》,2000年第1期。

潮开端于清末民初,①可追溯到19世纪末20世纪初以康有为为首的"今文经学"派和以章太炎、刘师培为代表的"国粹派",清末民初的"国粹派"是文化保守主义的第一个文化团体。中国文化保守主义思潮流派繁多,除了"今文经学"派、"国粹派",还有20世纪20年代以梅光迪、吴宓为代表的"学衡派",以杜亚泉、章士钊等人为代表的"东方文化派"等。在某种意义上,中国的文化保守主义思潮是对新文化运动激烈反传统的保守回应,也是当时深刻的社会危机和思想危机在思想文化领域里的反映。②五四新文化运动时期是文化保守主义思潮的高涨时期,文化保守主义于五四新文化运动的后期成为一种文化流派。20世纪三四十年代,以现代新儒家作为一个学派的形成为主要标志,文化保守主义作为一种社会思潮逐渐走向成熟。③中国的文化保守主义是在中国沦为半殖民地半封建社会的条件下出现的,因而具有浓厚的民族主义色彩。④

20世纪90年代,随着20世纪80年代涌起的西方文化热的退潮,中国大陆涌现出一股"国学热"潮流,文化保守主义思潮在全民性的"国学热"浪潮的烘托下空前兴盛,开始以一种全新的形式影响着当代社会,并于21世纪初期开始呈现出强劲的发展态势。作为当代中国不可忽视的社会思潮之一,文化保守主义思潮充分展示出自近代以来文化保守主义者传承、弘扬民族传统文化的不凡历程。文化保守主义的核心思想突出体现在文化方面,同

---

① 学界对文化保守主义的开端和发展划分主要有两种观点,其中郑大华等学者视19世纪末、20世纪初为文化保守主义的发端期。何晓明认为"这种说法忽视了19世纪中叶开始,中国传统文化与西方资本主义现代化碰撞、交融半个世纪之久而在思想领域激起的巨大波澜,抹杀了早期改良主义思想家和'洋务'实行家在保守主义发生史上的真正先驱地位"。何晓明认为近代以来文化保守主义可以划分为三大派系:19世纪60年代至90年代的"体用"派;19世纪60年代至20世纪20年代的"国粹"派;20年代至五六十年代的"新儒家"。详见何晓明:《近代中国文化保守主义述论》,《近代史研究》,1996第5期。本研究采用的是郑大华的观点。

② 郑大华:《文化保守主义与"五四"新文化运动》,《北京师范大学学报》,1989年第3期。

③ 郑大华:《中国文化保守主义思潮的历史考察》,《求索》,2005年第1期。

④ 郑大华:《现代中国文化保守主义思潮的历史考察》,《社会科学战线》,1992年2期。

时始终具有政治方面的诉求,文化保守主义的政治取向在近代表现为文化保守主义者鲜明的政治态度和政治主张,在当前表现为文化保守主义不仅宣扬国学,固守传承传统文化的立场,而且较多地聚焦中国社会的主导思想和中国的发展道路与发展方向。因此,文化保守主义既是一个文化流派和文化思潮,同时也是有着强烈的意识形态诉求的政治思潮。文化保守主义在弘扬传统文化方面与主流意识形态有诸多交集,同时又有着最广泛的民间认同。文化保守主义与主流文化、大众文化的接触面较大,在现实领域传播的阻力较小,在社会上得到的广泛支持使其在现实领域发展传播迅速、影响面广且影响力大。

互联网的出现为文化保守主义者发表观点、宣传和传播思想主张提供了更加便捷的渠道和平台,大大提高了文化保守主义思潮传播的速度,扩大了其覆盖面和影响力。但是,文化保守主义思潮理论层面较强的学理性和思想性,现实层面较强的实践性决定了其传播阵地仍然在现实领域。文化保守主义在现实领域和网络领域的传播渠道相对畅通,文化保守主义在网络领域没有改变自身以适应网络传播环境以求生存的迫切需要,因此网络领域的文化保守主义思潮传播主要是现实领域传播的迁移和延伸。网络领域的文化保守主义思潮与传统意义上的文化保守主义思潮一脉相承且没有明显区别。因此,网络领域的文化保守主义思潮主要是以网络媒介为载体传播的文化保守主义思潮。

2.老左派思潮与网络领域的老左派思潮

中国的老左派是改革开放以来最初的"反西化"典型代表。"左"的产生的重要背景是为了防止误入资本主义道路。老左派的基本思想倾向是坚持以阶级斗争为纲,坚决反对走资本主义道路。老左派思潮思想主张的核心内容有三条:以阶级斗争为纲、公有制和计划经济。老左派产生以来出现过五波较大的浪潮:第一波是1977—1978年"两个凡是"与真理标准的交锋,第二波是1990—1992年关于姓资姓社的争论,第三波是1995—1997年对私营经济的讨伐,第四波是2004—2011年为"文化大革命"辩护乃至呼唤下一次"文化大革命",第五波是2007年开始并于2011年达到高潮的"唱红打黑"及其余响。①

老左派的基本学术立场是固守苏联模式的僵化体制,坚持计划经济,坚持公有制,强烈反对市场经济,反对非公有制经济的发展。从改革开放以来老左派的抗争史可以看出,老左派思潮坚持斯大林僵化的社会主义模式,坚持毛泽东晚年"左倾"思想,坚持"以阶级斗争为纲",否定改革开放,批判市场经济,尤其恐惧私营经济的发展。②老左派最为显著的特征是对毛泽东晚年思想政治遗产的直接继承,多数老左派人士高度赞扬毛泽东晚年提出的无产阶级专政下继续革命的理论,并高调宣称支持毛泽东时代的"文化大革命",主张发挥"文化大革命"的"合理因素"。

在网络领域,老左派思潮声音微弱。一方面在于老左派在学术话语和政治话语上呈现出故步自封的颓势,从总体上看,老左派本身的话语趋势不可逆转地在趋向衰落;另一方面在于话语内容上,老左派的思想主张对大众特别是青年群体的吸引力有限,话语影响力式微。在网络领域,老左派思潮与新左派思潮交融,区别不明显,老左派思潮的部分论证内容、话语主张在某种程度上只是以新左派思潮的补充支撑素材的形式存在。

3.新左派思潮与网络领域的新左派思潮

新左派和新左派思潮都是复杂多元的组合体,难以下一个明确的定义。徐友渔认为中国的新左派是对西方"新左派"的移植,③而丁学良则认为中国

① 参见马立诚:《最近四十年中国社会思潮》,东方出版社出版,2015年,第18~69页。
② 马立诚:《最近四十年中国社会思潮》,东方出版社出版,2015年,第17页。
③ 徐友渔:《当代中国两大社会思潮——自由主义和新左派》,《中国与世界观察》,2006年第3期。

不存在新左派,所谓的新左派不过是年轻的老左派而已。①学者们对新左派截然不同的定位也说明了中国新左派成分的复杂性。新左派突出的标识是与自由主义的针锋相对,中国新左派是一个反自由主义的思想联盟,新左派思潮则是这一思想联盟在批判共同的批判对象的基础上形成的社会思潮。因此,中国新左派思潮并不是单一的思想体系,而是由各种左翼批判理论组成的混合体。萧功秦把新左派思潮定义为"以西方左翼社会主义思想理论为基础,以平等与公平为核心价值,把中国走向市场经济的转型过程中的社会分层化、社会失范与社会问题理解为资本主义社会矛盾的体现,并以平等主义社会主义作为解决中国问题的基本选择的社会思潮"②。当前思想文化领域的新左派思潮主要有四类:基于对"文化大革命"浪漫历史想象基础上的"文化大革命"左派思潮;以绝对平均主义和民粹式民主为核心诉求的民粹左派思潮,在主流意识形态话语框架内对现实社会予以新式解读的温和左派思潮,以及借助于道德优势与政治正确之名而扭曲主流意识形态话语的激进左派思潮。③

　　新左派思潮在中国的登场是20世纪80年代中国新启蒙思想界分化的产物。④正如徐纪霖和罗岗在《启蒙的自我瓦解:1990年代以来中国思想文化界重大论争研究》中所述,20世纪90年代,伴随着中国市场化转轨出现的国内经济利益和社会阶层的分化加剧、贫富差距拉大等问题,"对改革之正当性的质疑、对中国问题的不同诊断,以及重建中国知识分子批判传统的不同路向,导致了新启蒙文化人士的思想分裂"⑤。从新启蒙阵营中分化出来

---

① 李宗陶:《中国只有老左派,没有新左派——对话丁学良》,《南方人物周刊》,2010年第31期。

② 公羊主编:《思潮:中国"新左派"及其影响》,中国社会科学出版社,2003年,第404~405页。

③ 竟辉:《中国新左派思潮的当代解析》,《探索》,2018年第1期。

④ 竟辉:《中国新左派思潮的成因与嬗变略论》,《现代哲学》,2018年第5期。

⑤ 许纪霖、罗岗:《启蒙的自我瓦解:1990年代以来中国思想文化界重大论争研究》,吉林出版有限集团公司,2007年,第195页。

的新左派知识分子相继撰文质疑中国市场化改革路线,反对中国走西方现代化道路,举起了批判中国自由主义的大旗。20世纪90年代中后期,新左派在与自由主义的论争中异军突起,标志性事件是汪晖的《当代中国的思想状况与现代性问题》一文的发表。该文是引发20世纪末新左派思潮与自由主义论争的导火索。由于新左派思潮与自由主义在基本立场、价值观念、政治主张、国情研判等方面意见相左,二者的争论构成了20世纪90年代中期以来中国思想界政治争论的中心。①

新左派形成初期关注的是民主、国家、现代化等问题,20世纪90年代末期开始就民生领域分配不公、就业难、房价过高、医疗改革和教育公平等问题发表观点和看法,并力求影响政府决策。新左派具有与老左派基本相同的思想倾向,仍旧将私有制视为万恶之源而加以反对,认为"资本"是对"人性与人的尊严的全面奴役与控制",而市场经济的实现就意味着"以牺牲大多数下层民众的利益这种不公平作为代价"。②但新左派话语体系新,以西方新马克思主义等理论资源来批评中国改革开放中出现的问题,突出强调社会公正与政治参与。新左派思潮批判贫富差距过大现象,在围绕私有化、阶级斗争、腐败问题和贫富差距的争论中说出了很多底层民众的心声。由于新左派的主张多是从底层的角度关注中国转型过程中的社会矛盾,因而容易引起广大底层民众的共鸣,特别是新左派思潮在社会民生问题上鲜明的价值取向和立场,容易获得民众的共鸣进而形成影响政府决策的舆论场。

新左派思潮传入网络领域的时间在20世纪90年代后期,是在与自由主义的论争过程中由传统的报刊延伸到了网络领域。从20世纪90年代后期传入网络领域至今的近三十年中,新左派思潮在网络领域仍然保持着较强的学院派特质。新左派思潮强调社会分化过程中弱势群体的利益,有着浓

---

① 参见马德普:《当代中国政治思潮(改革开放以来)》,天津人民出版社,2016年。
② 赵丰:《"新左派"势力回潮探析》,《人民论坛》,2014年第4期。

厚的底层关怀,能够激起底层民众、知识分子、青年学生和草根网民的共鸣,在网络领域具有较大的表达空间。虽然新左派思潮在网络领域尚没有衍生出具有独立性和能动性的网络形态,但网络领域新左派思潮在底层关怀方面与网络民粹主义的交集推动了新左派思潮话语的大众化,新左派思潮是否在未来发展出衍生形态尚难以预期。

三、多元伴生:大众化社会思潮及其网络形态

思想文化领域的社会思潮,除了民族主义思潮这一主线和"西化"与"反西化"类社会思潮两条辅线外,还活跃着众多伴随科技发展、社会变革、思想文化变迁和社会心理变化而兴起的多元大众化社会思潮。这些社会思潮涉及范围广泛,影响面广,不仅直接活跃于思想文化领域,而且极易与民族主义思潮、"西化"与"反西化"类社会思潮相结合,凭借相互优势共同发展。当前多元伴生的大众化社会思潮种类繁多,其中活跃度高、影响力大的主要有民粹主义、消费主义、犬儒主义和泛娱乐主义等社会思潮,这些社会思潮学理程度相对较低,容易和网络文化结合,因而在网络环境中都存在着网络衍生形态,或者本身主要表现为网络形态。

(一)民粹主义与网络民粹主义

民粹主义又称平民主义,最早起源于19世纪后期在美国南部和西部农业地区出现的人民党激进运动及19世纪后期俄国争取"土地和自由"的民粹派运动。从历史上民粹主义的诸种表现形态上看,民粹主义的思想谱系很宽,但各种民粹主义在人民与精英的关系上保持了高度一致,民粹主义能够抽取出来的基本内涵就是底层民众的反现状、反精英特质。中国学者俞可平定义民粹主义思潮为"强调平民群众的价值和理想,反对精英主义,把平

民化和大众化作为所有政治运动和政治制度合法性的最终来源,以此来评判社会历史的发展"的社会思潮。①民粹主义的基本内涵和特征表现为:人民至上,强调人民大众的地位和价值;崇尚直接民主,否定代议制;要求绝对平等,反对一切等级关系,坚持反精英、反体制和反权威的社会批判立场;诉诸情感,在政治参与上通常采用非制度化的较为激进的参与方式等。中国近现代史上的民粹主义是中国传统中固有的民粹主义与俄国19世纪民粹主义思潮对中国知识界的影响两个方面因素的综合。瞿秋白、恽代英、蔡和森等中国共产党早期活动家在不同程度上同这个时期的民粹主义思想作过斗争。

中国当前兴起的民粹主义源自改革开放以来改革、发展与社会转型过程中积累的暂时难以解决的社会矛盾和社会问题,这一民粹主义超越了俄国民粹派和中国近代民粹主义语境关涉的议题,更多表现为"中国在社会转型期可能出现的以利益争夺与调整为内容的民粹主义问题"②。中国社会转型期激化的社会矛盾和国际社会涌动的民粹主义浪潮是民粹主义思潮泛起的两大影响因素,但与欧美国家的民粹主义发生在国家政策或政党政治层面不同,中国的民粹主义不具有国家政策或政党政治的性质和特征,是只具有社会动员意义的缺乏确定性内容的社会思潮和社会情绪,"但民粹主义思潮能否蔓延到社会各阶层甚至进入国家政策或政党政治领域,却是一个不确定的事实"③。

中国当前的民粹主义主要有三种类型:一是民族民粹主义或民粹民族主义。民粹民族主义一方面表现为当民粹主义基本价值遭到外敌威胁或人民主观地认为遭到外敌威胁时,民粹主义的批判对象由国内社会精英转换

---

① 俞可平:《现代化进程中的民粹主义》,《战略与管理》,1997年第1期。

② 林红:《民粹主义——概念、理论与实证》,中央编译出版社,2007年,第6~7页。

③ 周庆智:《当前中国民粹主义思潮的社会政治含义》,《政治学研究》,2017年第5期。

至国外敌对力量，民粹主义便容易转向民族主义，表现为民粹民族主义。①
另一方面表现为当政府的对外举措和行动不能满足民族主义者"大快人心"
的要求，或者共同体内的"精英"出现"媚外辱华"言行时，民族主义的矛头会
掉转国内，从而出现民族民粹主义。二是民主民粹主义，也称为批判现实主
义。民主民粹主义以舆论监督为主要形式，监督、批判社会中诸如社会不公
现象、贫富分化、官民冲突等现实问题，主要以对富人、官员、专家等精英群
体激烈的批判形式出现。三是文化民粹主义。文化民粹主义是一种贬低和
摒弃精英文化，忽视文化的精神内涵和教化功能，无限度地抬高民众文化活
动的思想倾向。民粹主义的以上三种类型只是从理论角度的分析，在现实
领域，三种类型的民粹主义并不是完全独立存在的，而是紧密地交织在一
起，不同类型民粹主义的区分只是这种民粹主义更突出地表现出其中哪一
个类型的特质而已。

　　中国当前的民粹主义主要表现为网络民粹主义。②在网络民粹主义的
三种形态中，民族民粹主义是打着爱国主义的口号建构的一种激进的民族
主义；文化民粹主义是民粹主义与消费主义、泛娱乐主义等思潮的结合体，
是一种极端平民化的"大众式狂欢"；一般意义上的网络民粹主义主要指网
络批判现实主义类型的民主民粹主义，即以网络舆论监督为主要形式，利用
互联网提供的各种信息平台监督、批判社会中的诸如社会不公、贫富分化、
官民冲突等现实问题的社会思潮。网络民粹主义思潮是由社会问题诱发且
在网络虚拟空间持续发酵的潜藏于舆情事件中的网络话语，也是在网络虚
拟空间肆意发泄暴戾之气，实现民众狂欢的一种社会思潮。③

---

①　程同顺、杨倩：《当前中国的民粹主义》，《江苏社会科学》，2016年第3期。

②　刘小龙：《当前中国网络民粹主义思潮的演进态势及其治理》，《探索》，2017年第4期。

③　石立春、何毅：《网络民粹主义与当代中国政治发展研究——当代中国网络民粹主义思潮评
析》，《电子政务》，2017年第3期。

(二)泛娱乐主义思潮与网络泛娱乐主义思潮

泛娱乐主义是一种将娱乐性作为衡量事物价值的标准并将这一标准无限涵盖和渗透到一切领域中去的思想倾向或思想潮流。泛娱乐主义思潮是从思想文化领域的泛娱乐化现象中逐步演化而成的思想潮流。"泛娱乐化"的说法最早可追溯到美国学者尼尔·波兹曼。20世纪后半叶,电视媒体异军突起,逐渐代替印刷媒介成为组织社会生活的主要媒介,尼尔·波兹曼敏锐地观察到了以电视为代表的新媒体给美国社会带来的全民娱乐的景象,通过事实论述主流媒介的变革对大众和社会产生的深远影响,特别是电视媒介的特质对人的思想认识、认识方法及社会文化发展的影响。尼尔·波兹曼在其著作《娱乐至死》中描绘泛娱乐化现象,"娱乐已成为城市文化的精髓,人们的所有情感都以娱乐方式表达。政治、宗教、新闻、体育、教育和商业也都成了娱乐文化的附庸……最终成就了娱乐的时代"。他对比过去以印刷媒介为中心的"阐释时代"和当下以电视媒介为中心的"娱乐业时代",痛斥娱乐文化引发的文化缺失和心灵空虚。不无忧虑地指出"人类将毁于我们所热爱的事物","每个人都沦落为娱乐至死的个体"。[1]

20世纪90年代,伴随着信息化社会的到来和文化产业的市场化,中国的大众文化由政治文化、启蒙文化向娱乐文化转变。娱乐泛化现象在中国迅速蔓延,概括起来主要呈现三种看似独立但实质联系紧密且日渐深化的现象。一是娱乐行业、娱乐媒介的过度娱乐。各种娱乐行业发展迅速,大众媒体的娱乐板块激增。报刊、广播、影视、网络等媒体为获取经济利益,以娱乐吸引乃至迎合受众,甚至通过刺激受众感官的方式谋求销售量、收听率、收视率或点击率。有些娱乐信息、娱乐活动带给受众的不再是身心的放松、精

---

① [美]尼尔·波兹曼:《娱乐至死》,章艳译,中信出版社,2015年,第4页。

神愉悦和美的享受，而是感官的刺激与情绪的宣泄。二是娱乐因素扩展到其他话语场域。娱乐走出了自己的领域，走向文化、教育、政治等领域，渗透到社会各个领域之中，娱乐在这些领域的存在不再仅是提升这些领域活动吸引力和趣味性的辅助方法，而是片面突出娱乐的属性，遮蔽事物本身的意义表达，冲淡和消解这些具体领域和具体活动的原有功能与价值。三是娱乐本身的含义发生了变化。娱乐不再是人们生产性劳动之外的闲暇活动，不再是人们精神生活丰富的途径，甚至也不是提升其他领域趣味性的途径，而是成为一种价值观和生活态度，娱乐开始以反叛者的姿态，反对并试图解构一切正统的意识形态和话语体系，成为反叛、嘲讽、解构和消融理性、正统、庄重感和仪式性的工具。①

　　一般而言，社会思潮都源于某种思想理论，具有明确的社会主张、理论观点和代表人物，这些思想理论、观点主张契合时代发展和当下人们的社会心理，从而在思想文化领域产生一定的影响力并传播于社会大众。但与一般意义上的社会思潮不同，泛娱乐主义思潮既无明确的诉求，亦无学术主张；没有独立完整的理论体系，亦没有具体的理论内涵及代表人物，更多地表现为一种社会现象和对社会现象的理论抽象。泛娱乐主义不是缘起于某个理论，而是缘起于电子技术发展过程中媒体主导下的泛娱乐化现象，以及在这一现象快速蔓延过程中产生的影响人们社会心理、生活态度和人生态度的娱乐观念、价值观念与社会意识。泛娱乐主义是通过对泛娱乐化现象的解读和分析而得出的理论抽象，这也是学界对其是不是一种社会思潮存在分歧的重要原因。但是泛娱乐主义"反映特定环境中人们的某种利益或要求"，而且是"对社会生活有广泛影响的思想趋势或倾向"，因此其作为社会思潮存在的基本要件是存在的，泛娱乐主义有明确的话语指向，与大众心

---

① 封寿炎:《"三俗"的娱乐和"沙化"的心灵》,《解放日报》,2010年8月14日。

理相契合,在社会中动态地传播,掀起泛娱乐化的文化浪潮,这些都符合社会思潮的特质。因此,泛娱乐主义是在泛娱乐化现象的蔓延过程中生成的一种涉及价值观念、生活态度的意识形态和社会思潮。

泛娱乐化本身是电子媒介发展的产物,在网络多媒体环境下获得了更加立体的发展空间和施展舞台,加上中国网络传媒发展领域的泛娱乐商业发展策略的催化,助推娱乐日益成为一种流行的生活方式,形成泛娱乐化的浪潮,并逐渐演化成思潮形态。因而,泛娱乐主义思潮主要表现为网络泛娱乐主义。网络泛娱乐主义更有规模效应,受众极易沉溺其中而忘却理性思考,甚至导致价值观的错位。与其他社会思潮相比,泛娱乐主义既无系统的指导学说和理论观点,亦不具有代表性的倡导者和追随者,是一种缺乏坚实思想内核的"空心化"思想潮流。泛娱乐主义思潮通过泛娱乐化现象的流行直接在大众文化生活中生成,以一种弥散甚广的娱乐心态和情绪存在于社会之中,泛娱乐主义思潮的空心化特质,使其可以和其他几乎所有的社会思潮相结合,成为其他社会思潮的背景色调,因而具有与其他社会思潮相互交织复合传播的优势。

(三)消费主义思潮与网络消费主义思潮

消费主义是资本逻辑下产生的将消费作为衡量幸福与人生价值的标准,刺激人们追求不断膨胀的消费欲望的思想潮流。消费主义思潮的产生源于19世纪科技革命推动下生产力的快速发展带来的生产过剩。二战结束以后,以美国为首的西方国家科学技术迅速发展,推动物质生产高速增长,社会生产相对过剩,生产的进一步发展需要消费来维持和拉动,以"生产"为中心的社会逐渐结束,以"消费"为中心的时代拉开了序幕。发现和刺激消费需求,改造大众的消费模式成为资本逻辑实现的关键条件。培养特定的生活理念和价值观,使大众以潜在的欲望而不是实际的需求建构自己的消费,消费不再是一种单纯的经济行为,而变成了一种生活方式和文化行为,消费主义随之出现。不同于为了生产生活的延续而进行的普通的、必要的、真实的需求消费,消费主义暗含着一种欲望膨胀,为消费而消费,以消费来满足虚荣、显示身份地位和生活品位的思想倾向。消费主义崇尚无限占有、享受物质财富,通过消费满足自我来获得幸福快乐。因此,消费主义是适应资本增值需要的一种主动的文化策略。20世纪60年代,消费主义从美国传到了日本和西欧,并随着全球化过程的进一步深化,逐渐蔓延到发展中国家。

20世纪80年代,中国社会在思想解放、经济快速发展的过程中开始迈入大众化消费阶段,在市场经济导向和国家拉动内需发展经济的刺激性消费政策背景下,消费主义以一种生活方式和文化样态的"中性的假面"通过经济全球化进程植入中国人的社会生活中。[①]大众传媒的渗透、高收入群体的示范、中国传统社会习俗中某些被放大的炫耀、夸示情节等因素共同推动了消费主义生活方式的扩散。

作为一种影响到社会各个领域、生活各个层面的文化形态,消费主义的流行与媒介的发展也有着密切的联系。鲍德里亚在《消费社会》中指出:"电视所带来的'信息',并非它传送的画面,而是它造成的新的关系和感知模式、家庭和集团传统结构的改变。"[②]与纸质传媒相比,电子媒介能够更加直观地建构和彰显符号价值,促进受众感知方式的转变,塑造沉迷于形象魅力的消费者。20世纪90年代后中国社会文化转型,大众文化掀起热潮,刚刚在中国兴起的消费主义思潮恰逢互联网在中国创建并蓬勃发展,网络成为消费主义思潮的传播媒介,网络媒体助推消费主义思潮的蔓延,在一定程度上

---

①　户晓坤、郭旭新:《改革开放视阈下我国消费主义的问题、表现及悖论研究》,《经济问题探索》,2014年第8期。

②　[法]让·鲍德里亚:《消费社会》,刘成富、全志钢译,南京大学出版社,2014年,第114页。

强化了日益异化的消费观念。在网络领域,除了"被制造出来的欲望"和符号消费更加突出外,文化消费主义也更加凸显,网络炒作与网络"恶搞"成为网络领域突出的文化现象。消费主义在网络领域从对现实的"物"的消费变成对一切的消费。网络在传播消费主义文化、消费主义价值观和生活方式的同时,受经济利益和消费主义文化的影响,网络媒介自身也成了消费主义文化的重要生产工具——网络成为欲望生产和消费的重要媒介和手段。①由此,网络领域倡导超前消费、炫耀消费、过度消费的传统消费主义,媒介文化发展变异出的文化消费主义和传媒消费主义,三者在融合发展的过程中在网络领域衍生出具有独立能动性的新消费主义形态——网络消费主义。

在网络媒体背后资本逻辑的操控下,网络消费主义发展成为强有力且具扩张性的意识形态,不仅向大众的日常生活渗透与扩张,而且强有力地渗入了其他思想文化领域。网络消费主义思潮基于不同的"消费对象"构成了和其他社会思潮的"耦合",当消费的对象是主流文化或者严肃文艺作品时,网络消费主义与网络泛娱乐主义实现了融合;当消费的对象是严肃的历史与历史人物时,网络消费主义与网络历史虚无主义存在融合;当网络媒体拿国内外热点事件炒作赚取流量时,网络消费主义还与网络民族主义、网络民粹主义等思潮融合。

(四)犬儒主义思潮与网络犬儒主义思潮

犬儒主义是源自公元前5世纪古希腊的一个思想流派或者说是一种生活方式。犬儒主义不像普通哲学流派那样具有鲜明的思想理论,而是以犬儒者的言行为该学派的重要标志,这使得犬儒学派可以通过一种可习得的处事方式获得认同和传播,但也正是因为如此,犬儒主义的发展容易偏离最

---

① 高永亮:《网络传播消费主义现象批判》,中国传媒大学出版社,2014年,第63~64页。

初的行为本意,导致后期犬儒主义发展过程中的偏向。早期犬儒主义学派的犬儒者们甘于贫苦,注重精神丰硕,倡导回归自然,拒绝物欲,鄙弃荣华富贵,蔑视政治权威,看似极端激进却积极理性,愤世嫉俗但不悲观厌世,他们严厉地批判、抨击现实社会意在警醒世人。随着时代变迁与社会发展,犬儒主义的内涵发生了深刻变化。现代犬儒主义继承了古典犬儒主义批判、嘲讽现实社会的特质,但在许多方面又走向了古代犬儒主义的反面,尤其是在其"知""行"分裂方面。现代犬儒主义在思想上鄙视世俗,行为上提倡出世,实际利益是他们行动的参考标准,把古典犬儒主义安贫乐道、舍生取义的"道义实践"抛之脑后。德国哲学家彼得·斯洛特戴克在《犬儒理性批判》一书中对犬儒主义的定义和缘起作了极具启发性的探讨,认为犬儒主义是意识形态批判失效之后的产物,"犬儒主义是启蒙了的虚假意识","它在启蒙中学到一些教训,但它并没有,也许也不能将其投入实践"。[①]齐泽克在其《意识形态的崇高客体》中把现代犬儒主义定义为"狗智立场",并指出"我们必须把狗智立场(cynical position)与斯洛特迪基克所谓的'犬儒主义'(Kynicism)严格区分开来","狗智主义不再质朴,它成了一个悖论,一个有关'已被启蒙的虚假意识的悖论'(enlightened false consciousness):人们对意识形态的虚假性一清二楚,也完全知道在意识形态普遍性的下面掩藏着特殊的利益,但依然对这种意识形态依依不舍"。[②]犬儒主义由"哲学抵抗"沦为一种"生活妥协",[③]现代犬儒主义逐渐成了玩世不恭、消极无为的代名词,成为渲染颓废主义的意识形态。[④]

---

① 转引自李乾坤:《马克思对现代犬儒主义的批判》,《哲学动态》,2021年第3期。

② [斯洛文尼亚]斯拉沃热·齐泽克:《意识形态的崇高客体》,季广茂译,中央编译出版社,2017年,第28页。

③ 肖祥:《当代犬儒主义的现实样态及其伦理矫治》,《江西社会科学》,2020年第10期。

④ 汪行福:《理性的病变——对作为"启蒙的虚假意识"的犬儒主义的批判》,《现代哲学》,2012年第4期。

20世纪90年代,犬儒主义开始在中国流行。犬儒主义的流行有着深刻的社会背景:一方面是思想文化领域风起云涌的社会思潮,尤其是因持不同政治主张而激烈论争的社会思潮侵蚀着主流意识形态凝聚力,以及后现代主义带来的虚无主义和相对主义导致宏大叙述受到普遍的怀疑;另一方面是现实领域市场经济的急剧展开,功利主义、拜金主义开始盛行,权力与资本的结合摧毁了许多人对社会公正的信念和未来改革的信心。①在这一社会深刻变革的大环境下,以"精致利己"为人生信念,以怀疑和虚无为认知心态,以委曲求全、得过且过为处世态度的犬儒主义以一种生活方式和实践话语的形式广为流行。"拒绝崇高""告别理想""活在当下"等宣扬走向颓废和放弃责任的犬儒主义话语大量生成并广泛传播。

犬儒现象在网络媒介环境中展现得更彻底,生命力也更强,甚至可以说犬儒主义在思想文化领域蔓延是网络赋权的一个极端后果。犬儒主义成为一种影响较大的社会思潮与其在网络领域的发酵密不可分,网络的开放性放大了犬儒主义的生活方式和实践话语,同时促进了犬儒价值观的广泛传播。犬儒主义者对现实世界的怀疑和质疑,愤世嫉俗的态度,冷嘲热讽的话语在网络环境中能够更加自由的展现,并由网络传播的集聚效应而被扩大,形成犬儒场域,演化成网络犬儒主义思潮。网络犬儒主义主要以网络亚文化的形式存在,就其思想内容而言,网络犬儒主义与现实领域的犬儒主义并没有明显的区别,但是网络犬儒主义思潮往往能够带动犬儒主义话语和实践在现实领域的传播并对人们现实的生活实践产生影响。

综合当前活跃于思想文化领域的主要社会思潮及其在网络领域的延伸可以发现,学理性程度适中的民族主义思潮迅速演化出衍生的网络形态。学理性较强的社会思潮中,民主社会主义思潮和老左派思潮因为在现实领

---

① 汪行福:《理性的病变——对作为"启蒙的虚假意识"的犬儒主义的批判》,《现代哲学》,2012年第4期。

域的发展式微,在网络领域也声音微弱;新左派思潮、文化保守主义思潮、新自由主义思潮和"普世价值"思潮在网络领域活跃,但保持着他们在现实领域的传统形态;历史虚无主义思潮在网络领域祛除了以往学理特质衍生出新的网络形态。学理性相对较低的民粹主义思潮、泛娱乐主义思潮和犬儒主义思潮在网络领域与其在现实领域的形态差异不大,但主要存在于网络领域,因而主要表现为网络形态;消费主义思潮衍生出了网络形态,但这一形态因涉及物质、文化和网络传媒自身的多元内核,以及与其他意识形态较多的融合而显得边界模糊,使得网络消费主义思潮的内涵和外延不够清晰,但是异于现实领域传统意义上的消费主义思潮的衍生形态的网络消费主义思潮无疑是存在的。

第二章　网络社会思潮的发展过程

　　网络社会思潮的发展过程受网络媒体技术发展、社会思潮自身理论特质、社会思潮在现实领域的传播情况等因素的综合影响。除了互联网出现后新兴或者新传入的社会思潮外，对于当前活跃于思想文化领域的大多数社会思潮而言，它们在网络领域传播和发展均起点于网络媒体的出现，但是不同的社会思潮在网络领域传播和发展过程中呈现的传播和发展阶段并不一致。网络领域当前活跃的这十种社会思潮中，出现网络衍生形态的社会思潮的发展阶段受网络媒介技术影响较大，其发展阶段的分期与网络技术发展的阶段关联程度较高；尚没有出现网络衍生形态的社会思潮在网络领域的发展过程更多地受社会思潮在现实领域发展和传播情况的影响。衍生形态的网络社会思潮有着清晰的发展阶段，而没有出现衍生形态的社会思潮在网络领域的发展过程更多地以传播过程的形成出现。但整体而言，中国接入互联网至今的近三十年中，衍生形态的网络社会思潮都已经发展出成熟的网络形态，尚没有出现衍生形态的社会思潮也已具有成熟的网络传播方式、传播渠道乃至传播阵地，并在网络领域形成一定的影响力。

一、网络民族主义思潮的发展过程

　　网络民族主义是最早被新闻媒体以"网络+思潮"称谓的社会思潮。网络民族主义思潮较早引起关注,一方面反映了民族主义在网络领域的活跃度和影响力,另一方面也反映出网络民族主义思潮呈现出对内外部刺激或影响做出积极反应的独立性和能动性。

随着1994年中国互联网时代的开启,各种思想文化、价值诉求和社会舆论陆续登上网络平台,民族主义思潮也随之进入网络领域,网络技术发展不同阶段出现的网络传播工具给网络领域民族主义思潮的发展带来了深刻的影响。依据网络领域的民族主义动员和网络民族主义运动的发展情况可以大致把网络民族主义思潮的发展过程划分为四个阶段。

(一)民族主义思潮传入网络初期(1994—2002 年)

从1994年中国接入国际互联网到2002年是民族主义思潮传入网络初期,也可以视为网络民族主义思潮的萌芽时期。这一时期,中国经济体制改革深入推进,综合国力明显提升,国民的民族自豪感增强,对中国国际地位的提升有了新的期待和诉求,但是国际社会不断出现的干涉中国主权、侵犯中国利益、伤害中国人民民族情感的事件刺激着国民的民族自尊心,激活了人们对近代整个民族蒙受屈辱的历史记忆。1993"银河号"事件,1995—1996李登辉"访美"事件,1998年印尼排华事件等一系列事件,引发了国民的民族主义情绪,活跃于校园BBS的青年学生发表了许多具有民族主义色彩的网络言论,并通过发布帖子开展抗议动员,但因为当时网民数量有限,这些网络言论和帖子的影响范围有限。1999年中国驻南联盟大使馆被炸,国民群情激愤,在现实领域掀起一波民族主义浪潮,由此引发的民族主义言论和情绪反映到网络领域,形成了初期的网络民族主义浪潮。1999年5月9日,中国驻南联盟大使馆被炸的第二天,人民网开通了"强烈抗议北约暴行论坛",这一论坛吸引了分散在网络各个角落的网友,从5月10日到6月19

日,网友们的发帖超过了二十万条,论坛也更名为"强国论坛"。[①]强国论坛的成立是网络民族主义发展进程中的标志性事件,强国论坛的出现让关注这一事件的网友在网络上找到了家园,民族主义思潮也有了稳定的传播平台。

从网络技术发展的角度看,这一时期是网络发展的web1.0时代,网络主要是作为信息发布平台,以传播媒介和传播渠道的方式存在,通过网络发布和获取民族主义思潮信息的网民数量有限,网民成分相对单一,网络媒体对民族主义思潮的影响和塑造也有限。因此,衍生形态的网络民族主义思潮尚未形成,网络领域的民族主义思潮主要表现为以网络媒介传播的民族主义思潮。

(二)衍生形态的网络民族主义思潮的形成与快速发展时期(2003—2007年)

进入21世纪,在前期强国论坛、918爱国网、铁血论坛等网站为民族主义思潮传播提供稳定平台的基础上,更多的具有民族主义色彩的网站成立,如时事与国际法网、中国鹰盟网、龙腾中华网等。特别是随着之后网络技术web2.0时代的开启,网络提供了更丰富、便捷的信息发布、获取与互动渠道,网络开始成为传播民族主义思想、开展民族主义动员最广阔的平台和最有力的推手,衍生形态的网络民族主义思潮开始形成。衍生形态网络民族主义思潮形成的表现在于网络民族主义开始呈现独立性和能动性,这种独立性和能动性体现在这一时期的网络民族主义浪潮不再仅仅是现实领域民族主义思潮在网络领域的反映,而是民族主义浪潮开始主要发生在网络领域,且网络民族主义浪潮带动了现实领域的民族主义运动。

---

① 王煜、王倩:《网络民族主义的三个路标》,《新民周刊》,2009年第12期。

这一时期,强国论坛等汇聚民族主义信息的早期网站掀起的民族主义浪潮逐渐波及天涯社区、西祠胡同等网络综合论坛和搜狐、新浪等门户网站,推动大众民族主义浪潮的发展。触发这一时期民族主义浪潮的主要是涉日问题,如中日钓鱼岛问题、反对京沪高铁使用日本新干线的"保路"运动、二战遗留毒气弹问题、日本"入常"问题等,这些事件掀起了一波又一波的"反日"民族主义情绪。网民们越来越频繁地对一些伤害中国民族感情、影响或者可能影响中国民族利益的事情做出防卫性反应甚至反击,有的网民从网上的呼吁走到了网下的实际行动中。2003年《日本经济新闻》爆出中国京沪高铁选定新干线的可能性为95%,消息一经透露,立刻激起国内的强烈反响,一些网民明确反对采用这一技术,并在网上发动"反对京沪高铁使用日本新干线技术"的签名活动。新闻媒体敏感地捕捉到了网络上出现的这一股强势舆论,"网络民族主义"一词浮出水面。李慕瑾在《国际先驱导报》发表的《网络民族主义掀开中国民族主义新篇章》的报道指出,2003年民族主义呈现出的最显著特点是"以网络为平台,发表爱国主义言论,反对狭隘的民族主义;以网络为'根据地',集结志同道合者并采取反对日本右翼的具体行动,故而可称为'网络民族主义'"[1]。韩轩在2003年9月19日《国际先驱报》发文用了"网络民族主义的发轫"一词,[2]由此,2003年被认为是网络民族主义的发轫年。此后,网络民族主义持续高涨,2005年反对日本"入常"成为中国网络民族主义的主要议题,2005年"918"网站上建立了"918长城签名总站",参与了全球反对日本"入常"的签名活动,为最后提交给联合国秘书长的4200万个签名出了份力,在中国和国际社会均引起强烈的反响。

---

① 李慕瑾:《网络民族主义掀开中国民族主义新篇章》,《国际先驱导报》,2003年9月18日。

② 韩轩:《网络民族主义发轫——百万签名递交日本驻华大使馆》,《国际先驱导报》,2003年9月19日。

(三)衍生形态的网络民族主义思潮的发展成熟时期(2008—2014年)

2008年到2014年是网络民族主义思潮的发展成熟时期。这一时期,随着网络的普及和网络媒介的发展,网民数量迅速增加,网民构成也更加多元化,愈来愈多来自各个领域的知识分子成为网络民族主义舆论中的"意见领袖",网络民族主义思潮的大众化程度持续推进,网络民族主义思潮独立的能动性进一步彰显。这一时期的网络民族主义也打破了人们对民族主义只宣泄口号、标榜民族认同却无实际捍卫民族利益行动的看法。打破这一看法的是2008年Anti—CNN网站(后改名为"四月论坛")的成立和"四月青年"的涌现。2008年拉萨"3·14"事件后,美国有线电视新闻网(CNN)等西方媒体针对"3·14"事件有大量不实言论和歪曲报道,年轻人饶谨创立反CNN网站Anti—CNN,号召发出中国人民自己的声音,揭露和抗议西方新闻媒体的不实报道。Anti—CNN上发表了大量海内外网友们收集到的西方媒体歪曲报道的证据,许多海内外的网民在Anti—CNN上发起各种网络签名运动,起草各种个案维权建议书,撰写网络评论,针对西方不实报道进行反击。

2008年4月,北京奥运会开始的全球火炬传递和华人爱国浪潮让以"80后"为主的"四月青年"成为一支新生力量进入历史舞台。"四月青年"是Anti—CNN网站的主流访问人群。2008年4月1日开始的奥运圣火全球传递在境外传递的过程中受到干扰时,Anti—CNN网站上的网友呼吁海外华人走上街头保护火炬,并联合海外华人在欧美多国同时举行了反对"藏独"、支持奥运的集会,"四月青年"一词出现并走红。网友把"四月青年"定义为"没有年龄之分,没有国界之分,没有性别之分,没有学历之分,只有心中涌动着爱国主义情怀的集体出现"。Anti—CNN网站创始人饶谨对"四月青年"的评价为

"受过良好教育,有国际化视野,对新事物接受快,有爱国情感,心态开放"①。《中国青年报》对"四月青年"的评价是"从容地要求公正,执着地坚持正义,克制地展开竞争,他们有着比前辈们更好的知识准备和更成熟的理性"②。从拉萨"3.14"事件到奥运圣火传递受阻等一系列频繁发生的事件,极大地刺激了国人的民族自尊心,推动民族主义浪潮高潮迭起,推动中国的网络民族主义思潮在虚拟空间走向了成熟。

(四)网络民族主义思潮的多元化发展时期(2015年至今)

2015年以来,网络民族主义思潮进入了多元化发展的时期。网络民族主义的多元化发展是综合因素作用的结果:一是随着网络自媒体的日益发达,网络覆盖率的日益增大,多元化的网民及其带来的多元舆论影响着网络民族主义思潮的发展;二是经过多年发展,中国开始从"富起来"走向"强起来",中国的国际地位大大提高,虽然西方国家仍然对中国进行包围和打压,但是国家日益强大背景下的国民心态和国民在面对外界刺激时的心理反应都与以往大有不同;三是这一阶段的网民的主体——青年网民成长于国家强盛、民族复兴之际,与上几代人完全不同的历史背景、文化环境和生活阅历使他们的爱国主义和民族主义话语的表达与情绪宣泄方式也与上几代人完全不同。因此,这一时期网络民族主义思潮和网络民族主义运动在参与主体、表现内容和表现形式等方面都发生了巨大的变化。加上网络民族主义与网络文化的进一步深度融合,网络民族主义思潮进入多元化发展时期。这一时期的网络民族主义思潮与网络民族主义运动至少体现为四种类型:

一是传统应激型的网络民族主义。即民族主义情绪与运动是对外部刺激的防御性反应,这也是国内外学者对中国民族主义基本特征的一个共识。

---

① 徐嫩羽:《一个"四月青年"创富情怀》,《中国青年报》,2010年5月10日。
② 《历史会记住2008年的"四月青年"》,《中国青年报》,2008年10月20日。

前述网络民族主义思潮发展过程中的标志性事件都属于应激型的民族主义。网络民族主义思潮发展成熟之后,到目前为止,应激型的民族主义仍然是网络民族主义思潮中最主要的一种类型。

二是内生型的网络民族主义。标志性的事件发生于2015年纪念抗战胜利70周年阅兵仪式直播期间,昵称为"周顾北的周"的网友在新浪微博发了一条题为"9.3胜利日大阅兵"的微博,博文"这盛世,如你所愿",配图是周恩来总理的一张黑白照片。这条微博引发了广大网友对周恩来总理的回忆,微博被大量转发,一时间成为热点话题。网友纷纷表示"戳中泪点,如你所愿!""祖国强大了!"[1]这一事件是内生型网络民族主义思潮出现的标志性事件,即民族主义情绪和话语的激发因素来自国家发展强大而带来的自豪感和优越感,而不是对国际上涉及中国利益和尊严事件的应激反应。内生型网络民族主义事件的突出特征是"条件反射",一旦出现有关本国在政治、经济、文化、科技等领域取得重大成就的新闻报道,就会引发网民"横向"国际比较和"纵向"历史比较,强调祖国发展取得的现实成就,触动民族优越感,发表民族优越言论。内生型民族主义在网络民族主义多元化发展阶段表现得较为突出,常常在官方和主流媒体对某些时事报道后喷薄而出,如2019年12月17日中国首艘国产航母"山东舰"入列,《人民日报》次日发文《将军,您不用踮起脚看别人的航母了!》[2],文章迅速被各大网络媒体平台转载,文章标题也被频频引用于网络文字报道、短视频中,触发了很多网友的民族主义情绪,很多网友表示"标题看哭了"。内生型的网络民族主义具有稳定性和持久性,无论是话语内容还是话语的表达方式都与爱国主义有更多的交集,但内生型网络民族主义的弊端是民族优越感膨胀,民族主义话语和情绪的

---

① 《"这盛世如你所愿"成抗战胜利纪念日阅兵最热的微博》,2015年9月4日,https://www.guancha.cn/society/2015_09_04_332997.shtml,2022年2月10日。

② 《将军,您不用踮起脚看别人的航母了!》,《人民日报》,2019年12月18日。

表达容易走向盲目的傲慢。

三是民粹型的网络民族主义。民粹型的网络民族主义即民粹民族主义，是与民粹主义思潮结合的民族主义。这一类型民族主义的突出特征是民族主义情绪和话语关涉对社会精英阶层、社会体制的不满和不信任。

多元化发展时期的网络民族主义思潮，其议题不再局限于来自现实的政治事件或大众媒体，而是常常起源于网络自下而上的议题设置，这些自下而上的议题在网络空间发酵进而触发网络民族主义浪潮。

从民族主义思潮进驻网络空间到网络民族主义思潮的生成与多元化发展，网络民族主义有着较为清晰完整的发展阶段。从整体看，网络民族主义发展趋势上向温和理性的方向发展。与20世纪90年代前后传统意义上的当代民族主义思潮相比，在当前国家整体实力及国民民族优越感增强的社会背景下，网络民族主义思潮显示出更多的建设性与反思性。虽然网络民族主义同传统意义上的民族主义一样具有"激励民族斗争、维护国家利益与制造混乱、麻烦并存"，"夹杂着的理性与感性、激情与极端、思考与宣泄、建设与破坏"等双重特征，[①]但网络民族主义存在较好的自我净化能力，缓解了过去现实领域民族主义运动容易带来较大破坏性的问题，呈现出总体理性的特点。

从20世纪90年代互联网起步阶段的民族主义情感宣泄，到2003年相关网站组织民众有秩序开展民族主义动员和运动，到2008年"四月青年"理性务实的民族主义行动，再到2016年以来多元发展的民族主义运动，经过二十多年的发展和演变，网络民族主义思潮的议题更加广泛，网络民族主义运动的发起者更加理性务实，既注重网络动员的组织，也注重民族主义情绪的理性表达，网络行动呈现出更加成熟和自信的姿态。因此，虽然在二十余年的

---

① 罗迪、毛玉西：《争论中的"网络民族主义"》，《中国青年研究》，2006年第5期。

成长历程中,网络民族主义一直存在极端的言论和行为,但是客观、理性、温和、务实逐渐成为主流,网络民族主义与主流媒体的互动也开始变得频繁。网络民族主义与主流媒体的互动情况对网络民族主义的发展走向会产生较大的影响,主流媒体是支持肯定、默许安抚,还是理性引导,在很大程度上决定了网络民族主义的进程和方向。

二、网络领域"西化"与"反西化"类社会思潮的发展过程

近代以来,"西化"与"反西化"思潮一直是相伴而生,相斗争而发展,这种相伴和斗争延续到改革开放以来,并于网络媒体出现后由现实领域延伸到了网络领域。改革开放以来出现的"西化"与"反西化"类社会思潮中,民主社会主义思潮和老左派思潮在网络领域相对沉寂,其他的社会思潮则都在网络领域拥有一席之地并不时掀起一波又一波的舆论高潮。

(一)网络领域"西化"类社会思潮的发展过程

改革开放以来活跃于思想文化领域的"西化"类社会思潮主要有四大社会思潮:民主社会主义思潮、新自由主义思潮、"普世价值"思潮和历史虚无主义思潮。20世纪90年代网络媒介出现后,"西化"类社会思潮都传入网络平台,借助网络媒介传播思想主张。总体而言,新自由主义属于传入网络空间较早并迅速在网络领域占有一席之地的社会思潮;"普世价值"思潮在中国思想文化领域出现较晚,其在网络领域的出现与现实领域同步;历史虚无主义思潮迅速与泛娱乐化的网络文化结合,演化出适合网络传播的衍生形态;民主社会主义思潮则一方面由于其在现实领域逐渐退潮,另一方面由于其强理论性难以适应网络环境、吸引网民关注而在网络领域走向沉寂。

1.新自由主义思潮在网络领域的发展过程

网络领域的新自由主义思潮尚未构成衍生形态的网络新自由主义思潮,仍表现为以网络为传播媒介的新自由主义思潮,新自由主义思潮在网络领域的发展过程主要表现为新自由主义思潮在网络领域的传播过程。从传入网络领域至今,新自由主义思潮的发展过程大致有三个阶段:

(1)新自由主义思潮传入网络初期(1994—2003年)

新自由主义思潮在20世纪90年代之所以能够迅速进入大众视野、影响普通民众,与当时网络新媒体的出现密切相关。新自由主义思潮在20世纪90年代后期伴随自由主义与新左派的论争由传统媒体延伸到网络媒体,早期新自由主义思潮在网络领域的传播渠道既有倡导新自由主义的学者的博客等个人平台,也有偏自由主义倾向的学术网站,如建于2000年的公法评论网。新自由主义同时也挤占其他网络舆论平台,对经济体制改革,涉及社会公平、贫富分化的现实问题发表观点看法,阐发新自由主义的理论与实践主张,致力于普及自由市场、宪政民主、价值多元、个人主义等理念。

(2)新自由主义思潮在网络领域的传播高潮时期(2004—2014年)

2005年前后,新自由主义思潮在中国的传播开始进入活跃时期,网络领域新自由主义思潮的讨论也随着现实领域新自由主义思潮的凸显渐趋活跃。这一时期新自由主义思潮的议题主要围绕市场经济展开,围绕经济自由的现实诉求竭力鼓吹市场化、私有化和自由化主张,企图影响中国改革开放进程,推动改革开放朝着新自由主义主导下的资本主义化发展。2008年全球金融危机之后,新自由主义在世界各地广受质疑和批评,中国学术界和思想界出现了较多的批评新自由主义的声音,但无论在现实领域还是网络领域,新自由主义思潮均未偃旗息鼓,特别是伴随着网络媒体的发展,持新自由主义思想主张的知识分子、自由派人士运用微博等新出现的个人媒体,活跃于网络空间。他们抓住重要的时间节点继续对中国的改革与发展发表看法,施加影响力,顽强地占领着网络舆论阵地。2013年党的十八届三中全会召开前后,围绕着全面深化改革的诸多问题,国内外新自由主义者表现活跃,掀起新一轮宣传私有化的声浪,这一阶段的主要议题是反对政府干预市场,主张打破国企垄断,甚至主张国企私有化。据《人民论坛》2013、2014年国内十大社会思潮的调研显示,新自由主义思潮连续两年居于活跃度、关注度和影响力排名第一,[①]可见这一时期新自由主义思潮传播的活跃程度。

（3）新自由主义思潮在网络领域的阶段性低潮期（2015年至今）

2014年开始,意识形态领域集中展开了对包括新自由主义思潮在内的七大错误社会思潮的理论批判。2015年后反对新自由主义的力量在中国学术界和思想界不断壮大。已经颇具影响力的新自由主义思潮围绕中国的国有企业改革、政府与市场关系、土地制度改革、金融市场改革等问题与其他社会思潮交锋不断,仍然试图影响社会舆论和社会经济政策的制定,对此,反对新自由主义的学者对新自由主义新抛出的观点主张进行了持续揭露和批判。2016年以后,随着英国脱欧、特朗普当选美国总统、意大利修宪公投失败等事件的发生,以及这些典型事件体现出来的逆全球化潮流的兴起,新自由主义思潮所宣扬的价值理念受到了越来越多国家的重新评估,国际上新自由主义思潮的扩张呈现衰退趋势。学术界和思想界以外的普通网民特别是青年网民,目睹了新自由主义资本主义国家的各种危机,许多新自由主义思潮的追随者停止了盲目追随的步伐,新自由主义知识分子的言论的影响范围随之进一步缩小,特别是网络领域一些新自由主义"大V"、舆论领袖的粉丝大幅缩水,网络领域的新自由主义思潮颓势明显。新自由主义资本主义的系统性失败激起了西方社会对新自由主义的普遍反思和批判,国际社会新自由主义高潮持续退却,中国的新自由主义思潮在这一大背景下也

---

① 贾立政、王妍卓、张忠华:《重大社会思潮十年发展变革趋势研判》,《人民论坛》,2020年第3期。

出现持续的降温,网络领域和现实领域的新自由主义思潮进入低潮期。

当前,新自由主义思潮虽然处于低潮期,但在国际环境深刻变化,国内大局与国际大局同步交织、相互激荡的大环境下,新自由主义思潮仍不时以具体问题为切入点,在网络平台以时评的方式发表看法,传播观点主张。作为在世界范围内具有影响力的意识形态和实践形态,其是否会在未来的国际社会回潮,在中国思想文化领域再次兴起仍然是不确定的。

2."普世价值"思潮在网络领域的发展过程

自由、民主、博爱等西方价值观在中国的传播可以追溯到改革开放初期乃至近代,但以"普世价值"这一概念在中国传播西方价值观念的"普世价值"思潮则开始于21世纪初。"普世价值"思潮在中国的传播经历了一个起伏的过程,这一起伏的过程在网络领域有着突出的体现,同时也构成了"普世价值"思潮在网络领域的发展过程。

(1)"普世价值"思潮的形成期及传入网络领域初期(2007—2008年)

2007年是"普世价值"思潮发展演变的重要分水岭。2007年之前,"普世价值""普世伦理"只是个别学者讨论的学术话题,影响主要在伦理学等学科领域。2007年政治话语和大众话语的"普世价值论"开始在报刊和网站的推动下扩散和传播。早期文章如2007年8月30日发表于《南方周末》的理论文章《什么是普世价值》,同日被豆瓣网的《豆瓣小组》栏目转载,①《什么是普世价值》的写作风格偏学术,旨在论证自由是普世价值。2007年10月25日发表于《南方周末》的《立足民族特色,拥抱普世价值》,同日被凤凰网凤凰资讯的《视点》栏目转载。②2008年传统媒体和网络媒体共同形成一种鼓吹"普世价值论"的态势,并引发批判"普世价值"的思想理论交锋。2008年3月27日《南方周末》的《思想解放论坛》栏目发表了《"解放思想需要勇气决心献身精

---

① 唐逸:《什么是普世价值》,《南方周末》,2007年8月30日。

② 党国英:《立足民族特色拥抱普世价值》,《南方周末》,2007年10月25日。

神"——南方周末思想解放论坛观点集纳》,发表了邀请的13位国内知名专家中部分专家关于推进中国新一轮思想解放的观点。其中,不小比例的专家发表了对涉及西方自由、民主、平等的所谓"普世价值"的不同看法。①2008年5月22日《南方周末》刊发《汶川震痛,痛出一个新中国》一文,以"普世价值论"来解释汶川地震后全国人民的救灾以及对灾区的援助,该文写道:"国家正以这样切实的行动,向自己的人民,向全世界兑现自己对于普世价值的承诺",我们正同"世界一起走向人权、法治、民主的康庄大道"。②这一观点直接点燃"普世价值"论战的导火索。此后报刊媒体又发表了一系列"普世价值"研究的文章,这些文章经过网络的转载,形成了扩散效应,推动"普世价值"成为一个社会舆论热点话题,"普世价值"开始演化成一股倡导西方自由、民主、平等、人权的社会思潮。质疑这一观点的学者也通过博客、论坛等网络平台对文章中的观点发表评论性文章,表达对"普世价值"的质疑,由此形成对"普世价值"的争论态势。

(2)"普世价值"思潮在网络领域传播的高潮时期(2009—2014年)

作为一个一出场就在新闻界和学术界同时掀起舆论风波的思想潮流,"普世价值"思潮形成之后即走向了传播的高潮。虽然质疑这一观点的学者撰写大量的理论文章加以批判,但是"普世价值论"仍然在现实领域和网络领域保持着较高的活跃度。2009年后,关于"普世价值"讨论的内容开始完全偏离原来的学术轨道,甚至抛开大众话语的掩盖,开始呈现明确的政治指向和政治目标诉求,经过报刊传播的西方"普世价值"在网络领域迅速扩散。"普世价值论"受到了擅长使用网络媒体的自由派知识分子的大力声援,"普世价值"思潮在微博、微信公众号等个人自媒体平台大量传播,呈强势传播

① 《"解放思想需要勇气决心献身精神"——南方周末思想解放论坛观点集纳》,《南方周末》,2008年3月27日。

② 南方周末编辑部:《汶川震痛,痛出一个新中国》,《南方周末》,2008年5月22日。

态势,在出现不到五年的时间里,于2011年成为国内具有影响力的十大社会思潮之首,并在2011—2015年连续五年均位居年度活跃度、关注度和影响力十大社会思潮之列。[①]

(3)"普世价值"思潮在网络领域的逐渐式微期(2015年至今)

2014年开始,意识形态领域展开对七大错误社会思潮的批判,"普世价值"思潮和新自由主义思潮同在被批判的七大社会思潮之列,"普世价值"思潮遭到来自学术思想领域和政治领域的有力揭露与批判,"普世价值"思潮的政治本质逐渐被人们识破,其对公众的煽动性、迷惑性大不如前,对国内民众的影响力也呈减弱之势。特别是2016年特朗普任美国总统之后,其自私、傲慢与霸道的行为表现撕破了西方社会"普世价值"的伪装,使得西方抽象"普世价值"的欺骗性越来越自我暴露。这些无可争辩的事实一再显示西方"普世价值"是一个不折不扣的伪命题。在诸多事实面前,"普世价值"的热度逐渐消退,无论在现实领域还是网络领域,其传播范围及影响力均走向式微。

在网络领域,"普世价值"的争论仍然不时出现,但是宣扬"普世价值"的声音一旦出现,即遭到反对"普世价值"声音强有力的回应、批驳和揭露,"普世价值"思潮的观点和主张的影响范围日益被逼回到倡导"普世价值"支持者的小圈子中。

3.网络历史虚无主义思潮的发展过程

网络历史虚无主义思潮是目前"西化"与"反西化"类社会思潮中唯一衍生出典型的网络形态的社会思潮。衍生形态网络历史虚无主义思潮的出现与网络媒介的发展带来的传播载体、话语方式及内容呈现方式的变化密切相关。因此,网络媒体的发展对网络历史虚无主义思潮的发展阶段起到了

---

① 人民论坛"特别策划"组:《2020国内社会思潮》,《人民论坛》,2021年第3期。

较大的影响作用。

(1)历史虚无主义思潮传入网络初期(1994—2004年)

20世纪90年代中期,以"告别革命"论的传入为标志,历史虚无主义思潮在中国再度泛起。"告别革命"论掀起了以否定革命、诋毁中国人民争取民族独立和人民解放的反帝反封建斗争、贬损中国社会发展的社会主义取向与成就的新一轮历史虚无主义思潮,并带来了21世纪初在史学研究领域历史虚无主义传播与批判的高潮。知名学者们在公开刊物上对涉及史学理论、历史史实、史料取舍、史料解读、重大事件重要人物评价等进行的论争蔓延到网络领域,成为网上舆论热点,形成辩论甚至炒作风潮。这一时期,从传播主体、传播内容等要素上看,网络领域传播的历史虚无主义与现实领域的历史虚无主义思潮仍然是一致的,网络领域的历史虚无主义信息和舆论主要是现实领域历史虚无主义学术成果的网络化及现实领域历史虚无主义政治话语在网络领域的迁移与再现。

(2)衍生形态的网络历史虚无主义思潮的形成时期(2005—2009年)

2005年中国开启了"博客元年",博客的出现开启了个人领域进驻公共领域的大门。博客充分释放了网民个体的话语权,塑造了一个前所未有的"自由发声"空间,因为缺少传统媒体那样的"把关人",博客为别有用心的人士制造谣言、网罗大众创造了新契机,网络领域各种杂音趁机蔓延,各种虚无主义的话题开始频繁出现。学者们原本在学术辩论范畴内的理性论争逐渐被无序的纷争、谩骂和攻击声掩盖,学术话语、政治话语和大众话语的历史虚无主义信息在网络空间集结和传播,历史虚无主义的传播者从实名的"公共知识分子"转变为匿名的网络"公知",匿名网络"公知"发布反党诋毁英雄言论,以诋毁领袖毛泽东、否定家喻户晓的榜样雷锋为突破口,对一些在人们心中具有精神价值意义或正面宣传价值的话题进行重新加工和歪曲,在网络领域形成了从小到大、由浅入深的曲解历史、唱衰乃至诋毁历史英雄的衍生形态的网络历史虚无主义思潮。

（3）网络历史虚无主义思潮的泛滥时期（2010—2017年）

2010年后微博自媒体快速发展,微信于2011年出现并于2013年开始大规模流行,自媒体的发展开启了"人人都有麦克风"的时代。历史虚无主义的传播者开始利用微博、微信公众平台、各大门户网站打着揭秘历史真相、还原历史细节的幌子,不断推送各种帖子、文章,大力宣传所谓的"历史新解",掀起"揭秘、还原、反思"的浪潮。网络历史虚无主义思潮仍然以后现代历史观和唯心主义为理论依据,但是不再主要以完整的理论形态出现,而是以主观化假设、臆测历史、碎片化裁拼、歪曲历史,选择性解构、调侃历史的话语和形态出现。网络上否定"黄继光堵枪眼"英雄事迹的所谓科学探究,质疑狼牙山五壮士真假的所谓的"历史考证"和"恶搞"邱少云、刘胡兰等英雄烈士的网络段子都集中出现在这一时期。英雄历史人物在网络空间频遭非议,不明真相的网民群体在缺乏鉴定的情况下出于猎奇、炫耀等心理在微博、微信群、QQ群等平台转发涉及历史虚无主义内容的信息,助推错误观点裂变式、病毒式传播。根据《人民论坛》的调查,2010年度最受关注社会思潮排名中,历史虚无主义位列第七;2013年度十大社会思潮排名中,历史虚无主义高居第二;2014年年度十大社会思潮排名中,历史虚无主义位列第七,并于2015年重新回到十大社会思潮第二的位置,2017和2018年均在年度十大社会思潮之列。[①]历史虚无主义频繁跻身国内活跃度、影响力和关注度社会思潮排名的前列,与其在网络领域的活跃有着至关重要的关系。2012年党的十八大以后,社会各界相继掀起了一阵揭露与批判历史虚无主义的热潮,历史虚无主义在现实领域的传播受阻,使得其更多地转战网络领域,不断调整虚无的策略、内容和对象。网络领域不时出现与历史虚无主义有关

---

① 贾立政、王妍卓、张忠华:《重大社会思潮十年发展变革趋势研判》,《人民论坛》,2020年第3期。

的重大社会公共事件。2017年一篇《请刘胡兰离我们的孩子远点》的所谓家长来信在网络领域热传,与其他虚无革命英雄主义的网络信息互相呼应,在网络领域引发一阵舆论热潮。

(4)网络历史虚无主义思潮的迂回发展时期(2018年至今)

网络上频繁出现的调侃、质疑英雄烈士,歪曲历史事实的现象造成了极其恶劣的社会影响,引起了社会舆论的高度关注。2017年全国两会上,共有251人次全国人大代表、全国政协委员和群众来信建议通过立法加强英雄烈士保护。①在社会各界不断的呼吁声中,2018年《中华人民共和国英雄烈士保护法》在十三届全国人大常委会第二次会议全票表决通过。《中华人民共和国英雄烈士保护法》颁布后,网络领域"恶搞"、娱乐英烈,翻案历史的现象有所收敛,网络领域散布反党辱国言论、践踏民族尊严的"精日"言行也受到了依法打击。但是,网络历史虚无主义仍然以隐蔽、迂回的方式传播。一方面表现为由明目张胆的否定、调侃英烈转为翻案反面历史人物,如2018年网络上曾掀起一阵对抗日战争中历史人物翻案的文化运动,在这次翻案的活动中,汪精卫、张灵甫等人物被树立成抗日民族英雄的典型代表。同年,网络上出现热议李鸿章是不是民族英雄的网络舆论,拿李鸿章的身世大做文章,宣称李鸿章妥协投降是明智的、顺应历史潮流的。另一方面表现为利用热点事件发表不当言论,如2021年下半年电影《长津湖》热映期间,某知名媒体人微博发文讽刺人民志愿军、诋毁当时的决策者。这些现象说明虚无历史、诋毁英烈等网络历史虚无主义现象仍然顽固地固守网络领域,不失时机地以各种形式抛头露面。

---

① 《全国人大常委会全票表决通过英雄烈士保护法》,2018年4月27日,http://www.xinhuanet.com//politics/2018-04/27/c_1122755163.htm。

(二)网络领域"反西化"类社会思潮的发展过程

改革开放以来活跃于思想文化领域的"反西化"类社会思潮主要是文化保守主义、老左派和新左派,其中在现实领域趋向衰落的老左派在网络领域发声有限,成功在网络领域占有一席之地的"反西化"社会思潮只有文化保守主义和新左派。文化保守主义思潮和新左派思潮也是在思想界和知识界的质疑、批判及与其他意识形态论争与斗争的过程中.网络领域的,但与"西化"类社会思潮相比,文化保守主义思潮和新左派思潮与主流意识形态的对抗性相对较弱,受到的批判和制约相对较少,新左派思潮的底层关怀、文化保守主义思潮浓郁的民族关怀使二者都有较好的群众基础。文化保守主义思潮和新左派思潮都具有突出的学院派特质,二者都尚没有衍生出新的网络形态,但是二者在网络领域的发展都开始呈现明显的大众化走向。

1.文化保守主义思潮在网络领域的发展过程

网络领域文化保守主义思潮的传播多由现实领域发起,迅速传播到网络领域,风行于网络空间,通过网络的放大效应扩大影响范围又反作用于现实社会和现实生活。文化保守主义思潮在网络领域尚未出现明显的网络衍生形态,网络领域文化保守主义思潮的发展阶段虽然受网络技术发展阶段的影响,但主要取决于现实领域文化保守主义思潮的传播情况。

(1)文化保守主义思潮传入网络初期(1994—2002年)

中国大陆的文化保守主义热发生在20世纪90年代,这一时期也伴随着网络的发展。1994年"大陆新儒家"代表性人物陈明创办《原道》(季刊),被视为中国大陆新儒家在当代重新崛起的旗帜和象征。陈明重视利用网络和传媒宣传儒家思想文化,在《原道》创刊之后,随即开通原道网。这一时期具有代表性的儒学网站还有孔子2000网和中国儒学网。这一时期网络领域的文化保守主义思潮主要表现为儒学界的学者在网络领域的学术探讨、儒家理念推介和儒家情怀传播。

（2）文化保守主义思潮在网络领域的发展壮大时期（2003—2013年）

这一时期网络领域文化保守主义思潮的大众话语开始出现，以儒学为代表的文化保守主义学术话语也迅速发展。大众话语的发展和传播方面，早期最典型的标志是2003年读经网站"中华少儿读经网"的出现。2003年著名学者蒋庆发起"儿童读经运动"，并在2003年5月出版发行专供儿童学习的"中华文化经典基础教育诵本"丛书，社会上掀起了读经诵经的热潮，各地的书院、私塾和读经班纷纷出现。中华少儿读经网在这一过程中成立，各大新闻网站的文化频道相继推出《读经》专栏。在"儿童读经运动"中，众多专家学者走到传经、诵经的前台，担任经学启蒙教师。读经活动的风行引起了巨大争议，引发了一场热烈的大讨论。2004年前后，专家教授、民间学者纷纷在各种报纸、杂志上发表言论，学者们关于读经的争议和争论由传统媒体迅速蔓延至网络，天涯社区及其他各大新闻网站均有相关文章与报道。虽然读经的主张备受争议，但是各大新闻网站的文化板块紧跟热点相继推出与"读经"活动有关的栏目，网络领域持续出现的读经热、国学热、儒学热、祭孔热等有力地推动了文化保守主义思潮的大众化走向。

与此同时，在学术话语的传播方面，2004年原道网、中国儒学网和孔子2000网联合成立的儒学联合论坛，成为整个儒学界里最热闹、最有影响力的网络论坛。也正是由于2004年尊孔、读经和文化保守主义思潮传播的势头猛烈，以至于人们把这一年称为"文化保守主义年"。①2006陈明创办的《儒家邮报》电子刊创刊，《儒家邮报》主要为各界人士提供与当代儒家有关的各类信息，被誉为当代大陆新儒家的"机关报"。2007年中国孔子基金会主办的中国孔子网开通，旨在"利用互联网传播速度快、范围广、容量大、互动性

---

① 徐友渔：《当代中国社会思想：国学热和文化保守主义》，《社会科学论坛》，2006年第2期。

强的特点,广泛开展对外文化交流",并"办成一流的以儒学与传统文化为特色的文化平台"。[①]可见这一时期网络领域文化保守主义思潮的发展壮大之势。根据《人民论坛》问卷调查中心的问卷数据,2010—2013年,文化保守主义一直位列最具影响力、关注度和活跃度的十大社会思潮之列,[②]这与文化保守主义思潮在网络领域的快速发展并占据一席之地也有着密切的关系。

(3)文化保守主义思潮在网络空间的强劲发展时期(2014年至今)

这一时期,网络领域文化保守主义思潮的强劲发展是现实领域文化保守主义思潮强劲发展在网络空间的反映。文化保守主义在发展上与上一阶段的区分在于这一时期主流意识形态弘扬传统文化的话语客观上形成了对文化保守主义思潮的助推效应。2014年9月24日,习近平出席孔子诞辰2565周年国际学术研讨会并发表讲话。习近平表示,"世界上一些有识之士认为,包括儒家思想在内的中国优秀传统文化中蕴藏着解决当代人类面临的难题的重要启示"[③],被儒学界认为是官方首次正式明确表达对儒学的态度。2016年"全球同祭孔"活动首次实行网上联合直播,不仅是儒学领域的一大盛典,也是当年的一大社会热点。2017年党的十九大报告中,中华优秀传统文化的当代价值被提升到了新的高度,被学界视为主流意识形态与理论界的"合谋",有学者指出这意味着各方可以在某种程度上达成一些共识,衍生出适当的合力。[④]文化保守主义思潮的发展态势强劲,并呈现出把"中

---

① 《中国孔子网开通 汇聚儒家传统文化》,2007年6月7日,https://it.sohu.com/20070607/n250437054.shtml。

② 人民论坛"特别策划"组:《2020国内社会思潮》,《人民论坛》,2021年第3期。在《2020国内社会思潮》一文中,2010和2011年表述为文化保守主义思潮,2012—2015年表述为新儒家思潮,2017、2018和2020年均表述为文化保守主义思潮。鉴于新儒家是当代文化保守主义思潮的主要思想代表,因此在本研究中统称文化保守主义思潮。

③ 习近平:《在纪念孔子诞辰2565周年国际学术研讨会暨国际儒学联合会第五届会员大会开幕会上的讲话》,2014年9月24日。

④ 陈继红:《在徘徊中前进的文化保守主义》,《人民论坛》,2018年第6期。

国传统文化如何参与世界文化秩序的重建"作为新的研究热点的发展动向。①2020年中国在抗击新冠肺炎疫情中的表现也成为助力文化保守主义思潮发展和传播的催化剂,"'儒家政治文化热'借势发力,儒家文化参与现代生活世界的话语权持续提升",文化保守主义"以高歌奋进的姿态活跃在思想文化的中心"。②

现实领域文化保守主义思潮的持续强劲态势也引发网络领域文化保守主义思潮热潮。网络领域不仅涉及文化保守主义的议题增多、网络文化保守主义活动类型增多,规模和影响力也不断扩大。2016年后的年度祭孔大典均开通网络直播,承办规模和参加观看直播、互动的网民逐年增加,加上民间弘扬传统文化的各种直播活动,大大丰富了文化保守主义思潮传播方式,文化保守主义思潮在网络空间呈现强劲的发展态势。

2.新左派思潮在网络领域的发展过程

新左派是在与自由主义的论战中由传统媒体发展到网络空间,因此新左派思潮在网络领域的发展期与新自由主义思潮有较多重合。新左派思潮在网络领域二十多年的发展可以大致划分为传入初期,发展壮大时期和大众化发展时期三个阶段。

(1)新左派思潮传入网络初期(1994—2003年)

20世纪90年代后期在与自由主义论争的过程中,新左派思潮的传播阵地从报刊媒介扩展到新兴的网络媒介,构成了新左派思潮传入网络媒介的开始。早期网络领域新左派思潮的传播主要是现实领域报纸、杂志文章在网络空间的转载,文章以学理性的学术文章为主,2003政经评论网站乌有之乡设立,新左派思潮开始在网络领域有了固定的传播平台。

(2)新左派思潮在网络领域的发展壮大时期(2004—2014年)

---

① 陈继红:《在徘徊中前进的文化保守主义》,《人民论坛》,2018年第6期。
② 陈继红:《2020年文化保守主义的新动向》,《人民论坛》,2021年第3期。

这一时期"新左派"思潮借助于网络实现力量聚集并致力于其思想主张的传播,新左派思潮发展为热门社会思潮之一。新左派学者以工人、农民等底层弱势阶层代言人身份出现,质疑国企转制等经济改革措施的合理性与正当性,高举"公正"的旗帜,激烈反对自由主义倡导的完全市场经济。自此开始,新左派思潮借助网络开始了力量的集聚,此后,一系列具有新左派倾向的网站如毛泽东旗帜网、新湘江评论、工农天地网站、昆仑之声、民族复兴网、共识网等网站陆续成立,虽然有些网站中途关闭,但是亦不断有新的左派倾向网站成立。这些网站发表和互相转发大量左翼知识分子的学术文章,成为新左派人士通过学术形式阐释、宣扬思想主张、价值诉求的重要平台。《人民论坛》问卷调查中心自2010年开始的对中国具有影响力的十大社会思潮的调研中,2010年的第一轮调研新左派思潮即在前十之列,此后的2013—2016年连续四年均位居十大社会思潮之列,[①]充分说明了这一时期新左派思潮在现实领域和网络领域的活跃度和影响力。

(3)新左派思潮在网络领域的大众化走向阶段(2015年至今)

2014年后,作为新左派思潮对立面的新自由主义思潮在现实领域和网络领域的影响力均日渐萎缩,新左派在保持原有的学术主张的同时也出现了一定的变化。批判腐败、贫富分化和社会不公仍然是新左派的核心议题,但网络领域的新左派思潮在对这些议题的阐发方面,在保持原来"学院派"风格的同时还出现了向大众化方向发展的趋势。这一时期,学术界和理论界对新左派的一些理论主张和激进言论进行了评析和批评,但这些评析和批评都招致了新左派学者的迅速回应和回击,这些回应和回击大多通过左派倾向的网站发表和转载,进而在网络领域引发一定舆论风波。如2015年新左派就旷新年先生关于"新左派成为权力的附庸","反对宪政和普世价值

---

① 贾立政、王妍卓、张忠华:《重大社会思潮十年发展变革趋势研判》,《人民论坛》,2020年第3期。

都反映了新左派缺乏思想、理论的自信","新左派有堕落为声嘶力竭的民族主义的趋势"的论点展开"交锋",[1]2016年初新左派学者发表匿名文章《别着急警惕新左派,先把自己的逻辑课补上》,[2]以回应发表于《人民论坛》上的两篇分析探讨新左派的文章《警惕新左派的极左化危险》和《新左派五大发展态势》。

当前,新左派思潮非常活跃地抓住草根社会热点,不断形成舆论场,在主要社会热点的讨论中,新左派思潮的理论主张和价值诉求得到比较鲜明的展现。新左派思潮的观点一定程度上反映了对社会现实不满的弱势群体的心声,对于身处现实困境的弱势群体、怀有激进情怀的青年群体都颇有吸引力。

综合"西化"与"反西化"类社会思潮在网络领域的发展过程可见,"西化"与"反西化"类社会思潮在经历了20世纪90年代末和21世纪初势均力敌的交锋及传播高峰后,在近几年国际国内大环境的影响下,"西化"类社会思潮暂时处于低潮,"反西化"类社会思潮相对占据优势地位,这一状况既体现在现实领域,也体现在网络领域。

三、网络领域大众化社会思潮的发展过程

整体而言,大众化类的社会思潮学理性较弱,思想主张与大众文化有较多交集,在网络传播的过程中容易与网络文化结合发展出衍生的网络形态。当前活跃在网络领域的民粹主义、泛娱乐主义、消费主义和犬儒主义思潮四

[1] 一个人民:《新左派与旷新年先生"交锋"——评旷先生的〈新左派的消沉〉》,2015年7月18日,http://www.wyzxwk.com/Article/sichao/2015/07/347914.html。
[2] 《别着急警惕新左派,先把自己的逻辑课补上》,2016年1月26日,http://www.kunlunce.com/ssjj/guojipinglun/2016-01-26/18079.html。

种社会思潮中,网络消费主义、网络民粹主义和网络犬儒主义是衍生形态的网络社会思潮,其中网络消费主义与传统意义上的消费主义有一定的差异,表现出更广的外延和更加丰富的呈现形式;民粹主义思潮和犬儒主义思潮在网络领域与其在现实领域的差异不大,但这两种社会思潮本身在当前主要表现为网络形态;泛娱乐主义思潮则本身就是网络技术和网络文化发展的产物,且主要活跃于网络领域,因而主要表现为网络泛娱乐主义思潮。

(一)网络民粹主义思潮的发展过程

作为一种大众化的社会思潮,网络民粹主义的发展阶段受民粹主义思潮自身发展趋向和网络技术发展提供的传播条件的共同影响。网络民粹主义已有的研究成果中,不同学者依照不同标准对网络民粹主义的发展阶段做了划分。有学者依照网络民粹事件演绎载体的变迁,通过对1994—2018年网络民粹事件演绎历程的考察,将网络民粹主义思潮的演绎历程划分为三个阶段:以贴吧、博客等为主要载体的舆情爆发阶段(1994—2009),以微博为主要载体的民众狂欢阶段(2009—2012)和公民政治心态的民粹化阶段(2012年以来)。[1]也有学者结合网络媒介工具的革新发展及网络领域民粹主义的传播情况,把网络民粹主义的发展阶段划分为酝酿准备阶段(2005年以前),推广扩散阶段(2005—2007年)和集中涌现阶段(2008年至今)。[2]结合网络民粹主义传播载体的发展和网络民粹主义思潮的传播进展,网络民粹主义思潮的发展过程主要有形成、扩散和弥散化传播三个阶段。

1.网络民粹主义思潮的形成时期(1994—2004年)

互联网天然具有民粹主义性质:没有中心,不需要代表,任何网民都可

---

① 参见石立春:《当代中国网络民粹主义思潮研究》,西南交通大学博士研究生学位论文,2019年,第94~101页。

② 陶鹏:《对网络民粹主义的审视与治理思考》,《理论导刊》,2013年第9期。

以对时事发表看法。[①]1994—2004年是互联网发展的初期,网络的出现拓展了民粹主义的发展空间,一方面民粹主义借助零星发生的群体性事件在网络空间传播,另一方面网络媒介为人们了解相关热点事件、表达个人意见、宣泄情绪提供了技术支撑,为民粹主义的集结和发酵提供了便利。互联网发展初期,政府部门和主流媒体尚缺少应对网络群体性事件、疏导网络舆论的经验和方法,网络群体性事件诱发的民粹主义言论和情绪扩散迅速且对公众容易产生较大触动,使得民粹主义在传入网络初期就呈现出较大的影响力和感染力。2003年是民粹主义事件和舆论集中涌现的一年,众多网民直接参与了2003年发生的"刘涌案"的讨论和批判,网民的评论和跟帖开始作为一种重要的话语力量介入公共事件,这起案件的最终处理结果由于网络舆论主导而发生了实质性改变。这一事件在网络领域的发酵激起了人们对社会公平公正的强烈质疑和不满,强化了人们对司法部门、公权力部门的不信任和对富人可以拿钱轻松"摆平"问题的思维定式,进而生成了以仇富、仇官、反精英、反体制为内容的网络民粹主义舆论氛围和核心话语,并形成固定套路。

2. 网络民粹主义思潮的扩散和舆论爆发时期(2005—2009年)

2005年是中国的博客元年,中国网民数量突破1亿,真正的用户群体彻底形成。[②]博客发布信息的技术门槛较低,草根性强,在突发公共事件的舆论表达方面具备突出优势,同时也带来了网络舆论表达环境中诸多不确定性因素的出现。社会转型期的阶层冲突、矛盾冲突反映到网络空间,涉官、涉富的网络热点事件频发,每一起类似的热点事件都助推着网络民粹主义思潮的扩散和网络民粹主义情绪、舆论的爆发。网络热点事件起因各异,但

---

① 郭中军:《警惕网络民粹主义来袭》,《社会观察》,2009年第12期。

② 《2005年中国互联网发展大事记》,2009年6月4日,http://www.cac.gov.cn/2009-06/04/c_126500390.htm。

是网络舆论中都裹挟着"为富不仁""官员腐败""司法不公""社会不公"等民粹主义话语,甚至有些事件本身就是基于大量具有民粹主义倾向的网络评论的出现而演变为网络热点事件。这一时期网络的快速普及和网民数量的迅速增加使得每一起掀起网络民粹主义热潮的网络热点事件都呈现出参与主体的平民性、直接参与性和参与效果的非理性与对抗性等典型特征。

3.网络民粹主义思潮的弥散化传播时期(2010年至今)

2010年中国互联网发展最快的应用就是微博服务,2010年被称为中国的"微博元年","人人都有麦克风"的时代开启。微博自媒体充分满足公民的信息权利,也激活了公民个体的传播热情。网络民粹主义话语迅速发酵弥漫,在前期热点事件诱发的仇富、仇官、反精英的情绪的基础上,一方面贫富对抗思维和官民对立思维进一步强化,另一方面网络领域反权威、反体制的舆论氛围也日益强化,由网络热点事件衍生的网络流行语盛行,具有明显民粹主义倾向的网络段子流行。网络民粹主义与泛娱乐主义、消费主义等思潮融合,渗透到网络的各个角落,引爆网络舆论的热点事件中都不难发现网络民粹主义的影子。网民采取群起而攻之或"恶搞"嘲讽等方式,把批判和调侃的矛头集中指向知识、权力、财富和权威。根据《人民论坛》问卷调查中心的数据,民粹主义思潮在2011年度开始进入国内十大社会思潮之列后,连续10年(2011—2020)位居年度十大社会思潮之列,其中2014年、2015年更是居于年度十大社会思潮之首。①通过给特定公共事件贴上"官""富""底层"等标签,把事件引向民粹主义话语这一模式固定套路,网络民粹主义思潮在仇官、仇富、反体制的大众狂欢中反复演绎。2012年《人民论坛》推出的《中国公众的民粹化倾向调查报告》显示,国内千余位受访人群中,31.3%的受访者民粹化特征显著,18.2%的受访者有一定民粹化倾向,表明共49.5%

---

① 人民论坛"特别策划"组:《2020国内社会思潮》,《人民论坛》,2021年第3期。

的人具有民粹化特征。①民粹主义主要活动场域是互联网,②网络民粹主义的弥散化传播可见一斑。

作为在网络领域较早形成并弥散化传播的社会思潮,网络民粹主义在发展与传播过程中与网络领域诸多类型的社会思潮均有交集和融合,除了和发展成熟较早的网络民族主义思潮相结合形成民粹民族主义,还和网络领域的新左派思潮在底层叙事上互相声援,并迅速吸纳泛娱乐化元素与泛娱乐主义思潮融合。当前,网络民粹主义思潮在弥散化发展的过程中仍然呈现出不断地与其他社会思潮融合发展的态势。

(二)网络泛娱乐主义思潮的发展过程

泛娱乐化是电子媒介发展的产物,网络媒体是泛娱乐化现象的载体和催化物,泛娱乐主义思潮的生成是泛娱乐化现象蔓延的产物。因此,当前泛娱乐主义思潮主要表现为网络泛娱乐主义。到目前为止,网络泛娱乐主义思潮的发展过程突出地表现为三个阶段。

1. 网络泛娱乐主义思潮的萌芽时期(1994—2004 年)

20世纪90年代开始,中国大众文化由政治文化、启蒙文化向娱乐文化的转变为大众文化的泛娱乐化走向开启了方便之门。在各种流行娱乐性节目的娱乐化浪潮下,传媒泛娱乐化日益凸显,政治新闻也开始出现泛娱乐化现象。③这一时期网络也随着数字技术革命诞生,网络不仅是重要的信息传播载体,同时还是重要的娱乐工具。1997年,Flash 开始出现,Flash 是一个技术门槛和开发成本都相对较低的二维动画软件,业余爱好者也能够快速加入

---

① 吴江、兰颖:《中国公众的民粹化倾向调查报告(2012)》,《人民论坛》,2012年第15期。

② 丛日云:《中国网络民粹主义表现与出路》,《人民论坛》,2014第4期。

③ 金涛:《政治新闻的泛娱乐化现象析——从媒体大战看"两会"报道的一种不良倾向》,《新闻记者》,2004年第4期。

Flash动画创作者的行列中来。1999年综合性的Flash专业网站"闪客帝国"成立,由此诞生了通过Flash从事艺术表达和设计的网络新文化一族——闪客。闪客们利用Flash制作动画短片、MTV、互动游戏,并通过网站进行演示,创造出了在当时影响力极大的"闪客文化"。Flash的出现意味着对经典的彻底颠覆,"闪客文化"的动画作品以后现代主义的搞笑、"恶搞"和娱乐狂欢为重要的文化标识,自由、放松而且完全的肆无忌惮。其中以颠覆经典、解构神圣的"大话"式作品最具代表性。[①]2000年搞笑Flash动画片《大话三国》走红网络,成为此类风潮的引领者。《大话三国》取材自三国文化,但以无厘头的手法呈现,娱乐至死的精神贯穿全片,带着浓郁的后现代解构色彩。作为该时期网络亚文化的突出代表,"闪客文化"所呈现出来的创作动机、外在表征及精神旨归都呈现出十分浓厚的娱乐色彩,在嬉笑怒骂的调侃中淡化甚至消解是与非、美与丑、崇高与卑鄙的区别和界限。从中国互联网信息中心(CNNIC)历年发布的网民上网目的统计数据来看,1999年为休闲娱乐上网的网民所占比例为第4位,[②]2001年上升至第2位,[③]随后稳定保持,并于2005年上升至第1位。[④]伴随着网络技术的普及和网民结构的大众化,这一时期网络空间中崇尚娱乐、张扬感官、悬置理性等倾向逐渐显露,泛娱乐主义思潮在网络领域初见端倪。

2.网络泛娱乐主义思潮的形成时期(2005—2015年)

2005年中国开启了"博客元年",国内各门户网站,新浪、搜狐、腾讯等纷

---

① 周红亚:《从闪客到二次元:互联网动画文化发展研究》,《当代电影》,2019年第12期。

② 参见中国互联网络信息中心:《第四次中国互联网络发展状况统计报告》,1999年7月1日,http://www.cnnic.net.cn/hlwfzyj/hlwxzbg/200905/P020120709345372226100.pdf。

③ 参见中国互联网络信息中心:《第七次中国互联网络发展状况统计报告》,2001年1月31日,http://www.cnnic.net.cn/hlwfzyj/hlwxzbg/200906/P020120709345369819758.pdf。

④ 参见中国互联网络信息中心:《第十六次中国互联网络发展状况统计报告》,2005年7月16日,http://www.cnnic.net.cn/hlwfzyj/hlwxzbg/200906/P020120709345358978614.pdf。

纷加入博客阵营,博客打开了个人领域进驻公共领域的大门,成为网民的一种生活方式,代表着一个真正自主性网络生活方式的实现。①2005年也开启了"娱乐元年",是大众文化发展的一个转折点。网络领域各种形式的娱乐现象风靡,泛娱乐化现象层出不穷。2008年北京奥运会期间,由于对奥运会中中国男足的失望及愤怒,有网友以奥运歌曲《北京欢迎你》为蓝本改编极具讽刺性的"恶搞"歌曲《国足欢迎你》,此后网络上迅速掀起了改编歌曲"恶搞"国足的狂欢,2013年新闻类网络脱口秀节目《暴走大事件》开播,作为一档草根脱口秀节目,内容主要是对当下的娱乐新闻、公众人物进行吐槽。《暴走大事件》改变了传统严肃播报新闻的方式,节目不是普通地播报新闻,而是以新闻播报的方式挖掘出新闻的笑点进行一番调侃来加以娱乐。"我和我的小伙伴都惊呆了""荆轲刺秦王"等热门网络流行语都可以从《暴走大事件》中找到出处。②

这一时期,占据网络文化主体的不仅是动漫、影视、综艺、八卦等娱乐内容,而且严肃内容也屡屡浸染上娱乐色彩,调侃历史和历史人物、"恶搞"经典的现象在各种网络综艺节目、网络论坛、网络自媒体等传播平台上层出不穷。各种泛娱乐化现象在网络新闻、网络视听节目、网络舆论中快速蔓延。网络传媒的泛娱乐化侵蚀着大众文化,也侵蚀着受众的娱乐观、审美观和价值观,在网络传播泛娱乐化和受众娱乐化心态的互动之中,泛娱乐主义思潮在网络领域形成并高歌猛进。

3.网络泛娱乐主义思潮的全面渗透时期(2016年至今)

2016年是网络直播元年,映客、斗鱼、虎牙等一大批直播平台及抖音、快手等短视频分享平台的兴起,拉开了全民娱乐的序幕。直播和短视频井喷式的发展,给泛娱乐主义思潮的蔓延提供了更强大的推动力。如果说在网

① 刘洪波:《2005年可称中国博客元年》,《新民周刊》,2005年12月14日。
② 参见"暴走大事件",百度百科,查看日期:2022年2月12日。

络泛娱乐主义思潮的形成时期泛娱乐化现象已经渗透网络领域的各个角落的话,在全面渗透时期则突出表现为网民参与娱乐的普遍化。在网络空间嘈杂的泛娱乐化景观中,越来越多网民参与到娱乐中来,他们大多不是出于精神层面的审美体验,而是以满足感官刺激为目的,网民心态的娱乐化导致泛娱乐主义思潮呈现出愈演愈烈的发展态势。受泛娱乐化背后泛娱乐主义思潮的裹挟,"娱乐至上"的生活态度在网络空间蔓延,什么都能够娱乐,什么都可以拿来娱乐,事关百姓疾苦的民生问题,严肃的民族文化和革命历史,时政新闻乃至刑事案件等都被拿来调侃和娱乐,裹挟着泛娱乐主义思潮的泛娱乐化现象层出不穷。

2017年泛娱乐主义思潮首次被列为国内活跃度、影响力和关注度十大社会思潮之列,之后2017—2020年连续4年均在年度十大社会思潮之列。[①]泛娱乐主义思潮的活跃平台主要是在网络领域,由此可见网络泛娱乐主义思潮强劲的发展势头。网络泛娱乐主义与网络文化、网络话语的深度结合,使得网络泛娱乐主义思潮极易和其他各种社会思潮结合,成为其他社会思潮降低敏感度躲避审核的"隐身衣",同时也在渗透其他社会思潮进行传播的过程中强化自身的影响力。

(三)网络消费主义思潮的发展过程

网络消费主义思潮是侧重物质消费的传统消费主义、20世纪90年代以来出现的文化消费主义和传媒消费主义在网络领域的有机结合体,其在网络领域的发展阶段与网络媒体的发展具有较高的关联度。

1.网络消费主义思潮的形成时期(1994—2004年)

消费主义思潮传入网络媒介的初期也是衍生形态的网络消费主义的形

---

① 人民论坛"特别策划"组:《2020国内社会思潮》,《人民论坛》,2021年第3期。

成时期。消费主义思潮之所以进驻网络空间后即快速发展成为具有独立能动性的社会思潮,一方面在于进入网络领域之前,消费主义在现实领域已经是一种发展成熟并具有一定影响力的社会思潮;另一方面在于传媒消费主义的彰显。20世纪90年代,中国社会开始出现消费主义的生活方式和价值观念,突出表现为"消费的高档、名牌倾向""消费的广告效应""消费的符号象征意义"。①同时,包括广告在内的大众媒介大量的"生活方式报道",对受众实施物质生活消费的诱导,大量服务于受众感官享受的娱乐新闻和娱乐节目,媒介自我形象的重塑与包装,对新闻卖点的捕捉营造及新闻炒作、新闻策划等对媒介内容的"可售性"的强化等,传播媒介的消费主义符号化特征凸显。②网络媒介出现后,消费主义文化借助便捷、高效、扁平化的网络传播方式向大众的日常生活渗透与扩张,网络成为消费主义的鼓动者与传播者,网络媒介自身也同步完成了自身的"可消费性",传统意义上的消费主义、文化消费主义与传媒消费主义在网络空间集结、融合和发酵,迅速发展出衍生形态的网络消费主义思潮。

2.网络消费主义思潮的快速发展时期(2005—2015年)

网络媒介出现后,经过十余年的发展,网络媒介迅速取代传统媒介成为影响力最大的信息传播媒介,网络传播的放大器效应、广泛的覆盖面和话语主体的开放性使得奢靡性消费、炫耀性消费、符号消费等"为消费而消费"的异化消费现象彰显并成为一大网络景观。在一些"网络名人"的带动下,通过高档奢侈品展示生活品位、身份地位的现象和消费观念在网络领域蔓延。2005年,伴随着博客出现打开的个人进入网络空间的大门,网络上开始刮起一股"炫富风",炫富的方式虽然最早以对穷人的鄙视话语开场,但其最刺激

----

① 陈昕:《救赎与消费——当代中国日常生活中的消费主义》,江苏人民出版社,2003年,第7~8页。

② 秦志希、刘敏:《新闻传媒的消费主义倾向》,《现代传播》,2002年第1期。

大众心理的则是炫富者通过在网上炫耀消费和占有的物品来展现的奢华生活。此起彼伏的网络炫富行为频频成为网络舆论的引爆点,虽然引发了舆论讨伐,但同时也在一定程度上强化了人们对奢侈消费、炫耀消费、符号消费的羡慕、认同与向往。

这一时期,在炫耀消费、奢侈消费的网络现象和网络舆论此起彼伏的同时,网络文化消费主义彰显。网络"恶搞"、网络炒作成为重要的文化现象,网络"恶搞"源于消费主义生活方式,消费主义生活方式源于消费主义。①在网络领域泛娱乐化现象和泛娱乐主义的助推下,消费文化从对物质的消费延伸为对一切的消费,网络消费主义从物质层面延伸到精神层面。网络消费主义不断刺激着人们的欲望,也影响着人们的心理、思想及价值判断,日益发展成为对人们日常生活影响深远的社会思潮。

3. 网络消费主义思潮的全面渗透时期(2016年至今)

2016年面向全年龄阶段的音乐创意短视频社交软件抖音上线,此后,火山、西瓜等大量不同层次、不同特色和内容风格的短视频平台如雨后春笋般涌现,通过短视频社交软件,所有用户都可以选择歌曲,拍摄短视频并通过平台发布。短视频开启了全民娱乐时代,也开启了文化消费主义和传媒消费主义的全面发展。通过短视频传播的商业活动结合娱乐活动的网红带货,加速了物质消费、文化消费和传媒消费的深度融合,进一步模糊了消费导向型经济发展和消费主义的界限,也混淆了人们对正常消费和欲望消费,生活消费和消费主义生活方式的区分。加之这一时期泛娱乐主义思潮也开启了全面渗透的发展与传播模式,网络消费主义与网络泛娱乐主义思潮深度融合,不仅强化了文化消费主义的强势生长,而且更加彰显了网络媒体的可消费性。借助数字化和自媒体的繁荣发展,消费主义扎根生活实践,在一

---

① 蔡立媛、付芳薇:《消费主义下的网络"恶搞"》,《新闻爱好者》,2008年第3期。

定程度上令异化的消费观念日益根深蒂固,①网络消费主义日益成为当今消费文化中最瞩目的一部分。

(四)网络犬儒主义思潮的发展过程

犬儒主义思潮有着深远的历史渊源,但现代犬儒主义能在当下成为一种影响较大的社会思潮,与其在网络领域的发酵密不可分。网络作为传播媒介,因其所具有的开放性、覆盖面广等特性放大了犬儒现象,同时促进了犬儒价值观的广泛传播,进而推动网络犬儒主义思潮的形成和发展。网络犬儒主义思潮的发展过程主要表现为三个阶段。

1.网络犬儒主义思潮的形成时期(1994—2009 年)

20世纪90年代,犬儒主义伴随着文化发展上的大众化转向逐渐在思想文化领域兴起,初期较多地反映在文学、影视等文艺作品中。伴随着传媒消费主义的出现,犬儒主义于21世纪初期逐渐渗入传媒领域,表现为媒体使用和滥用格调低俗的词语来吸引公众,甚至以制造新闻的方式来达到轰动效应,"用游戏人生的方式制造文化产品,对现实或愤世嫉俗、冷嘲热讽,或难得糊涂、玩世不恭"②。在当传媒文化出现犬儒化现象的同时,网络传媒开始出现并快速发展,犬儒主义话语伴随着犬儒主义的报道方式在网络领域大量涌现,加之这一时期网络领域的民粹主义、泛娱乐主义、消费主义话语对社会的主流信仰、道德、价值进行的解构和颠覆,各种犬儒主义倾向的话语在网络领域大量出现,一些颓废、消极、愤世风格的话语因网络的炒作、网民的追捧而成为网络流行语。以2008年的网络热词"打酱油"为例,起因是一位男士在记者采访其对当时的热点事件的看法时,男士表示不关注这件事,直言自己"只是出来打酱油的"。"打酱油"一词由此迅速传遍网络,意指事不

---

① 刘怀玉:《警惕消费主义营造的美好幻象》,《人民论坛》,2019年第35期。

② 宋兰:《犬儒主义:传媒文化的大忌》,《青年文学家》,2009年第3期。

关己、高高挂起,表达一种漠不关心甚至是不屑一顾的态度,并衍生出极具犬儒主义色彩的"酱油党"一词,至今仍被网民广泛使用。

人们对犬儒倾向话语的追捧推动着网络领域犬儒主义的蔓延和网络犬儒主义思潮的形成。这一时期是现代犬儒主义在中国兴起的初期,也是犬儒主义传入网络的初期,可见网络犬儒主义形成与现实领域犬儒主义思潮的兴起几乎是一个同步的发展过程,因此犬儒主义传入网络领域的初期也是网络犬儒主义思潮的形成时期。

2. 网络犬儒主义思潮的迅速蔓延时期(2010—2015年)

2009年新浪微博的上线开启了社交平台自媒体风潮,2010年微博在中国的遍地开花成为当年互联网动静最大、影响最大的事情。微博自媒体的出现打破了传统媒体议程设置的主导权,在自媒体技术赋权下,人人都可以成为信息发布者、传播者和评价者,微博自媒体的开放性、自由性,扩展了信息源头,提升了信息传递速度,扩大了信息传递规模,民间各种价值判断、思维方式与利益诉求通过自媒体汹涌而至。加上消费主义文化的传播与后现代主义对权威的解构,网络领域各种玩世不恭的网络热词,带着颓废的自嘲与互嘲、质疑与漠视的网络流行语、打油诗风靡。其中寓意什么都不值得一提,隐含着抱怨感叹之意的"神马都是浮云",以其表达着无从把握甚至陷入绝望但又透着点儿超然和豁达的感觉而备受追捧,成为2010年最火的网络流行语。同在2012年,网友吐槽已经放映到第四部的电视剧《神探狄仁杰》中狄大人常说的一句话"元芳,此事你怎么看"。网友迅速跟风模仿形成了万事皆问元芳的"元芳体",形成微博热点话题。在网友的再创作过程中,"元芳体"成为一种面对压力的自我调侃,成为对现实无奈的一种表达。"元芳,你怎么看?"也暗指案情背后或有蹊跷,因而"元芳,你怎么看"频频被网友缀于网络言论的文尾,表达质疑与嘲讽,等等。这些网络流行语无不渲染着犬儒主义消极颓废的气氛,在见证网民狂欢的同时折射出文化没落和人格堕落的风险,凸显网络犬儒主义思潮的发展与迅速蔓延。

3.网络犬儒主义思潮的全面渗透时期(2016年至今)

2016年以来,"一切都是浮云""打酱油"等具有犬儒主义倾向的网络热词、网络流行语在网络领域仍然广泛使用,新的具有犬儒主义倾向的网络热词也不断出现。同时,这一时期网络犬儒主义的发展还突出表现为在网络热词、网络流行语风靡的基础上,"丧文化""佛系文化"和"躺平学"等网络犬儒主义亚文化的频繁产生。

2016年7月底,一组葛优在1993年情景喜剧《我爱我家》中的剧照被用作表情包出现在网络上,剧照中葛优瘫坐在沙发上的姿势被称为"葛优躺"。"葛优躺"用以形容颓废的现状。在没有任何宣传、营销、炒作的情况下,"葛优躺"在短短几个月时间里成为"爆款"表情包,让年轻人大呼"是我本人"。此后"葛优躺"成为颓废的代名词红遍网络,也打开了网络"丧文化"的大门。由此衍生的"感觉身体被掏空""感觉自己是个咸鱼"等也受到热烈的追捧。"废柴""我差不多是个废人了""漫无目的的颓废""颓废到忧伤"等话语搭配在"葛优躺"图片上。以"葛优躺"为代表的"丧文化"是年轻人在面临生存和发展空间受限而带来的巨大压力时想有所作为却又无能为力的一种自嘲行为,折射了"一种失去理想、梦想、未来,或任何自我超越可能的'主体'的自卫/自慰性精神状态"①。

2021年上半年,一篇《躺平即是正义》的贴文出现在贴吧《中国人口吧》并迅速走红网络。作者在文中写到最近两年多没工作,都在玩,对于世俗社会中的各种压力,作者认为"人大可不必如此","我可以像第欧根尼只躺在自己的木桶里晒太阳""也可以像赫拉克利特住在山洞里思考'逻各斯'",

---

① 《青年丧文化:葛优瘫是他们的生活状态,马男则是他们的世界观》,2018年6月13日,https://www.sohu.com/a/235638122_405942。

"躺平就是我的智者运动","只有躺平,人才是万物的尺度"。[①]文中提到的生活方式和人生态度迅即引发了网络热议,并得到了一部分年轻人的支持。"躺平"一词迅速成为网络热词,延伸出"躺平学"并被视为是对抗"内卷"的方式。"躺平"意味着不再渴求成功,不再热血沸腾,无论对方做出什么反应,自己的内心都波澜不惊。"躺平"意味着以无所作为的方式反叛、消解外在环境对个体的规训。

"丧文化""佛系文化""躺平学"等网络亚文化的流行有着深刻的现实背景,也是犬儒主义蕴含的颓废沉默在网络虚拟空间肆无忌惮的彰显,昭示着网络犬儒主义思潮在网络空间的弥漫和全面渗透。

综合当前活跃的网络社会思潮的发展过程可见,与民族主义思潮、"西化"与"反西化"类社会思潮相比,大众化的社会思潮的发展受网络技术发展的影响更大,网络的发展推动了民族主义思潮、"西化"与"反西化"类社会思潮的大众化,但是这种大众化仍然是有限范围的大众化,而网络对大众化社会思潮的催化则推动了大众化社会思潮全面渗透式的发展。

---

① 《关于躺平,我们和十几个年轻人聊了聊:多数是口嗨》,2021年5月31日,http://news.hexun.com/2021-05-31/203703247.html。

第三章　网络社会思潮的话语表征

话语是在特定的环境中，由特定的言说主体基于特定的目的，针对特定的问题，以特定的形式和手段说出或写出的言语。[①]"一种话语就是公开谈论的事物和观点的方式，它有助于传播观念和理解事物。"[②]任何一种确定的话语，都拥有自身专属的概念与意义维度，并确立一个绝对排他的场域以供其存在。[③]

每一种社会思潮，都有自己的一套话语体系，社会思潮不论以舆论形态出现，还是以学术形态、政治形态、文艺形态出现，都具有区别于其他意识形态的鲜明的话语表征。社会思潮话语通过话语主体与话语权、话语指向、话语体系或话语内容、话语风格与话语方式等要素确立自己的概念和意义维度，确立其"绝对排他的存在场域"，并通过把其话语渗透到受众意识之中，转化为人们的思想和价值观念来影响受众。

话语与语言关系密切，虽然话语不一定以语言的形式出现，语言也不全部都是话语，但是语言仍然是构成话语的基本要素。网络时代，语言进入了互联网这个特殊语境，在与互联网相互作用的过程中，为适应网络语境，语

[①]　毛铮、李海涛：《政治文明视野中的网络话语权》，《南京社会科学》，2007年第5期。

[②]　[美]詹姆斯·罗尔：《媒介、传播、文化——一个全球性的途径》，董洪川译，商务印书馆，2005年，第200页。

[③]　周敏：《论网络话语的生长》，《湖南社会科学》，2009年第4期。

言在形态、结构、内容、规范等应用层面发生了新变化,出现了"语言网络化"现象,催生了"网络语言"这一新概念。一方面,网络语言是一种符号,是为人们广泛知晓和使用的新词、新义、新模态、新结构;另一方面,网络语言是一种折射现实生活的新媒介,网民通过某些已经达成共识的网络语言符号表达思想或宣泄情感。①网络的发展推动了大众传播的发展,网络传播与网络语言的出现与应用,打破了传统媒介生态中的话语垄断,网络语言作为公民网络参与的重要表现形式之一,成为大众进行话语权力博弈的策略选择。网络时代的公共讨论与个人表达逐渐以其独特的形式生成一个全新的语义场——网络话语。网络话语拥有传统话语不具备的能动性,在当下的信息时代日益成为可以与传统话语并驾齐驱的话语形式。

社会思潮从现实领域进入网络领域之后,为了融入网络环境、扩大影响力,其话语必然要接受网络环境、网络语言与网络话语的重塑,这种重塑既有社会思潮主动为之,也有在融入网络环境、使用网络语言的过程中的被动影响。网络对社会思潮话语的重塑首先体现在话语主体上,在现实领域,虽然社会思潮动员的对象是普通大众,但是从社会思潮的产生和传播来看,其话语主体是文化精英和知识精英。而在网络领域,人人都有麦克风的情况下,更加多元的主体参与到话语言说中来。其次体现在对社会思潮话语指向和话语内容的重塑上,社会思潮的话语指向和话语内容是其话语中最根本、最核心和最稳定的部分,但是多元主体的参与、网络语言的使用和网络话语的渗透也会影响社会思潮话语内容的呈现形式。最后,在话语表达方式和表达风格上,网络语言本身的随意化、感性化,网络话语的碎片化、颠覆性、戏谑化等特质对于社会思潮的话语表达会造成一定的影响。

在当前的网络领域,既有传统语言与传统话语,也有网络语言与网络话

---

① 李玮、蒋科:《基于媒介进化视角的网络语言问题与治理》,《青年记者》,2021年第15期。

语,与传统的语言与话语相比,网络语言和网络话语具有更大的灵活性。对于不同的社会思潮而言,在网络传播过程中,多元主体的参与情况,网络语言的使用情况,网络话语的渗入情况等影响到其网络话语与现实领域话语的差异程度。对于所有的社会思潮而言,其在网络领域的话语必然会受到重塑而发生一定的变化,但具体社会思潮基于自身特质,其话语受网络环境、网络语言与网络话语的重塑情况不一,其在网络领域话语变化的程度也不同。

一、网络民族主义思潮的话语表征

网络民族主义思潮形成后,与传统意义上的民族主义相比,在话语方面变化最大的是话语主体和话语方式,网络民族主义的话语内容也发生了一定变化,但这一变化主要是国内大环境变化带来的民族主义思潮话语内容的变化。网络民族主义思潮区别于传统意义上的民族主义思潮的独特的话语特质在进入多元化发展阶段后日益彰显。

在话语主体和话语权方面,网络民族主义的话语主体和话语权呈现明显的大众化现象。网络媒介出现之前,民族主义主要是知识分子的学术话语,民族主义思潮的生产者和传播者主要是知识分子,因此话语主体主要是知识分子,民族主义思潮的话语主体同时也是民族主义话语权的掌控者,民族主义思潮主要表现为知识分子民族主义。民族主义思潮进驻网络领域之后,不仅大众民族主义思潮兴起,而且知识分子民族主义与大众民族主义互动积极、相互交织,政府对民族主义思潮的介入主要是以爱国主义话语引导民族主义走向。因此,也有学者根据成员主体构成把网络民族主义分为大众民族主义、知识分子民族主义和官方民族主义三种类型。[①]在三种类型民族主义的话语主体中，社会大众主体是网络民族主义思想和观念的传播者和消费者。知识分子主体既是网络民族主义的生产者，又是网络民族主义思想的传播者和消费者，官方主体主要以爱国主义话语引导和规制民族主义思潮走向。

从各种轰轰烈烈的网络民族主义运动来看，网络民族主义的组织力量仍是知识精英，但网络民族主义话语的主体已经扩大到参与民族主义话语表达中的来自不同领域不同行业的普通网民。话语主体变化的原因一方面在于以爱国主义面貌出现的民族主义思潮本身有着最广泛的群众基础，对于不同年龄阶段、不同阶层的网民均具有较大的吸引力和感召力；另一方面则是网络"赋权"的结果，扁平化的网络媒介从技术上保障了大众主体的话语权。但是就目前具有代表性的网络民族主义动员来看，青年知识分子仍然是民族主义话语的"意见领袖"，大众民族主义运动仍然是在知识分子民族主义的倡导和影响下展开的。知识分子网络舆论领袖在民族主义思想的宣传、民族主义情绪的渲染中仍然起着主导作用，同时，国家官方的爱国主义话语也在通过引领、监管等措施规制着大众民族主义乃至知识分子民族主义的话语走向。因此，网络民族主义思潮的话语主体多元且日益大众化，但网络民族主义思潮的话语权是知识分子主体主导下的大众话语权，同时，这一知识分子主体主导下的大众话语权又受到国家官方话语的规制。

在话语指向上，民族主义是一种涉外的呼声。[②]民族主义话语建立在"自我—他者"二元对立叙事框架的基础上，"他者"而且往往是敌对的他者是所有民族主义的参照系。[③]在具体民族主义事件和民族主义运动的话语

---

① 王军：《试析当代中国的网络民族主义》，《世界政治与经济》，2006年第2期。
② 王军：《试析当代中国的网络民族主义》，《世界政治与经济》，2006年第2期。
③ 潘亚玲：《爱国主义与民族主义辨析》，《欧洲研究》，2006年第4期。

指向上，民族主义话语指向诱发民族主义舆论和民族主义运动的特定主体，这些主体包括与中国发生外交摩擦、经贸摩擦的国家和地区，与中国存在领土争端的国家和地区，侵犯到中华民族的民族尊严、民族利益的机构和个人等。虽然具体网络民族主义运动中民族主义舆论的话语指向不同，但是所有网络民族主义运动特定话语指向的深层，仍然是一个涉外的作为参照系的"他者"，无论是网络民族主义思潮形成的早期，还是网络民族主义走向多元化发展阶段后出现的各种类型的网络民族主义都秉承这一话语指向。

在话语内容上，中国的网络民族主义思潮话语主要表现为爱国话语，对抗、抵制话语和忧患与优越话语。

爱国话语。民族主义的本质是维护本民族的根本利益，民族主义强调对民族国家至高无上的忠诚。爱国主义与民族主义是原型与变种之间的关系，[①]同爱国主义一样，民族主义也与国家认同有着密切的关系，理性的、开放的民族主义与爱国主义有着诸多的共通之处。网络民族主义思潮本身是在通过网络载体表达民族主义情绪和思想，组织和动员普通大众捍卫国家利益、民族尊严的过程中形成，在一定程度上是朴素的爱国主义思想的体现，因此爱国话语是网络民族主义思潮的核心话语。综观网络民族主义二十多年的发展历程，网络民族主义所涉及的议题均为现实问题及政治现状的体现和反映，不管是反抗其他民族或国家对中国国家利益和国家形象的侵害，还是基于自己的国家、民族、文化优越感的表达，网络民族主义发布言论的初衷都是建立在对本民族高度热爱的情感基础上的对民族国家的认同、信仰和忠诚，对国家利益、国家形象的维护。网络民族主义通过对国土、历史、文化等象征符号的强调不断表达和唤起民众的爱国主义情感，塑造着中国人的国家认同感，网络民族主义中的爱国主义话语表达既是爱国情怀

---

① 潘亚玲：《爱国主义与民族主义辨析》，《欧洲研究》，2006年第4期。

的展现,也是民族认同、国家认同的一种建构方式。

抗议、抵制话语。当代民族主义在中国兴起的直接诱因是外界刺激,是伤害到中华民族民族利益和中国人民民族感情的事件激起了民众捍卫国家和民族利益、荣誉的舆论热潮。中国当代民族主义话语本身就是对西方霸权国家干涉中国内政、侵犯中国国家利益等外部刺激的回应。因此,抗议和抵制话语是当代中国民族主义的主要话语内容。在民族主义思潮进入网络领域初期,强国论坛前身的名称就是"强烈抗议北约暴行论坛"。当时强国论坛上网民发声的核心内容是强调丧生的中国记者"血不会白流",声明"中国人民不可侮",怒吼"打倒美帝国主义"。在网络民族主义的形成阶段,2003年网络民族主义发轫年"保钓"运动与京汉高铁"保路"运动引起的民族主义运动,涉日对抗和抵制话语是当时的主要话语表达。网络民族主义走向成熟阶段的AT-CNN网站及"四月青年"表达的主要话语是对西方社会和西方媒体歪曲和污蔑的抗议。网络民族主义多元化发展阶段后,多元的网络民族主义类型带来了更加多元的表达,但抗争的主基调没有变化。2016年"帝吧出征"是网络民族主义表达符号明显变化的转折点,虽然"帝吧青年"大量使用表情包等娱乐化话语符号,但是"征伐"话语延续了民族主义的对抗与抵制话语,只是抗争和抵制的话语表达得相对委婉和间接。

忧患与优越话语。对于整个世界范围内的民族主义而言,其与爱国主义的重要区分就是"我族的优越感和对其他民族支配感",一般而言,民族主义往往包含了"我族优越意识"和"我族中心主义(ethnocentrism)"。[1]就中国的民族主义而言,优越意识根植于五千年不曾中断的中华文明,以及数千年来中华民族一直走在世界其他民族前列的历史事实,这一民族优越感和自豪感深嵌于民族共同体成员的潜意识当中。近代以来,中国长期处于内忧

---

① 王军:《试析当代中国的网络民族主义》,《世界经济与政治》,2006第2期。

外患的历史事实,以及被列强欺侮的屈辱感使中国的民族主义话语中始终弥漫着忧患意识。积贫积弱的旧中国被列强侵略欺侮的集体历史记忆与与生俱来的民族优越感、自豪感的纠缠使得中国民族主义者的思想意识中交织着忧患与优越意识,民族主义话语表达中交织着忧患与优越话语。每当他国做出挑战中国领土主权及威胁中国安全的行动,集体性的忧患意识与忧患表达更加强烈。中国网络民族主义的源动力来自交织着忠诚和热爱的忧患意识。网络民族主义的舆论议题多根植于民族忧患意识,特别是在直接涉及中国的国际地位的中美关系、中日关系,涉及主权的台湾问题上。

21世纪以来,中国国力显著增强,中国国际形象的改变、国际地位的提升,特别是近年来中国多方面发展取得的震惊世界的成就,极大地提升了国民的民族自信心,进一步唤醒了国民的民族优越意识,激发了国民强烈的民族优越感和扬眉吐气的民族心理,这一心理与情感变化在网络民族主义多元化发展阶段愈加明显,而且突出地体现在网络民族主义思潮的话语表达中。无论是内生型网络民族主义以"此生无悔入华夏"来表达自己作为炎黄子孙的骄傲,还是"帝吧远征"晒地方美食、风景名胜表达爱国情怀,都呈现出优越话语日益成为网络民族主义思潮的话语内容。

在话语风格上,网络民族主义思潮的话语表达日益平和并趋向多元化。与传统意义上的民族主义思潮相比,话语风格的变化是网络民族主义话语变化中最突出的部分。中国近代以来屈辱历史的集体记忆导致民族主义话语和情感表达以怨恨、愤怒、仇恨为主要基调,语态也比较强烈甚至激烈。新一轮民族主义思潮兴起于改革开放以来中国经济发展、综合国力显著提升,但中国国民基于经济发展而产生的民族自尊心和提升中国国际地位的期望不断地遭受打击的大背景下,导致中国社会各阶层民众都有不同程度的挫折感和屈辱感,民众心理有些失衡,民族主义延续了愤怒为主的情感和强硬的话语表达。民族主义思潮传入网络空间的初期基本上保持了这种话语和情绪表达。综观网络民族主义思潮二十多年的发展历程,初期的网络民族主义给人的印象仍然大多是狂热的口号和情绪发泄,究其原因,一方面是悲情的民族主义情绪使然,另一方面是网络媒介激活并放大了民族主义思潮中的非理性、偏执、排外甚至仇外的极端情绪。

网络民族主义思潮到了发展成熟阶段之后,虽然网络民族主义运动的诱发因素仍然是随时激起国民愤怒情绪和民族屈辱历史记忆的事件,但整体而言,狂热的口号、歇斯底里的发泄、粗暴肤浅的极端言论早已不是网络民族主义的基调,甚至可以说只是网络民族主义话语表达中很小的一部分。特别是随着中国近年来综合国力和军事实力的增强,网民在面对类似事件时,心态和话语开始变得更加自信和理性,尽管不时存在一些情绪化的声音,但是总体上理性化的表达开始占据主流,网络民族主义理性平和、务实的话语风格逐渐凸显。同时,在网络技术持续发展、民族主义思潮与网络文化深度融合的过程中,网络民族主义思潮话语表达的情感基调也表现出趋向缓和的迹象,甚至也以娱乐式的话语来表达情感与观点看法。网络民族主义思潮的话语表达方式更加丰富,理性的分析和事实呈现、幽默的调侃乃至优越和豪迈的情感与话语表达逐渐成为主流。

二、网络领域"西化"与"反西化"类社会思潮的话语表征

"西化"和"反西化"类社会思潮都有着一定的学术渊源,较强的学理性在一定程度上限制了这些社会思潮与网络文化、网络话语结合的速度和程度,除了历史虚无主义思潮外,其他社会思潮暂时没有形成网络衍生形态,因而在网络领域的话语与其在现实领域的话语差异也较小。

(一)网络领域"西化"类社会思潮的话语表征

当前活跃于网络领域的"西化"类社会思潮主要是新自由主义思潮、"普世价值"思潮和历史虚无主义思潮,三者在话语内容上各有侧重,但有着殊途同归的话语指向,那就是对西方资本主义制度、发展道路的肯定和对中国特色社会主义制度、发展道路的否定。"西化"类社会思潮的话语主体也在一定程度上存在交集,但话语方式和话语风格差异较明显。

1. 网络领域新自由主义思潮的话语表征

新自由主义是西方资本主义意识形态的主导话语,中国的新自由主义思潮沿袭了西方新自由主义的话语体系,在话语权、话语指向、话语内容方面与西方新自由主义并无二致,但有着基于中国社会现实的具体表现。延伸到网络领域后,新自由主义思潮的话语方式受到了网络话语的形塑,但在话语权和话语指向上与现实领域的新自由主义思潮高度一致。

在话语主体与话语权上,网络领域的新自由主义思潮有多元话语主体的参与,但是话语权掌握在西方资本主义国家及其代言人手中。在新自由主义的话语体系中,资本决定权力,谁拥有资本,谁就拥有话语权。[①]因此,新自由主义话语自生成之时,就带着为资本服务的使命。西方私有制国家的资产阶级凭借着强大的资本优势,牢牢掌握着新自由主义的话语权。新自由主义话语的全球输出就是为了满足西方资本主义由国家垄断走向全球垄断的现实需要,其实质就是将资本主义价值观向全球推广,让资本主义意识形态在全球扩张合理化,服务国际垄断资本主导全球秩序的需要。新自由主义思潮传入中国以后,由经济学领域的学术话语发展为经济、政治、文化、社会全领域的意识形态话语,为西方发达资本主义国家进行意识形态渗

---

① 刘影:《新自由主义话语的实质及中国应对》,《思想理论教育导刊》,2019年第8期。

透造势,是西方推行私有化、市场化和全球一体化的意识形态工具。从现实领域发展到网络领域之后,网络媒介推动了新自由主义思潮的大众化转向,部分支持新自由主义的网民加入新自由主义的话语主体中来,推动了新自由主义思潮话语主体的多元化。但是,无论新自由主义是以学术话语的形式出现,还是以政治话语或者大众话语的形式出现,也无论新自由主义思潮的话语主体是自由派人士或者倡导新自由主义的学者,还是网络领域的部分大众话语主体,新自由主义都是服务于资本需要的资本主义意识形态话语,新自由主义思潮的话语权都掌握在西方资产阶级及其代言人手中。

在话语指向上,与在现实领域一样,网络领域的新自由主义思潮表面上是指向经济学理论和经济体制改革,实质上具有明显的政治倾向与政治目标,其根本的话语指向是社会政治制度,是披着经济理论外衣的意识形态理论。新自由主义从社会基本经济制度及其运行机制、社会政治体制、社会的指导思想等不同方面为资本主义意识形态造势,否定马克思主义理论指导,否定有中国特色的社会主义制度,否定社会主义公有制。因此,网络领域新自由主义思潮话语指向对中国特色社会主义制度与发展道路的否定和对西方资本主义制度与发展道路的倡导。

在话语内容上,新自由主义思潮以经济领域的话题为切入点,但其观点主张围绕自由化、彻底私有化、完全市场化的经济主张辐射到政治、文化和价值观等各个层面。因此,其话语内容涉及经济、政治、文化和社会等诸多领域。在经济层面,新自由主义思潮的核心话语内容为走私有化、自由贸易与全球化路线。新自由主义推崇"市场经济万能论",反对国家对经济运行和经济活动进行干预和调控,声称经济活动是有规律的,要一切顺从自由市场的利润最大化原则。在政治层面,中国的新自由主义呼吁政治改革,推崇西方多党制、代议制、宪政民主制、三权分立。在文化层面,中国的新自由主义主张价值观多元化,要求摆脱指导思想一元化。新自由主义在价值主张方面与"普世价值"思潮相结合,积极响应西方自由、民主、人权、法治、博爱等理念,并认为接受这些"普世价值"才是向人类主流文明的真正回归。在社会层面,新自由主义鼓吹个人主义,反对集体主义,宣称个人利益服从国家、集体利益是有悖人性、不合逻辑的。网络领域新自由主义思潮话语内容与现实领域新自由主义思潮的话语内容保持着高度的一致,是现实领域新自由主义思潮话语内容在网络领域的迁移和延伸。

在话语方式和话语风格上,网络领域的新自由主义思潮正经历着迅速的变化,日益表现出与传统意义上的偏学术风格的新自由主义思潮的差异。在网络领域,适应网络空间信息碎片化传播的特点,蕴含着新自由主义思潮意蕴的碎片化、微观叙事的话语表达活跃。新自由主义话语由宏观叙事话语向侧重微观生活体验的话语风格转变,新自由主义通过话语的大众化、生活化拉近与受众之间的距离,以日常生活的话语体系为表象和掩盖,掺杂贬低社会主义发展道路,称颂资本主义政治制度、价值观念的观点。网络领域的新自由主义思潮更多采取隐喻表达的方式,通过批判、讥讽、调侃、暗喻等手段进行政治宣传和价值观渗透。网络领域的新自由主义思潮也结合网络语境、网络话语的泛娱乐化特质,以戏谑的话语方式和话语风格兜售其反对社会主义公有制的思想观点。

2. 网络领域"普世价值"思潮的话语表征

"普世价值"思潮在传入中国的伊始即传入了网络领域,因此其在现实领域和网络领域的传播同步,其在网络领域的话语与其在现实领域也基本一致。

在话语主体与话语权上,网络领域的"普世价值"思潮话语主体多元,但是话语权掌控在以美国为首的西方资本主义国家及其代言者手中。"普世价值"思潮是以美国为首的西方发达国家从西方中心主义视角出发,站在资产阶级的立场上,以西方社会的价值体系和价值观为标准,通过在价值观话语体系的厘定中垄断价值标准的制定权、解释权和评判权,来占据意识形态领域霸权地位,保持其在全球的领导力和话语权的政治思潮,是西方国家为世界量身定制的一整套符合西方利益的价值坐标和话语体系。①"普世价值"思潮与新自由主义思潮在政治及文化层面的主张互相呼应,甚至在一定程度上是新自由主义思潮在伦理层面思想主张的体现,因此,"普世价值"思潮与新自由主义思潮在话语主体与话语权方面存在着很大程度的交集。"普世价值"蕴含着西方资产阶级的价值观念,承载资产阶级的利益,是西方资本主义国家推行自身价值观、进行意识形态渗透的前沿武器,反映的是以美国为首的西方发达国家的政治诉求和话语霸权。②因此,以美国为首的西方发达国家掌握着"普世价值"思潮的话语权。虽然网络领域"普世价值"思潮的倡导者成分复杂,有从事渗透煽动的西方敌对势力,有以"公知""大V"为代表的"普世价值"信奉者,有倾向"西化"的自由派知识分子,亦有不明真相卷入的普通网民,话语主体构成多元,但是"普世价值"思潮的话语权仍然掌握在作为"普世价值"话语生产者和推广者的西方资本主义国家及其代言人手中。

在话语指向上,"普世价值"思潮话语指向西方资本主义国家特别是美国的社会制度和价值体系。"普世价值"站在西方中心主义的立场上,通过夸大西方资本主义制度与价值体系的普适性,批判和解构建立在与他们不一样的文化和传统基础上的社会制度与价值体系,排斥甚至颠覆与他们的主张不同的制度模式与生活方式。"普世价值"力图渲染的核心价值观是已经定型的资本主义制度及其核心价值,是把西方资产阶级核心价值观等同于"普世价值",进而作为世界上其他发展中国家现代化发展道路的指导思想。"普世价值"思潮话语在中国的特定指向是扭转中国改革的方向,聚焦西方

---

① 唐利如:《"普世价值"的理性解读》,《红旗文稿》,2014年第9期。

② 宋小红:《认清西方"普世价值"渗透的实质》,《红旗文稿》,2019年第9期。

宪政制度,变革中国社会主义制度。

在话语内容上,"普世价值"思潮是以西方民主的"民主"为核心建构的一套话语体系。"普世价值"思潮以"自由、民主、平等、人权"为话语标识,其中"民主"是"普世价值"思潮的核心词和其展开的核心话语。西方理论家把自由、平等、人权、法治等理念混入民主之中,并且以西方的思维方式来予以诠释和宣传,用话语霸权来强行推广。西方学者及"普世价值"的中国追随者在网络空间借助网络热点问题宣传西方价值观念、政治制度,把"民主"标榜为西方"普世价值"的核心要素之一,把西方民主建构为价值追求的自由民主和制度安排的选举民主这一双重话语体系。将民主与"西方民主价值""西方民主制度""美国民主制度""投票选举程序"画等号,①宣扬西方的民主观念是最进步和最人道的观念,西方的自由民主制度是迄今为止人类社会最优良的政治实践形态,进而把西方的民主与自由、人权、平等、公平等一切美好的价值联系在一起,奉为代表着人类未来政治发展的价值取向和理应被全人类遵循的终极价值规范。

在话语方式与话语风格上,"普世价值"思潮在网络领域的话语方式与其在现实领域的话语风格一致,突出表现为一立一破。"立"表现为以学术话语、大众话语为掩盖,以"中立"的表达方式和话语体系确证西方的民主、自由、平等、人权是"普适性意识形态"。以西方的"普世价值"为参照评价中国取得的进步,把中国社会发展取得的成绩和进步描绘成遵循"普世价值"的结果,中国人民在党的领导下抗震救灾、成功举办奥运会等都是"普世价值"的功劳。"破"表现为直接以政治话语批判、诋毁、污蔑有别于西方资本主义国家的价值观、意识形态和生活方式,对中国特色社会主义根本制度、基本制度、重要制度妄加评议,对中国的价值理念、政治制度、公共政策横加指

---

① 张程:《警惕"民主"概念陷阱》,《红旗文稿》,2015年第16期。

责,诘难中国的新闻出版、言论舆论、宗教信仰等。"普世价值"思潮通过这种"破""立"结合的话语方式巧妙地设计只有"普世价值"是唯一正确选择的话语陷阱。

3.网络历史虚无主义思潮的话语表征

网络空间的历史虚无主义思潮,在其观点被重新包装的基础上演化出一套与网络境遇相适应的"去语境化、去本体化、去宏大化的网络话语体系"①。这一话语体系与传统意义上以学术话语为主的历史虚无主义思潮具有较大的差异。

在话语主体与话语权上,与传统意义上的历史虚无主义思潮相比,网络历史虚无主义成功地实现了学术话语向政治话语、大众话语的转化,网络历史虚无主义思潮传播者的构成更加复杂、多元,传播原因和动机千差万别。在网络历史虚无主义思潮的话语主体中,有史学领域对学术问题持不同看法的学者;有拿"四史"说事,抹黑党的历史,损害党的形象,侵蚀党的执政根基的国内外敌对势力;有哗众取宠,为增加知名度和经济利益而拿历史说事的网络"公知"、网络红人;有打着历史研究的幌子、旨在颠覆国史、党史、军史,对抗主流意识形态的历史虚无主义者;还有历史知识匮乏,又缺乏独立的认知和判断能力,在其他话语主体的蛊惑下,抱着猎奇、娱乐、哗众取宠等心理加入颠覆与解构历史狂欢中的网络红人及普通网民。在纷繁复杂的话语主体背后,主导网络历史虚无主义思潮话语权的,仍然是致力于侵蚀中国共产党执政根基的国内外敌对势力和对抗主流意识形态的历史虚无主义者。网络历史虚无主义思潮的涌起与资本的介入也密不可分。一些网络平台,出于取悦网民以获得点击量和关注度的目的加入热炒、娱乐历史中来,导致涉及虚无历史的话语和现象在资本的运作之下频繁引爆网络舆论,助

---

① 栗蕊蕊、闫方洁:《历史虚无主义的网络话语表征与逻辑陷阱》,《思想教育研究》,2018年第10期。

推网络历史虚无主义思潮的蔓延和泛滥。资本的参与使得网络历史虚无主义思潮的话语权突出表现为国内外敌对势力、对抗主流意识形态的历史虚无主义者的话语权与资本话语权的"合谋"。

在话语指向上，和狭义上的历史虚无主义思潮①一样，网络历史虚无主义话语指向否定中国社会主义制度的历史选择性。网络历史虚无主义仍然是通过选择性地虚无中国近现代史、中共党史来否定中国共产党的领导和共产党领导下的社会主义制度。无论是娱乐、调侃历史与历史人物，还是歪曲、虚构、杜撰历史来颠覆正史，网络历史虚无主义思潮话语最终都指向对中国共产党的领导和共产党领导下的社会主义制度的否定。

在话语内容上，历史虚无主义思潮否定革命、重评历史的学术话语和政治话语在网络历史虚无主义思潮中都有呈现，除此以外，网络历史虚无主义思潮的话语内容更突出地表现为抹黑、消解英雄话语，"正名"反动历史人物话语和颠覆历史事实与历史认知话语。

抹黑、消解英雄话语。英雄是一个民族的精神坐标，是民族精神、价值取向、道德品格的象征，是整个民族所推崇和仰慕的价值底座。而网络历史虚无主义则极力否定被称颂的英雄，通过各种方式抹黑消解英雄。表现为：以各种歪理邪说"恶搞"和丑化英雄，越是人们耳熟能详的英雄烈士越容易成为污蔑歪曲的对象，鸡蛋里挑骨头，对英雄人物吹毛求疵；诋毁和丑化近代抵御外来侵略者的民族英雄；调侃英烈的英雄事迹，娱乐化地改写英烈的诗词，等等。网络历史虚无主义以"挖墙脚"的方式对人们熟悉的英雄人物进行质疑，诋毁英雄、调侃英烈、颠覆人们心目中的英雄形象。

"正名"反动历史人物话语。在诋毁正面英雄人物事迹的同时，网络历

---

① 广义上的历史虚无主义与民族虚无主义的内涵与外延接近，指对包括中国近现代史在内的整个中华民族历史与中国传统文化的虚无。狭义上的历史虚无主义专指对中国近现代史和中国共产党历史的虚无。

史虚无主义为已有定论的历史人物翻案,肯定传统历史视角下被否定的历史人物。在历史虚无主义者的描绘中,一些历史反动分子摇身一变成为"民族英雄"。在网络历史虚无主义的包装和刻画下,慈禧太后是一位精明能干、具有雄才大略的政治家;李鸿章是迫不得已的悲情民族英雄;汪精卫在抗日战争时期忍辱负重背负"汉奸"罪名实际上是为救国救民做的无私奉献;甚至为段祺瑞冠以"不抽、不喝、不嫖、不赌、不贪、不占"的"六不总理"称号;渲染吴佩孚性格刚毅,清正廉洁,等等。以历史研究为幌子通过挖掘"汉奸"、反革命分子和叛徒的"光辉事迹"来为他们脱罪,甚至直接以"盘点那些近代被丑化的历史人物"①为题在网络上为其鸣不平。

颠覆历史事实与历史认知话语。信口雌黄的"历史揭秘"也是网络历史虚无主义的惯用话语。宣称"雷锋日记全是造假,刘胡兰原来是被乡亲所杀";冠以"科学推理"的外衣宣传黄继光以血肉之躯堵敌人的枪眼不符合客观实际,火烧邱少云不符合生理学逻辑;以网络"公知""大V"和"意见领袖"的面目出现,打着学术思想讨论的幌子,截取历史片段,以碎片化历史事件夸大国民党在正面战场上的悲壮,断言国民党军队所做的贡献要远远大于共产党领导的人民军队;刻意编造和扩大社会主义实践中出现的曲折和错误,等等。

在话语方式与话语风格方面,网络历史虚无主义思潮虽然沿袭了打着历史考证的幌子为其政治话语造势的叙事方式,但网络历史虚无主义的话语叙事祛除了以往学术话语所带有的厚重思维、严肃态度与深邃思想,呈现娱乐与戏谑特质。网络历史虚无主义主要以网络段子、论坛发帖、表情包、动态图、短视频及弹幕等大众化的网络语言形式出现,网络语言本身具有幽默、揶揄的特点,网络话语叙事往往使用诱导网民自我联想和关联的隐射、

---

① 《盘点那些近代被丑化的历史人物》,2016 年 1 月 4 日,https://www.sohu.com/a/52109637_363398.

戏谑等叙事手法,大量使用网络语言和网络话语,消解了历史虚无主义思潮原来话语的"精英"光晕。网络历史虚无主义思潮还往往以网络领域的泛娱乐化现象为掩盖,以戏谑和"恶搞"的话语方式博取眼球,以调侃的态度和"戏说"的方式来展示近代以来的重大事件和重要活动,发布哗众取宠的观点和野史趣闻,在娱乐至上的外衣下,把对历史事实的歪曲渲染成段子和笑料,把原本严肃的、沉重的、悲壮的历史转化为滑稽的、搞笑的、娱乐的故事。[①]

(二)网络领域"反西化"类社会思潮的话语表征

网络领域的"反西化"类社会思潮主要是文化保守主义思潮和新左派思潮,文化保守主义和新左派有各自的理论体系,相互的思想主张没有太多交集,虽然同为"反西化"类社会思潮,但在话语上基本没有交集。

1.网络领域文化保守主义思潮的话语表征

文化保守主义思潮是一种具有久远的历史渊源和深厚的理论渊源的社会思潮,文化保守主义思潮在网络领域没有衍生形态,其在网络领域的话语主体与话语权、话语指向、话语内容乃至话语风格都与其在现实领域差别不大。

在话语主体与话语权上,20世纪以来中国文化保守主义思潮的理论建构是由现代新儒家学派完成的,因此文化保守主义原本是系统化、理论化、体系化的学术话语。在全面复兴传统文化理念的推动下,民间、学术思想界与官方主流意识形态三者在弘扬传统文化方面存在着诸多共识,文化保守主义的学术话语与官方主流意识形态、民间弘扬传统文化话语虽然在话语指向上有根本差异,但文化保守主义学术思想话语和主流意识形态中弘扬

---

① 陈清、刘珂:《自媒体时代历史虚无主义传播的特点、危害及对策》,《广西社会科学》,2016年第3期。

优秀传统文化话语多有交集和融合,文化保守主义还得到了对传统文化抱有热情,致力于弘扬传统文化的学者与民间人士的自发支持和实践,民间大众话语除了从官方主流意识形态弘扬传统文化话语中获取支持,也从文化保守主义的学术思想话语中寻求理论支撑。因此,文化保守主义思潮有着十分广泛的话语主体,学界与民间话语主体在网络领域均表现活跃,但是掌握文化保守主义思潮话语权的仍然是以儒学学者为主的坚守传统文化的学者,他们也是网络领域文化保守主义思潮最主要的话语主体。

在话语指向上,当下的文化保守主义思潮不再仅仅是学术层面文化观问题的探讨,而是指向现实生活世界的方方面面。对从国家治理到天下秩序,从家庭伦理到个人修身,文化保守主义都有着丰富而全面的阐述,其在网络领域也是如此。从表面上看,网络领域的文化保守主义思潮话语指向广大民众当下最为关注的各个层面的问题,如国家层面的政治问题,社会层面教育问题、社会生活问题,个人层面的家庭问题、人生问题等,但是从更深的层面看,当前由现代新儒家学派构建的文化保守主义思潮通过涉及各方面问题的探讨,最终指向是儒化社会,全盘复兴儒学乃至为儒学争取正统地位。

在话语内容上,20世纪90年代以来兴起的文化保守主义思潮主要是新儒家学说,因此文化保守主义思潮的话语内容主要是推崇儒学话语、复兴儒学话语和儒化社会话语。

推崇儒学话语。文化保守主义推崇传统文化,坚信中国传统文化对中国社会的价值,呼吁回归、维护和弘扬中国传统文化,强调要以中国传统文化特别是儒家文化为出发点来重塑中国社会。当代文化保守主义的主要理论支柱是以儒家儒学为核心的传统文化,当代大陆新儒家都认同把儒家文化作为中国传统文化的代表,认为儒家文化具有解决一切问题的可能性的思想观念在当代中国文化保守主义者中也很受认同。如蒋庆认为,儒学思想内涵博大精深自不用多说,更重要的是儒学还具有解决当代中国社会问题的深远功能。他提出儒学在当今具有安顿中国人的个体生命、重建中国人的社会道德、重塑中华民族的民族精神、重建中国人的信仰与希望、重建中国政治秩序的合法性、建立具有中国文化特色的政治制度、奠定中国现代化的道德基础、解决中国的生态环保问题八大作用。①当代中国文化保守主义者还认为儒家文化不仅在国内具有解决当下中国社会问题的作用,更是优越于西方文化,认为中国本土固有的儒家文化和人文思想存在永恒的价值,提倡发掘儒家思想资源以解决当前的价值信仰问题,并用儒家思想资源抵御西方现代化冲击。

"复兴儒学"话语。当代文化保守主义从"民族复兴"的高度强调"复兴儒学"议题,提出"中华民族的伟大复兴,必以儒家文化的复兴为最高标志"②。认为民族复兴的首要条件是复兴本民族的传统文化,儒家文化是中华民族传统文化的精髓,复兴传统文化也就是复兴儒学。当代文化保守主义思潮的重要代表人物蒋庆最早提出并阐释了"解决中国的问题必须复兴儒学"的思想。③这一思想得到了其他文化保守主义代表人物的认同,当代中国文化保守主义思潮的另一代表人物康晓光认为,民族复兴的首要条件是复兴本民族的传统文化,而中华民族传统文化的精髓就是儒家文化,"儒家文化的复兴,关系到我们社会道德和社会秩序重建的成败,对于提高中国人的国家认同感和民族认同感以及做好政治正当性重建都是非常重要

---

① 蒋庆:《儒学在当今中国有什么用?》,2010年3月20日,https://www.rujiazg.com/article/843。

② 《〈中国必须再儒化——"大陆新儒家"新主张〉出版(蒋庆 陈明 康晓光 余东海 秋风著)》,2016年6月18日,https://www.rujiazg.com/article/8420。此文为《中国必须再儒化——"大陆新儒家"新主张》一书的简介。

③ 张允熠:《评〈中国大陆复兴儒学的现实意义及其面临的问题〉》,《高校理论战线》,1997年第4期。

的"①。《原道》杂志及原道网的创始人陈明也认为,"现在社会空间扩展活力恢复,儒家的许多意义价值被重新发现,呼吁复兴,实际是要求恢复某种常态",认为文化认同问题在全球化和经济一体化的时代变得突出,"复兴儒教应对文明冲突的主张也就应运而生。"②除了复兴儒学的学术形态的学术话语外,舆论形态的复兴儒学话语也十分活跃。2003年由传统媒体延伸到网络领域的"读经之争"及此后的"国学之辩"都突出体现为有关"复兴儒学"的探讨与争鸣,"复兴儒学"的话语也随之活跃于网络领域。

儒化社会话语。当代中国文化保守主义思潮话语不仅体现在"复兴儒学"的道统层面,还体现在向"重建儒教"的"政统"方向的纵深发展。文化保守主义思潮中居于主要位置且产生较大影响的是以"崇儒尊孔"为主要诉求和归旨的新儒家们,大陆新儒家从复兴儒学的初衷转向复兴儒教的政治诉求,立意实践,意图介入政治转化现实社会。"重建儒教"是当代中国文化保守主义思潮主要代表大陆新儒家的共同思想主张和核心思想观点。他们认为"无儒家,不中国。儒家中国,紧密相连。这既是历史,也是未来方向"③。当代中国文化保守主义思潮的代表人物蒋庆认为中国文化仍然处在"以夷制夏"的过程中,中国要想克服这种"亡教(亡文化)"的危机,出路就只有复兴儒学这一条,把儒教重新确定为国教,建立一个儒教社会。④康晓光则提出一套更为细化的"儒化"中国的路线:即在上层儒化共产党,在基层儒化社会的"双管齐下"路线。⑤新儒家的上层路线受到了诸多的批判,而其基层路

---

① 康晓光:《中国软力量建设与儒家文化复兴的关系》,2007年1月31日,http://m.wyzxwk.com/content.php?classid=22&id=12746。

② 《陈明:儒学关系文化认同》,2012年11月6日,http://www.cccrx.org/ddrx/html/?1773.html。

③ 《〈中国必须再儒化——"大陆新儒家"新主张〉出版(蒋庆 陈明 康晓光 余东海 秋风著)》,2016年6月18日,https://www.rujiazg.com/article/8420。此文为《中国必须再儒化——"大陆新儒家"新主张》一书的简介。

④ 蒋庆:《中国文化的危机及其解决之道》,《西南政法大学学报》,2005年第1期。

⑤ 方克立:《关于当前大陆新儒学问题的三封信》,《学术探索》,2006年第2期。

线则得到了民间和资本的支持。文化保守主义倡导的"让儒学成为人们的日常生活""给老百姓提供一个判断是非善恶的价值平台"①等思想主张的颇具影响力。在网络领域,儒化社会话语在中国儒教论坛等平台得到越来越多的关注和讨论,并通过网络助推现实领域的读经热、儒学热、国学热、传统文化热及"祭孔""推广汉服"等活动。

在话语方式和话语风格方面,从20世纪90年代勃兴到21世纪前十年,文化保守主义话语延续了近代以来在西方文化强势影响下的对民族文化传统的怀念和呼唤、对传统价值的辩护和坚守的"保守"风格。近十年来,特别是以儒学学者为主的坚守传统文化的学者、民间和官方在弘扬传统文化方面形成一些共识以来,文化保守主义话语日趋呈现积极能动的建构风格。②在整体网络语境和网络话语趋向解构与戏谑的情况下,网络领域的文化保守主义话语很少受到网络话语的解构和影响,而是以积极能动的思想理论和价值观念来引导思想文化、影响社会生活。因而,积极能动的建构风格是文化保守主义思潮在网络领域突出的话语方式和话语风格。

2.网络领域新左派思潮的话语表征

新左派思潮虽然是一个复杂多元的组合体,但是理论主张和价值诉求明确,因此有着自身鲜明的话语体系。新左派思潮在网络传播的过程中关注草根热点话题,日益呈现出学术形态和舆论形态相结合的趋势,网络领域的新左派思潮没有突出地区别于其在现实领域的话语表征。

在话语主体与话语权上,与在现实领域一样,网络领域的新左派思潮仍然主要是左翼知识分子的学术话语,但是思想主张日益以大众话语的方式呈现。因为新左派在网络领域往往以底层代言人的身份出现,得到了底层民众的支持和声援,一些倾向左派观点的普通网民加入新左派思潮的话语

---

① 颜炳罡:《在田间地头撒下儒学的种子》,《光明日报》,2018年9月29日。

② 储昭华:《从"保守"到"引领"文化保守主义的新内涵新动向》,《人民论坛》,2020年第22期。

主体之中,新左派思潮也因此以弱势群体话语权的表象呈现,但是掌握新左派思潮话语权的仍然是左翼知识分子。

在话语指向上,新左派关注的是中国改革开放的发展方向和发展道路方面的重大问题,是理论界反对资本主义在中国扩张的旗帜,其在网络领域与其在现实领域一样,话语指向对私有化、对资本主义的拒斥,甚至在一定程度上指向对传统社会主义模式的回归。

在话语内容上,网络领域的新左派思潮主要是新左派的学术话语主张和其通俗化的学术话语主张,主要有抵制私有化、市场化话语,呼吁社会公平公正话语等。

抵制私有化和市场化是新左派的核心话语。新左派认为改革开放的不断深入和市场经济的发展使中国的社会性质发生了质变,中国已经逐渐步入了资本主义市场经济的轨道。当前左派倾向网络平台上的一些评论文章也往往以中国已经进入资本主义社会为大前提,声称"在今天中国,资产阶级革命业已完成"①,"我们已进入垄断资本主义阶段""被私有化政策极力扶持的资本家羽翼丰满""美帝资本主义私有制200年以上才走到资本主义最高阶段——垄断资本主义,而后毛泽东时代的中国,仅用40多年就完成了原始积累,进入到垄断资本主义最高阶段的壮举"。②在对中国当前社会性质进行判断的同时,新左派强烈要求以社会主义取代资本主义,他们认为贪污腐败、国有资产流失等问题,贫富差距扩大、分配不公情况出现的根本原因就在于改革开放以来在社会主义市场经济体制下过度的市场化,认为要坚持社会主义,就必须要反对市场化和私有化。有激进新左派甚至提出了否

---

① 老田:《"激进左派"渐成中国学术界"公害"?》,2018年2月28日,http://www.szhgh.com/Article/opinion/xuezhe/2018-02-28/162512.html。

② 篝火:《我们已进入垄断资本主义阶段》,2020年12月20日,http://www.szhgh.com/Article/opinion/zatan/202012/256050.html。

定改革开放、希望回到改革开放前的极左言论，认为要想在中国真正实现共同富裕，"就应该沿着毛主席的社会主义探索之路走下去"①。

呼吁社会公平公正话语。呼吁社会公平公正是新左派思潮的一个重要议题，实现社会公正公平也是新左派知识分子强烈坚持的首要价值诉求。新左派呼吁社会公平的话语与其批判私有制的话语是一脉相承的，如左派倾向的网络平台有时评文章认为"私有化确是万恶之源，转型接轨30多年，随着包产到户和大卖国企私有化程度不断增高，社会不公也越来越明显，阶级矛盾与社会不安定因素也越来越突出"②。新左派思潮反对两极分化，强调弱势群体利益，更多地站在弱势群体一边，强调实现广大民众对改革成果的平等共享，谴责社会不公，呼吁"回归社会主义的共富、公平与正义"③。网络领域新左派呼吁社会公平公正话语与弱势群体的抱怨和渴望呈现出很大程度上的契合性，因而引起了部分底层民众的共鸣，受到了热切的关注与呼应，比较容易形成影响政府决策的舆论场。

在话语风格与话语方式上，中国新左派思潮是左翼知识分子相对理论化、系统化的学术成果和政治主张，因此新左派思潮主要以学术话语呈现。网络领域的新左派沿袭着其在现实领域的学术话语，但新左派相关网络文章多是言辞激烈、容易煽动和制造舆论的忧患式、反思性、批判性的话语论说。中国新左派十分关注中国社会主义的前途命运，关注现代化建设进程中出现的"偏离社会主义方向"的倾向，又关注发展过程中底层民众的生存与发展权益，其在网络领域的学术观点、时评文章主要体现并表达出对社会

---

① 正宗草民：《沿着毛主席的社会主义探索之路走下去》，2014年10月23日，http://www.wyzxwk.com/Article/lishi/2014/10/330895.html。

② 贺普霄：《老祖宗不能丢——社会公平的柱石是公有制》，2014年1月6日，http://www.wyzxwk.com/Article/zatan/2014/01/312432.html，2022年2月13日。

③ 为了祖国强盛：《何新：回归社会主义共富、公平与正义》，2020年12月1日，http://www.wyzxwk.com/Article/zatan/2020/12/427293.html。

发展前景、国家前途命运、人民群众利益的担忧和焦虑,因此"忧患式论说"是其一大话语风格。①同时,新左派思潮的忧患式叙事的根源在于其认为国家和政府会被市场力量所侵蚀,市场化取向的改革会进一步消解社会主义公有制基础,因此忧患式论说中交织着反思性和批判性叙事方式。

三、网络领域大众化社会思潮的话语表征

网络领域的大众化类社会思潮虽然都有独具自身特质的话语指向和话语内容,但相互之间存在诸多的共性:其一是话语主体的多元化和大众化,不同社会思潮的话语主体有较大重合面;其二是与网络文化和网络话语融合度高,大众化社会思潮善用网络话语同时也创造新的网络语言,话语方式和话语风格高度贴近网络话语特质;其三是大众化类社会思潮相互之间有着较多的互动和融合,因而大众化社会思潮之间的话语交集和话语融合也比较明显。

(一)网络民粹主义思潮的话语表征

作为民粹主义思潮的衍生形态和在当前的主要表现形态,网络民粹主义经过二十多年的发展已经形成了一套成熟的模式化的话语体系,在这一话语体系中,网络民粹主义沿袭传统意义上的民粹主义的话语指向和话语内容,但话语主体更加多元,话语表达及话语风格更加诉诸感性化。

在话语主体与话语权上,民粹主义是以代表平民和"人民"的"多数人"的话语权对抗精英话语权的形式呈现的。在现实领域,民粹主义的话语主体主要是民中之"粹"的民粹主义者及部分积极响应的普通民众。在"人人

---

① 王炳权:《新左派的表现、趋势及应对》,《人民论坛》,2019年第2期。

都有麦克风"的网络领域,网络民粹主义以大众话语权的形式呈现。网络本身是一个自带民粹特征的"民情浩荡的广场",网络民粹主义的话语主体包括具有草根主义倾向的社会精英、为了塑造自身形象的网络"意见领袖"、为了牟利的商业公众号大咖和数量庞大的普通网民。[①]参与网络民粹主义表达的普通网民构成复杂,既有相当数量的草根民粹,更多的是在"弱者心态"弥漫下、"平等话语"诉求中建构出来的主体,[②]他们基于自己对精英阶层的对抗情绪或者对自身现状的不满情绪,加入民粹主义话语表达的浪潮中来,助推民粹主义思潮的扩散。参与网络民粹主义表达的普通网民是一个松散的群体,这一群体的网民构成基于不同的网络民粹主义事件而不同。同时,在网络民粹主义"意见领袖"及其动员的网民之外,还隐蔽地存在着资本话语的参与。在信息泛滥的网络空间,微博、微信等自媒体行业追求点击量、转发量、点赞量和评论数,一些自由撰稿人、时评家、"营销号"等也都极力圈粉,通过追求舆论效益攫取个人名利。他们会出于自身利益加入民粹主义的喧嚣中来,通过以人民代表自居、煽动激进民意获得大批网民支持。因此,网络民粹主义话语权是有着资本话语渗透的以民粹精英为主导的大众话语权。

在话语指向上,网络民粹主义话语集中指向作为"人民"对立面的精英及其背后的社会体制。网络民粹主义的话语逻辑是"设定一个强弱二元对立的话语模式,进而把人物、事件等引向这种话语模式"[③]。网络民粹主义秉承人民与精英是两大整体对抗阵营的基本理念,其中"人民"是弱势一方,官员、富人等精英是强势的一方,精英把持着政治、经济和文化的控制权,是"人民"抗争和颠覆的对象。网络民粹主义强调自身的平民、"人民"立场,代

---

① 贺东航:《警惕疫情大考中网络民粹主义反向冲击》,《人民论坛》,2020年第8期。

② 刘小龙:《论当前中国的网络民粹主义动员及其治理》,《社会主义研究》,2017年第4期。

③ 袁婷婷:《意识形态安全阈下的网络民粹主义析论》,《理论导刊》,2016年第7期。

表和领导"人民"对抗作为对立面的精英、权威和不公正的社会体制。网络民粹主义的话语指向也是网络民粹主义的万能钥匙,每当有公共事件发生,网络民粹主义都通过这一指向把公共事件纳入民粹主义的话语框架。

在话语内容上,网络民粹主义思潮紧紧围绕对精英、权威和体制的不满,对公共权力的不信任和对政府公信力缺失的不满,表达对精英、对社会体制的对抗和对弱者的美化。

对抗精英是所有民粹主义的核心话语,"仇富""仇官""反智"是网络民粹主义的标识性话语。在网络民粹主义的语境中,官员、专家、富豪、警察等精英是腐化、堕落、特权的代名词,在诱发网络民粹主义表达的公共事件中,"权二代""富二代""官二代"、豪车等字眼都是指引网络公共事件走向的关键词,被贴上这样的标签后,网络公共事件中的当事人就成了嚣张跋扈、欺压百姓的"人民公敌"。在网络民粹主义的舆论炒作中,官员"无官不腐",富人"为富不仁"、学者被权钱收买。从2003年的"黑龙江宝马撞人案"到2009年的"杭州飙车案"、湖南"罗彩霞事件"、湖北"邓玉娇事件",再到2012年的"微笑局长杨达才事件"都可以看出,事件的是非曲直并不重要,精英的身份标签直接决定了叙事话语。在这些发生于网络民粹主义思潮不同发展阶段的代表性网络民粹主义事件中,网络舆论在当时都几乎清一色地站在富人和官员的对立面,对精英群体进行舆论的狂轰乱炸。在网络空间,对抗精英的话语还往往以网络热词、网络评论、网络段子的形式弥散在网络空间。

同情、美化弱者话语是网络民粹主义二元对立话语的另一面。在网络民粹主义的话语框架中,平民是高尚的、纯洁的、勤劳的,他们是在社会压迫下无辜陷入悲惨境地的弱势群体,是被精英们欺压、剥削的对象。对抗体制话语是与对抗精英话语互为支撑的又一标识性话语。除了对抗精英阶层,网络民粹主义还刻意保持与主流舆论不同甚至对立的姿态,批判现行体制,质疑政府公信力和社会公平。在引发民粹主义情绪和舆论的网络热点事件中,除了直接表达质疑司法不公、社会不公等的批判话语,网络民粹主义还通过对抗精英话语间接表达对抗体制的话语。每起掀起民粹主义舆论的网络热点事件中,舆论渲染的对立面是具体的,但是网络民粹主义通过这些涉及少数违法官员、警察、专家、富人的具体负面形象来代表所有官员、警察、专家、富人形象,通过这种抽象的形象塑造的方法把具体个案转化为普遍现象,进而将矛头指向现行的制度和社会体制。即使是不涉及人民与精英二元对立的底层叙事型的网络热点事件,也会出现事件演绎过程中话语指向抨击政府、司法等公权力部门的现象。

如2008年"杨佳袭警案"后,有网友声称杨佳曾经被民警殴打致使其失去生育能力,网络舆论随即出现一边倒的现象,杨佳甚至被一部分网民视为英雄,封其"够胆的真男人真汉子"。①2009年湖北的"邓玉娇事件"发生后,网络空间中出现讨伐式的全民辩护,甚至打出"营救邓玉娇"的口号。网络上《烈女邓玉娇传》《侠女邓玉娇传》等赞美文章热传,各大网站偏向报道出淤泥而不染的守贞弱女子形象,贴吧、论坛的"意见领袖"们也积极撰写诸如《玉娇曲》《浪淘沙·咏娇》等赞美烈女英雄之举的文章。邓玉娇被媒体和网民视作英雄、反腐斗士、女中龙凤、"当代的穆桂英"、女之典范等,甚至有人用史记的形式撰文《史记·烈女传之邓玉娇列传》。在诱发民粹主义舆论的网络热点事件中,有些事件涉及的底层人物明显处于有过错的一方,网络民粹主义则采取屏蔽、曲解对他们不利的相关事实,有意选择歌颂平民朴实本性和美好道德细节的话语叙事,凸显其苦难遭遇,塑造悲情英雄形象。如2011年的"夏俊峰案",尽管夏俊峰是刺杀城管的行凶者,但是网络舆论聚焦在夏俊峰的弱者身份上,突出其是一个违章摆摊努力养活孩子的父亲,甚至有舆论把夏俊峰美化为"不畏权势,敢于抗争的英雄"。2019年"张扣扣案"

---

① 《曾经轰动一时的杨佳袭警案!》,2013年3月10日,http://bbs.tianya.cn/post-5010-38318-1.shtml。

发生后,张扣扣被描述为一个为母报仇的孝子,将其美化成忠孝两全的英雄,甚至大写赞歌,"参军报国,这是忠;不忘母仇,这是孝;面对王家妇孺,张某并未滥杀,只杀弑母的三个仇人,不动无辜者丝毫,这是仁;手刃三仇人之后,先到母亲坟前拜祭告慰,这是礼;杀人后并未潜逃,而是吃上一碗最爱的家乡小吃后从容自首,这是信;不婚不子,不拖累别人,这是义;隐忍二十二年,择机而动,这是智"①。有网友呼吁"如果张扣扣被执行了,建议网友捐款为其建个庙",等等。

在话语方式和话语风格上,网络民粹主义是一个"擅长煽情而不是说理"的社会思潮,②网络民粹主义通过悲情渲染、话语强占、戏谑"恶搞"、控诉与舆论审判等非理性、简单化的话语方式表达诉求与思想主张,③呈现突出的情绪宣泄和大众狂欢特征。

网络民粹主义通过"扣帽子""抹黑精英""悲情渲染"等叙事话语来发泄不满、怨恨、愤怒情绪,显示自身的情感力量和道义力量。在社会公共热点事件中,网络民粹主义一方面表现为打着"为民代言"的旗号,站在道德制高点上以不容置疑、不容商榷的姿态给对手扣上"贪官""权钱交易""权二代嚣张跋扈"等帽子,肆意攻击和嘲讽,夸大问题的严重程度,妖魔化舆论风波中的所谓精英群体;另一方面又以小人物叙事彰显悲壮色彩,渲染悲情气氛,以裹挟着愤怒与悲苦的话语叙事方式激发人们的同情与支持、吸引底层及改革过程中利益受损、诉求受挫、缺乏安全感的中下层民众,从而壮大队伍和社会声势。

网络民粹主义通过戏谑与"恶搞"的话语方式解构权威、对抗精英、嘲讽

---

① 《为杀人犯张扣扣大写赞歌,将其美化成忠孝两全的英雄,其心当诛》,
2019年7月17日,https://www.sohu.com/a/327502322_100023190?scm=1002.0.f3.0-0。

② 刘小龙:《当前中国网络民粹主义思潮的演进态势及其治理》,《探索》,2017年第4期。

③ 郭小安、王木君:《网络民粹事件中的情感动员策略及效果——基于2002—2015年191个网络事件的内容分析》,《新闻界》,2016年第7期。

精英、对抗体制。除了直接戏谑、"恶搞"精英与社会体制的民粹主义话语，许多网络群体性事件也衍生出戏谑、"恶搞"精英与社会体制的网络流行语与网络段子，网络流行语与网络段子的出现都加速了舆情的传播速度，其中一些网络流行语和网络段子还沉淀下来，成为一种影响公众道德判读和社会认知的集体记忆。[①]

与直接情感宣泄的话语表达方式相比，戏谑和"恶搞"在间接意义上构成了情感宣泄和情感动员。戏谑与"恶搞"话语，幽默、反讽的叙事方式既能吸引受众，扩大覆盖面，加速传播速度，又可起到"去敏感化"的效果，并最终促成情感动员的目的。[②]

(二)网络泛娱乐主义思潮的话语表征

网络泛娱乐主义思潮出现的时间较晚，与改革开放后重新泛起的本土社会思潮和由西方国家传入的社会思潮相比，是一套全新的话语体系。

在话语主体与话语权上，网络泛娱乐主义思潮的话语权是以大众话语权为假象的多方利益主体"合谋"的话语权。网络泛娱乐主义本身是网络传媒背景下资本与娱乐结合催生的社会思潮。从表面上看，网络泛娱乐主义思潮的话语主体是数量庞大的网民，他们既是娱乐的消费者，也参与娱乐素材的生产和制造，但是从本质上看，网络泛娱乐化是支撑网络泛娱乐主义思潮的主要载体，而网络泛娱乐化运转的深层力量是平台资本霸权，以及平台资本逐利的人格化载体——草根"网红"、娱乐从业者及受雇于平台资本的

[①] 郭小安、朱梦莹:《网络民粹主义的话语特征及动员逻辑》,《天津行政学院学报》,2015年第2期。

[②] 郭小安、王木君:《网络民粹事件中的情感动员策略及效果——基于2002—2015年191个网络事件的内容分析》,《新闻界》,2016年第7期。

"网络水军"。①泛娱乐化现象本身是资本操纵下的产物,泛娱乐主义思潮与泛娱乐化现象之间的关系类似于理论与现实之间的关系,泛娱乐主义产生于泛娱乐化现象,又推动了泛娱乐化现象的蔓延和发展。因此,网络泛娱乐主义思潮的话语主体包括大众话语主体和资本裹挟的话语主体。同时,网络泛娱乐主义思潮具有融合其他社会思潮传播的特质,其他社会思潮的话语主体在特定的情况下也是泛娱乐主义思潮话语的掌控者。有些社会思潮、网络舆论的话语主体为了扩大受众、调动受众情绪,以娱乐话语为伪装宣传思想主张,他们的出现往往是主动的、经过议程设置的,与网络大众无目的地加入娱乐话语有着根本的差异。因此,网络泛娱乐主义思潮的话语主体包括普通网民、资本话语主体和与泛娱乐主义思潮融合的其他社会思潮、社会舆论的话语主体,而真正掌握话语权、掌控话语走向的是资本话语主体及其他社会思潮的话语主体。

在话语指向上,"网络泛娱乐主义是一种价值取向虚无、话语边界弥散的社会思潮"②。网络泛娱乐主义思潮有着三重话语指向:休闲娱乐、价值解构和生活态度。第一重话语指向,即从表层看,网络泛娱乐主义的主要现象——泛娱乐化,指向人们的休闲娱乐活动。第二重话语指向,即从深一点的层面看,网络泛娱乐化不仅表现为过度娱乐和娱乐超出了既定领域向不同领域扩张,而且戏谑和娱乐具有价值象征意义的人、事、物。泛娱乐主义思潮的娱乐指向通过"恶搞"和"调侃"解构意义和价值,指向颠覆人们对于周围世界的原有经验和解释。"泛娱乐化"以"泛"来表达娱乐侵蚀的边界问题,这一边界能够维护主流价值的严肃性,确保承载主流价值的象征物发挥

---

① 张恂、吕立志:《祛魅与消解:网络泛娱乐主义的资本逻辑批判》,《思想教育研究》,2020年第6期。

② 张恂、吕立志:《祛魅与消解:网络泛娱乐主义的资本逻辑批判》,《思想教育研究》,2020年第6期。

社会引导功能。因此,在泛娱乐化现象中,泛娱乐化构成一种通过戏谑手段对承载主流价值的象征物的"价值侵犯"行为,这些行为背后掩映着的是一场娱乐盛行年代的价值虚无危机,具体表现为崇高精神的现代性虚无。[①]第三重话语指向,即从根本上泛娱乐主义话语指向一切都可以娱乐,什么都可以拿来娱乐的生活态度与价值观,即追求娱乐可以是人生的重要目的,娱乐性可以作为衡量文化价值的重要甚至是首要判断标准。

在话语内容与话语风格上,网络泛娱乐主义是一种话语内容深嵌入话语表达方式中的一种社会思潮,在网络泛娱乐主义话语中,"恶搞"解构话语、嬉戏狂欢话语和调侃取乐话语既构成了网络泛娱乐主义的话语内容,又是其话语表达方式与话语风格。网络泛娱乐主义的"恶搞"解构话语中,解构权威、颠覆传统、解构价值的话语内容是通过对具体人、事、物的颠覆、"恶搞"和娱乐呈现出来的,嬉戏狂欢话语和调侃取乐话语中的狂欢与取乐话语内容是通过嬉戏和调侃的话语方式呈现出来的,嬉戏与狂欢、调侃与取乐本身又是密切结合在一起的。

"恶搞"解构话语。网络泛娱乐主义的"恶搞"解构话语是出于"娱乐"的需要。在滋生和传播泛娱乐主义思潮的泛娱乐化现象中,娱乐效果往往是通过解构颠覆和瓦解文本、仪式、形象原本的意义并在此基础上进行再创作而产生的。其中,"恶搞"是泛娱乐主义解构娱乐对象的最典型的表现手法。"恶搞"以戏弄性戏仿或游戏性戏仿为核心,运用夸张、拼贴、变形等手法对文本进行再创作,融合特写、变音、拼接、反串、自黑等手段,对经典的、精英的、传统的或者权威的事物进行颠覆性的重构,以达到搞笑的目的。网络"恶搞"的指向对象不仅有文艺作品,而且还指向严肃事物,指向具有正面形象或价值属性的人、物、事,并通过"恶搞"制造的娱乐效果和娱乐事件解构

---

① 郝娜、黄明理:《"泛娱乐化"现象:现代性语境下崇高精神的虚无困境》,《思想教育研究》,2020年第1期。

严肃事物和正面形象承载的主流价值。

嬉戏狂欢话语。网络泛娱乐主义思潮的嬉戏狂欢话语与网络语境、网络话语本身的狂欢特征是相得益彰的。一方面,网络泛娱乐主义的嬉戏狂欢话语源自网络语境和网络话语本身的狂欢特征,反过来网络泛娱乐主义的嬉戏狂欢话语也推动和加剧网络话语的狂欢。滋生与传播网络泛娱乐主义思潮的网络泛娱乐化现象高度契合巴赫金描述的狂欢节的狂欢特征:狂欢式的笑是"包罗万象的,它针对一切事物和人(包括狂欢节的参加者),整个世界看起来都是可笑的,都可以从笑的角度,从它可笑的相对性来感受和理解"①,狂欢节的广场上,"暂时取消了人们之间的一切等级差别和隔阂","新型的交往常常产生新的言语生活形式","产生了不拘形迹的广场言语","不拘形迹的广场言语仿佛成了一个储藏所,它集中了遭到禁止和从官方言语交往中被排斥出来的各种言语现象。尽管它们的起源各异,但它们同样都渗透着狂欢节式的世界感受,改变了自己古老的言语功能,掌握了共同的诙谐音调,在统一的狂欢节这场更新世界的熊熊烈火之中,它们仿佛是飞溅的火花"。②泛娱乐化话语本身意味着某种程度上的通俗性和低级性。嬉笑怒骂,只追求语言的自由、表达意义的自由,不考虑语言的审美性与教育性。网络泛娱乐主义的嬉戏狂欢话语如狂欢节的笑谑一样无处不在。

调侃取乐话语。调侃取乐话语也是网络泛娱乐主义的主要话语内容和话语方式。调侃从词意上解释为用言语戏弄、嘲弄、嘲笑,多指无伤大雅地开玩笑。"取乐"意指寻开心寻求快乐。在泛娱乐主义语境中,调侃"取乐"的手段和对象是没有边界的,"取乐"的目的是为了取乐而取乐,可以拿历史名

---

① 钱中文主编:《巴赫金全集》(第六卷),李兆林、夏忠宪等译,河北教育出版社,2009年,第14页。

② 钱中文主编:《巴赫金全集》(第六卷),李兆林、夏忠宪等译,河北教育出版社,2009年,第19~21页。

人、英雄烈士取乐,也可以拿普通人取乐,取乐的价值高于一切,"不够娱乐""不能取乐",就失去了传播甚至存在的价值。调侃式取乐话语往往伪装成一种漫不经心审视社会事件或社会问题的看客立场,在大多时候表现为网络空间中无意识、无思索、无立场的调侃话语。

网络泛娱乐主义思潮的话语内容和话语方式没有理论"门槛",因而有着其他任何社会思潮都不具备的最广泛的参与主体与受众,又因为其广泛的受众,容易吸引资本参与炒作,这些又会进一步放大娱乐效应,从而使蕴含着娱乐一切、娱乐至上价值观念和生活态度的泛娱乐主义思潮随着弥漫于网络领域的娱乐话语蔓延。

(三)网络消费主义思潮的话语表征

网络消费主义思潮一方面承袭了消费主义追求过度物质消费、炫耀性消费、奢侈性消费并以此作为生活目的和人生价值标准的突出特质,同时把对物的消费推广到对一切的消费,包括网络媒体自身的可消费化。网络消费主义话语既有消费主义的一般特征,又有自身独特的一面。

在话语主体与话语权上,消费主义从根本上讲是一种资本掌控话语权的社会思潮,网络消费主义承袭了消费主义的资本逻辑本质。从消费主义思潮在近代西方社会的产生来看,在西方消费社会,资本既是消费品的生产者,也是消费理念的发明者,主宰着消费社会的话语权。因此,消费主义从属于资本逻辑,是受资本主宰、由市场竞争催生出来的价值观,是一种资本逻辑基础上的意识形态。消费主义思潮传到中国之后,虽然处于不同的社会形态,但是没有改变其消费方式和消费需求从属于资本追求利润需要的本质属性,消费主义的滋长和蔓延,仍然是资本逐利本性的内在要求。资本的利润内嵌于产品中,因此产品必须进入市场变为商品,并成功实现交换变为消费品才能实现资本的增殖。资本增殖的本质欲求被包装成消费主义的生活方式和价值观念,从而掩盖了消费主义的异化特征。①消费主义进驻网络空间后,一部分消费者成为消费主义的践行者和推广者,参与到网络消费主义话语的生产和传播之中,但是大众的消费话语所表达的消费观念和行为只是资本"用一种话语权力系统引导和控制"之后的人们的"自觉认同"。②因此,网络消费主义思潮的话语权仍然是资本话语主体的话语权。

在话语指向方面,作为消费文化的一种,网络消费主义话语围绕着人们消费理念、消费态度和消费方式的选择展开,指向人们的消费价值取向和生活方式,甚至人们对幸福的理解和追求。在这一话语指向中,网络消费主义的消费价值取向和生活方式取向是以自我为中心追求个人欲望的无限满足的价值取向和生活方式。

在话语内容上,网络消费主义的话语内容突出地表现为符号价值话语和感官享乐话语,其中符号价值话语与传统意义上的消费主义话语一样,主要表现为身份地位话语和生活品质话语。

在消费主义的话语中,消费是地位和身份的建构手段,是财富的象征、身份的标志甚至是幸福生活的体现。人们可以通过购买和占有商品将它的符号价值转移到自己身上,人们的身份和社会等级也可以根据其在整个商品序列中的地位来确定。人们可以透过消费的商品或服务向他人传递自己的身份、个性、品位、情趣等信息,展现某种社会关系,体现特定的社会地位。因此,选择了某一种商品或服务就是选择了一种特殊的社会阶层。消费什么、怎么消费意味着一个人是什么样的人或者将成为什么样的人,人们可以通过消费成为他想成为的那种人,可以通过消费彰显自己的与众不同或者显示自己属于某个群体。

---

① 刘军:《超越消费主义,树立科学消费观》,《人民论坛》,2019年第29期。
② 陈昕:《救赎与消费——当代中国日常生活中的消费主义》,江苏人民出版社,2003年,第11页。

在消费主义的话语中,消费什么内容、用什么样的方式来消费,也决定了生活的品质。消费文化常常以"流行时尚""国际潮流"等面目出现,赋予商品更多的表现功能和符号意义,并把商品打造成自我表达和社会认同的主要载体、较高生活质量的标志和幸福生活的象征。有"品位"的商品,有"格调"的生活,时尚、现代性及所谓生活质量等观念都是消费主义符号象征意义所创造的话语。

感官娱乐话语是网络消费主义的另一大话语内容。网络消费主义的感官娱乐话语不仅指向物质消费品和精神消费品,而且指向了网络本身的可消费性,这既是网络话语本身自带的娱乐特质所决定,也是泛娱乐化的网络文化注重感官刺激的影响的结果,更是各种网络平台通过感官娱乐话语吸引受众的逐利手段。网络消费主义的感官娱乐话语突出地体现在网络文化消费中。文化消费主义的出现早于网络媒介,在现实领域及其他的传媒消费主义中都有存在,但是在网络领域,文化消费主义则呈现普遍化和全面化的发展势头。在网络文化消费主义话语中,娱乐、感性、欲望化是网络大众文化的关键词。网络消费主义的娱乐话语不仅包括了网络泛娱乐主义思潮的"恶搞"颠覆话语、嬉戏狂欢话语和娱乐消遣话语,而且包含了泛娱乐化现象中的炒作、审丑及庸俗话语。其中,网络"恶搞"更是以所谓"文化时尚"的名义,被网络消费主义的生产者和倡导者塑造为新型的娱乐与文化享受方式。

在话语方式和话语风格上,网络消费主义突出表现为激发欲望的诱导式话语方式与话语风格。网络消费主义主要采用隐蔽的诱导性话语,或把消费主义的生活方式演绎为"美好生活"的概念,吸引受众对消费主义价值观产生向往和盲从,或打着"拉动经济""消费爱国"等旗号,模糊正常消费和消费主义的界限,或冠以现代化、社会进步、尊重个性之名模糊正常需要和欲求之间的界限,鼓动人们不断追求被刺激出来和被制造出来的欲望,鼓励人们尽量去"欲求"他们实际"需要"之外的东西。①在文化消费和传媒消费方面,消费主义对文化产品的表达还会糅入低级趣味的审丑、猎奇、色情、暴力等因素来吸引人们对文化产品和传播平台的关注,诱导人们的感官消费欲望。

(四)网络犬儒主义思潮的话语表征

网络犬儒主义思潮承袭了现代犬儒主义的话语体系,但是话语主体更加广泛,话语内容的呈现方式和话语的表达风格更具网络话语的戏谑意味。

在话语主体和话语权上,网络犬儒主义的话语主体十分广泛,话语权是犬儒主义知识分子主导的、网络平台参与下的大众话语权。现代犬儒主义思潮在中国的早期传播主要通过渗透着犬儒化人生态度和价值观的大众文化传播,如王朔的痞子文学、香港的无厘头电影,话语主体主要是知识分子。网络犬儒主义的话语主体除了生产和输出犬儒文化的知识分子,还有人数众多的或有着犬儒心态或跟风起哄、或释放压力与情绪的普通网民。同时,在网络领域,大量的犬儒主义话语主体其实是资本话语主导的网络大众文化通过其视觉表征机制培育影响和塑造的,②网络犬儒主义思潮不断滋生和蔓延背后有着资本话语的"加持"。因此,网络犬儒主义思潮的话语权不仅是个别犬儒主义知识分子的话语权,而且是个别犬儒主义知识分子、普通网民和网络资本平台话语权的"合谋"。

在话语指向上,现代犬儒主义话语有着具体指向和根本指向两种既有区别又相承接的话语指向。具体的现代犬儒主义话语指向包括"人""制度""组织"在内的特定对象。现代犬儒主义不相信人的利他之心,断言人的一

---

① 刘晓君:《全球化过程中的消费主义评说》,《青年研究》,1998第6期。
② 徐贲:《大众民族主义、新民粹政治和后现代犬儒主义》,《"国家、地方、民众的互动与社会变迁"国际学术研讨会暨第九届中国社会史年会论文集》,2002年8月1日。

切善行和利他行为后面必定有利己功利或者不可告人的动机,当把不信任的"人"对应到运作制度和组织的公共人物身上时,便形成了对"制度"和"组织"的怀疑和否定。对"人""组织"与"制度"的否定和质疑又与对"价值"的否定如影相随,因为现代犬儒主义认为"人类的任何良心价值原则都不过是自欺欺人或是欺骗他人的高尚谎言","任何价值都只是利益的托词"。①对"价值"的否定和怀疑表达了现代犬儒主义对社会、对生活的认知、理解、态度和看法,代表了现代犬儒主义根本的话语指向。在网络大众文化领域,衍生于现代犬儒主义的网络犬儒主义更多地体现为一种生活策略、情感状态和社会心理。在一定的话语情境下,网络犬儒主义话语同样指向具体的对象,在不同情境下,有不同的特定指向,如指向个体(包括自己)、组织、制度、工作规范等,但从根本上,网络犬儒主义话语指向对社会、对生活的认知、理解、态度与看法,网络犬儒主义的具体话语指向是其对生活的认知、理解、态度与看法的根本话语指向在具体领域具体事物上的反映。

在话语内容上,网络犬儒主义与现代犬儒主义的话语内容一致。与古典犬儒主义富有改造社会的理想与使命感不同,现代犬儒主义缺乏积极进取精神,现代犬儒主义把对现有秩序的不满转化为"不拒绝的理解,不反抗的清醒和不认同的接受"②。虽然网络犬儒主义的话语主体有所变化,但是网络犬儒主义话语承袭了现代犬儒主义的虚无、怀疑与玩世不恭,话语内容突出表现为虚无话语、怀疑话语和玩世不恭的"混世"话语。

虚无话语。英国哲学家提摩太·贝维斯声称,"现代犬儒主义是一种幻灭的处境","带着唯美主义和虚无主义的气质"。③现代犬儒主义亦秉承道

---

① 徐贲:《当代犬儒主义的良心与希望》,《读书》,2014年第7期。
② 徐贲:《知识分子:我的思想和我们的行为》,华东师范大学出版社,2005年,第221页。
③ [英]提摩太·贝维斯:《犬儒主义与后现代性》,胡继华译,上海世纪出版集团,2008年,第8页。

德虚无,蔑视现有的道德规范,讥讽道德标准,认为社会道德规范的统一要求是不可能也是不应该的,戏言"小孩分对错,大人看利弊"。现代犬儒主义亦秉承价值虚无,不信任崇高、道德、信仰等精神层面的追求,对善良、美好的东西不怀希望,用功利主义观念理解一切,认为人的一切善行和利他行为背后其实是利己的动机。以"没意义""没多大意思""真理值多少钱"等来否定和打击对价值和意义的追求。网络大众文化中的犬儒主义话语把凝聚社会民众力量的精神纽带视为束缚和禁锢,对社会的主流价值持漠视乃至贬抑的态度,贬损终极价值、逃遁规范价值。网络大众文化中的很多网络流行语都体现出鼓吹利己主义、鼓吹麻木不仁,否定信仰、理想和追求,嘲讽人们对美好的确信和追求的虚无意味。

质疑和怀疑话语。质疑和怀疑话语是现在犬儒主义的基本话语内容,这一话语内容在网络背景下尤其突出。现代犬儒主义是一种"以不相信来获得合理性"的社会文化形态,现代犬儒主义以怀疑主义为基础,"看穿一切"并且对"人"失去应有的信心和希望,因怀疑一切而演变成了一种"彻底不相信"的处世哲学。[①]在网络环境下,"网络谣言""虚假信息""宣传操控"及"后真相"问题使得人们在对网络舆论的猜测、摸索、推断、迷惘中形成了习惯性怀疑,这一习惯性怀疑加剧了网络犬儒主义质疑和怀疑话语的大量生成与蔓延。质疑和怀疑官方意识形态和主流文化宣传的一切东西,"颠倒地"阅读和理解党的重要文献和会议精神,不信任司法的公平公正,调侃严肃和庄重,质疑信仰、质疑美好,鼓噪对"榜样"的质疑,向"榜样"泼脏水等,正如具有犬儒主义倾向的网络流行语"千万别当真""当真你就输了"所表达的一样,网络犬儒主义的质疑和怀疑话语是一种没有明确标准的全盘否定话语。

玩世不恭的"混世"话语。与古典犬儒主义相比,现代犬儒主义不再是

---

① 徐贲:《知识分子:我的思想和我们的行为》,华东师范大学出版社,2005年,第221页。

一种"哲学抵抗",而是一种表现出无奈、无助的"生活妥协"。①现代犬儒主义背离了古典犬儒主义愤世嫉俗的道德基础而转变为玩世不恭,呈现出"揣着清醒装糊涂""没心没肺地顺从"等认知态度和生活方式。这些认知态度和生活态度以各种玩世不恭的话语出现于网络空间,被网友使用频率较高的"一切都是浮云",表达对任何事情都满不在乎,自2010年出现以来一直在网络领域广为使用。网络社交经常出现的"这都不是事""能爽一会儿是一会儿""活明白了""怎样都行""你又能怎样"等话语,无不透露着洞悉生活的真相、看透了人生,态度上拒绝现实,但又接受、顺从现实生活甚至甘愿如此的玩世不恭的混世态度。

在话语方式和话语风格上,用风趣幽默的话语进行冷嘲热讽是网络犬儒主义典型的话语风格。正因为习惯性的怀疑和对价值、信仰、精神层面的虚无,网络犬儒主义的话语呈现出玩世不恭、冷嘲热讽的特点。网络犬儒主义以嘲讽、调侃、挖苦、诙谐逗乐的方式表示对政治权威的藐视、对现实社会的不满和对抗,表达自我的无奈、不满、惶恐与纠结。泛娱乐化的网络语境和网络话语下,网络犬儒主义的冷嘲热讽是与泛娱乐化的网络话语密切结合的,因此,网络犬儒主义极具嘲讽意味的话语以一种风趣幽默、富有魅力的语言形式呈现。也正因为网络犬儒主义讽刺幽默的话语方式,使得人们容易被网络犬儒主义话语所吸引并倾向于以一种犬儒主义的腔调表达观点。

综合网络社会思潮的话语表征可见,各种社会思潮在网络领域的话语变化各异,其中突出的共性是都有着比现实领域更多的话语主体的参与,特别是网络领域的大众化社会思潮,不仅更多的普通网民话语主体加入,而且还有资本话语主体的介入,话语主体的变化导致部分社会思潮的话语权表现为多方话语主体话语权的"合谋"。各种网络社会思潮基本上都沿袭了其

---

① 肖祥:《当代犬儒主义的现实样态及其伦理矫治》,《江西社会科学》,2020年第10期。

在现实领域的话语指向和话语内容,但话语风格有不同程度变化,话语风格的变化部分来自社会思潮自身话语的变化,部分来自网络的形塑。其中不存在网络衍生形态的新自由主义、新左派思潮、文化保守主义等社会思潮,话语风格的变化受自身话语发展的影响较大,出现衍生形态的社会思潮如网络历史虚无主义、网络犬儒主义等受网络话语的影响较大。

第四章　网络社会思潮的传播方式

　　网络媒介经过二十多年的发展,形成了诸多基于网络技术支持的网络传播平台,如社交网站、论坛、博客、微博、微信、移动视频直播等。这些平台都在社会思潮的网络传播中成为网络社会思潮的传播载体。网络社会思潮都使用多种网络传播平台和网络传播载体传播思想主张,但是不同类型的社会思潮基于自身的特质和传播需要,会侧重使用某种或者某几种传播平台,在通过这些平台传播的同时,具体社会思潮会采用各种举措和策略扩大自身的影响力和覆盖面,这些举措和策略与传播载体一起构成了网络社会思潮的传播方式。

　　就当前活跃于网络领域的社会思潮而言,网络民族主义思潮学理程度适中,可以通过各种网络平台传播。"西化"与"反西化"类社会思潮大多学理性较强,这些社会思潮既需要受众有较为深入的阅读,也要求有一定的思考沉淀,因而往往有专设的网站,将专门网站作为阐发观点的直接渠道,通过网站上常设栏目的学术理论文章或者时评文章表达观点主张和价值诉求。具有社会思潮倾向的网站往往特色鲜明,是聚集同样思想主张的知识分子和对这一社会思潮感兴趣的受众的稳定平台,社会思潮网站能够以社会思潮的"意见领袖"为核心形成放射状的传播圈子。社会思潮的专门网站往往开设基于某个特定事件或话题的论坛,论坛的开设增加了网站上信息的沟通互动。但是,受现实政策和审查制度的影响,有些社会思潮网站的运行会受到一定的限制,这些社会思潮会转向其他的传播形式。博客和微信公众号都适合专业化的深度交流,因而博客和微信公众号也是学理性社会思潮常用的传播形式。在利用网络技术提供的传播平台的基础上,社会思潮往往紧跟国家发展大政方针、社会热点话题、公共事件发表观点,力求在思想文化领域占有一席之地并扩大传播范围,提升影响力。大众化类的社会思潮大多学理性不强,理解和接受门槛低,不需要专业知识背景和进行深入思考,因而这类社会思潮很少有专门的网站,但这些社会思潮擅长利用网络技术提供的各种网络社交平台,各种综合性的门户网站、趣缘论坛、微博等自媒体平台、直播平台等,往往综合采用各种网络传播载体。同时,大众化类社会思潮适合碎片化传播的特质使其可以把思想主张渗入网络文化的方方面面,渗入新兴网络文化并推动网络亚文化发展。因此,这类社会思潮的传播方式更加灵活多样。

一、网络民族主义思潮的传播方式

网络民族主义思潮有着最为丰富多样的传播平台,几乎可以运用所有的网络传播形式传播思想主张,开展社会动员。网络民族主义思潮之所以传播平台多样,原因是多方面的。首先,网络民族主义思潮很大程度上是以爱国主义话语表达的,除了其排外的因素,大多数情况下与爱国主义话语是同向而行的,因而主流意识形态一般是通过引领的方式把控网络民族主义话语,以疏导的方式化解网络民族主义情绪,进而把网络民族主义思潮引导到理性爱国主义的轨道上去,所以网络民族主义思潮较少受到直接的遏制,网络民族主义思潮可以存在于各种网络平台,通过各种网络传播形式传播。其次,网络民族主义思潮"意见领袖"多是视野开阔、思想活跃的青年知识分子,青年群体善于使用网络工具,可以使用最新的网络平台、网络工具,采用最新颖的方式传播网络民族主义思潮,推动网络民族主义思潮的传播与最新的网络技术、最前沿的网络文化深度结合。最后,网络民族主义思潮的学理性程度适中,虽然对于网络民族主义思潮的了解和参与需要有一定的关于中国历史、中国文化的背景知识,但是并不需要系统深入的相关专业知识。网络民族主义更多表现为建立在共同历史记忆基础上的爱国情感表达,因而有着广泛的群众基础,各种网络传播平台上的网络民族主义话语表达均有一定数量受众的互动和回应。因而,不管是早期相对固定的网站、网络论坛,还是新出现的自媒体平台、移动视频直播平台,都是网络民族主义思潮的传播平台,同时,陆续出现的网络传播形式如网络动漫、网络歌曲、表情包+段子组合、短视频及弹幕乃至"鬼畜"视频等都能够成为网络民族主义思潮的传播载体。

在使用为数众多的传播平台和传播形式的基础上,网络民族主义思潮主要有伴随热点事件传播和网络平台的常态传播两种传播方式。

伴随热点事件传播是网络民族主义思潮最为突出的传播方式。与其他网络社会思潮主动借助热点、制造热点传播不同,网络民族主义思潮和网络民族主义运动往往由关涉民族利益、尊严的公共事件被动触发,引发网民关于捍卫国家利益、民族前途、民族尊严的呼吁和舆论,进而引发一波网络民族主义热潮,相应的事态趋于缓和或平静后,网络民族主义话语表达随之趋于缓和,或归于平静,一旦再次发生此类事件,网络民族主义浪潮会再次被掀起。在一定程度上,关涉民族利益、尊严的公共事件对网络民族主义思潮的潮起潮落起着决定性的作用。从网络民族主义思潮发展四个阶段中具有代表性的民族主义事件看,民族主义传入网络早期,网络领域爆发的民族主义浪潮起因于中国驻南斯拉夫大使馆被炸事件;网络民族主义发展阶段,以"反日"为主要指向的民族主义话语和动员起因于钓鱼岛事件、京沪高铁使用日本新干线技术等事件;网络民族主义思潮进入发展成熟时期,"四月青年"掀起的网络民族主义浪潮起因于以 CNN 为代表的西方媒体对中国的污蔑,这些网络民族主义浪潮都是对突发事件刺激的反应。即使第四阶段网络民族主义进入多元发展的时期,除了内生型网络民族主义思潮往往由国家发展成就带来的自豪感和优越感触发外,网络民族主义浪潮仍然以网络热点事件为诱因,如 2018 年一直持续到当前的中美贸易争端,是一个典型的关涉民族主义情绪和思潮的持续性的舆情事件。这些舆论热点事件也构成了中国当前网络民族主义思潮持续高涨的主要诱发事件。

具有民族主义色彩的网络平台的常规传播是网络民族主义思潮稳定的常态传播方式。网络民族主义思潮常态传播的平台以专门网站为主,被解读为具有民族主义倾向的网站主要是社会力量自办的网站,主体内容涉及历史、时评、军事等各个领域,同时还有民族主义倾向的论坛、博客、个人微信公众号等。专门网站是突发公共事件民族主义舆论的主要推动力量,也是稳定的常态化民族主义议题的讨论平台。早期网络民族主义运动的发起者和推动者主要是具有民族主义倾向的网站的负责人,2003 年七大网站涉日民族主义签名活动中,爱国者同盟网的负责人、龙腾中华网的站长、918 爱国网的站长、时事与国际法网的创建者等都是活动的主要发起者。[①]具有民族主义倾向网站的网友中既有年轻的网络爱好者,也有历史爱好者和学者型的专家,如铁血论坛、中华军事论坛等军事类网站的网友不仅是现代武器的爱好者,而且也是中国宏大政治和战略的关注者。此外,网络民族主义思潮常态化的传播平台还有国际问题类 BBS、涉外类网络平台,这些平台聚集大量满怀热忱的爱国主义者,他们同时也是积极的网络政治参与者和动员者。

具有民族主义倾向的网络平台长期聚焦关注某种议题,能够使用网站

---

① 《国际先驱导报:四位网络民族主义者的生存调查》,2003 年 9 月 18 日,https://news.sina.com.cn/c/2003-09-18/12031767710.shtml。

和论坛进行民族主义思想观念的传播和社会动员。这些民族主义倾向的网络平台通常通过首页提供信息和咨询,通过论坛为网友提供动态的沟通与交流平台。此外,具有民族主义倾向的QQ群、博客、微信公众平台等也是发表民族主义思想主张、宣泄民族主义情感和情绪的场所和方式。网民在网络领域开展事关民族利益、国家关系等问题的讨论,在贴吧、微博、QQ群、微信公众平台发布民族主义言论,表达自己的爱国情绪和坚定立场,这些都是网络民族主义思潮常态传播的一部分。

二、网络领域"西化"与"反西化"类社会思潮的传播方式

"西化"和"反西化"类社会思潮都具有较强的学理性,因而"西化"和"反西化"类社会思潮一方面比较倾向于使用能够承载系统化思想信息的网络平台和网络传播方式,同时这些社会思潮也积极地调整自身的话语形式以适应新的网络传播形式。"西化"和"反西化"类社会思潮的立场对立,但正是这种对立,使他们常常就某些共同议题展开论争,因而在传播方式上也有很多相同之处。

(一)"西化"类社会思潮的传播方式

"西化"类社会思潮中的新自由主义思潮和"普世价值"思潮在思想主张和价值诉求上殊途同归,因而在网络上常常直接相互呼应,在传播方式上也有很多共同之处。网络历史虚无主义思潮虽然与新自由主义、"普世价值"思潮学理基础不同、话语体系差异较大,但是作为一定程度上为西方价值观的传播开路的社会思潮,其在思想主张传播上与新自由主义思潮和"普世价值"思潮遥相呼应。

1.网络领域新自由主义思潮的传播方式

近三十年来,新自由主义思潮在世界范围内经历了两次发展低潮:一次是2008年全球金融危机后的反新自由主义浪潮导致的新自由主义思潮发展低潮,一次是2016年至今的反全球化思潮带来的对新自由主义思潮的冲击。虽然受到整个世界范围内两次出现的新自由主义思潮发展低潮及国内学术理论界反对新自由主义思潮的呼声的双重影响,中国的新自由主义思潮仍然频繁的潮落又潮起,可见在中国的学术界和思想界已经形成了一定的适合新自由主义思潮生成和传播的土壤。在这种土壤的滋养下,新自由主义思潮的传播者能够随时抓住传播机会宣传思想,施加现实影响。形成于市场化改革进程中的既得利益集团,维护其商业利益的私有资本,也都将其势力渗透于网络空间,动用多样化的传播工具为新自由主义话语在网络空间里的生成和传播开辟绿色通道,微信、论坛、博客、客户端和视频网站都能够成为散布新自由主义观点的阵地。新自由主义在网络领域的传播主要有四种方式。

一是通过参与公共议题的讨论或者主动设置相应的议题传播。通过参与公共议题的讨论或者主动设置相应的议题传播是新自由主义思潮在网络领域常态化的传播方式。在一般的公共性议题方面,自由派学者、新自由主义的支持者往往通过时评文章、评论区留言等方式参与这些议题,在参与议题讨论中发表、宣传新自由主义的思想主张。新自由主义倡导者也常常结合自己宣传的目的专门设置议题。渗透新自由主义思想主张的议题范围广泛,改革议题、民主议题、人权议题等都是常设议题,其中自由议题是核心也是最常见的议题。新自由主义的支持者擅长把热点事件纳入“自由”的议题传播,部分网络平台为了获取关注度,也倾向于参与新自由主义设置的相关议题的炒作,进一步推动了新自由主义思潮的传播。

二是利用参与网络热点话题讨论传播。现实社会发生的公共事件一旦得到网民的关注和热议,很容易形成网络热点事件。在网络热点事件引发的广泛讨论中,会有多种社会思潮参与其中,其中也不乏新自由主义思潮的声音。新自由主义思潮的支持者在社会公共事件和网络热点讨论中表现积极,部分新自由主义学者和网络"大V"擅长通过把热点话题的舆论引向对贫富差距、贪污腐败、民生短板等社会问题的讨论,在这些社会问题的讨论中阐发新自由主义观点主张,并以此为"靶子"放大负面影响,将一般社会问题政治化,将简单问题扩大化和复杂化,以此影射党的领导和社会主义制度。新自由主义思潮的支持者也频繁就涉外热点话题发表看法,特别是涉外经济摩擦方面的话题,从西方中心主义的立场以新自由主义思想为理论依据分析问题,指责中国的举措。

三是利用阐释中央出台的方针政策传播。一旦国家出台新的方针政策,颁布新的发展规划方案,活跃于国内学界和政界的自由派知识分子往往以主流意识形态的阐释者出现,发表学术文章或者时评文章,提出新自由主义的观点主张和政策解读,试图在主流意识形态允许的范围内进行理论建构和实践反思。这种学术文章或者时评文章有的直接通过论坛、公众号等网络平台发表,有的是首先在报纸杂志上以学术话语和政治话语的方式出现,再通过报纸杂志的网络版或者网络转载的方式同步到网络领域。国家政策的解读、理论建构和实践反思是移花接木式的传播新自由主义思想主张的方式,这种做法能够使新自由主义的观点主张比较容易地畅行于各种传播媒体。如2015年11月10日,中央财经领导小组第十一次会议在研究经济结构性改革和城市工作时提出供给侧结构性改革,围绕供给侧改革的解读成为一个新的热点,有支持新自由主义的学者将供给侧改革等同于美国的"供给学派",甚至直接把供给侧改革类比为本质上就是奉行自由化、市场化、私有化为主要内容的"里根经济学"。①习近平总书记2016年1月18日在省部级主要领导干部学习贯彻党的十八届五中全会精神专题研讨班上的讲话中严正指出："我们讲的供给侧结构性改革,同西方经济学的供给学派不是一回事,不能把供给侧结构性改革看成是西方供给学派的翻版,更要防止有些人用他们的解释来宣扬'新自由主义',借机制造负面舆论。"②经济体制改革作为全面深化改革过程中的重点,难免会出现一些需要解决的重大理论和现实问题,每当这些时候,国内外新自由主义的支持者都会趁机利用各种媒介发表观点,制造舆论,宣扬"唯有走新自由主义经济之路,才能解决当前经济所面临的问题"③,发表中国应该推进改革,大幅度减少税收,推进国有企业私有化,减少政府干预,构建小政府等新自由主义的观点主张,并试图以这些观点引导网络舆论走向,影响国家改革走向。

四是借助以自由主义视角报道公共事务的方式传播。为了寻求自身发展的独立自主性和全面自由性,新闻媒体行业及其从业人员比较倾向于以自由主义倾向的视角报道公共事务,塑造人们公共讨论的议题和基调。以自由主义视角进行的公共事务报道常常把舆论引向个人自由和权利保障、政府权力限制、市场化、法治等新自由主义舆论的优势传播话题,新自由主义思潮很容易隐蔽地渗入这些话题传播,从而使得以自由主义视角报道公共事务成为一种渗透性强的新自由主义思潮的传播方式。由于传统媒体容易受到制约的缘故,自由主义立场和视角的报道往往通过网络媒体传播,从而成为网络领域新自由主义思潮的一种传播方式。

网络领域新自由主义思潮不仅传播方式众多,而且观点和主张呈现的

---

① 《中欧刘胜军教授:中国拥抱"供给经济学"》,2015年12月1日,https://mba.mbalib.com/news/10766.html。

② 《习近平谈治国理政》(第二卷),外文出版社,2017年,第251页。

③ 何召鹏:《经济发展须警惕新自由主义》,《中国社会科学报》,2016年第14期。

形式灵活多样,既单独以网络时评文章、网络热点议题等形式出现,也以评论区留言、图片和视频等隐蔽性和渗透力强的碎片化形式传播,并通过这种方式覆盖不同类型的网络平台,扩大传播范围。

2. 网络领域"普世价值"思潮的传播方式

"普世价值"思潮与新自由主义思潮的密切关系决定了很多新自由主义思潮的传播方式同时也是"普世价值"思潮的传播方式,只是"普世价值"涉及的议题在范围上相对较为集中,主要围绕"价值"相关问题传播观点主张和价值诉求。"普世价值"思潮的传播方式主要有三种。

一是直接设置西方"普世价值"的网络议题传播。"普世价值"思潮通过网络议题将西方核心理念及政治制度视为符合"人道"的普遍模式,将西方政治制度和思想文化上升为具有普遍意义的价值形态,并宣称这些"普世价值"观不分姓"资"姓"社",全人类都应该遵守,中国也应该学习和接受这些"普世价值"观。在网络领域,涉及"普世价值"的议题主要聚焦于"西方民主""美式自由""三权分立""人权高于主权"等议题。通过这些议题,"普世价值"思潮的宣扬者在网络媒体上"包装"西方的经济繁荣、科技先进、文明先进,资产阶级"博爱",宣扬西方法制健全、社会公平、言论自由,将西方特别是美国描绘为"自由之邦""民主堡垒",进而宣传西方的"自由、民主、平等、人权"等理念。①

二是通过关注和评论社会现实问题传播。"普世价值"思潮的宣传者经常围绕中国国内热点问题做文章。一些"普世价值"思潮追随者利用中国经济社会转型中面临的收入问题、教育问题、医疗问题等质疑和否定中国相应的制度设计,一些"网络大 V"在就业、医疗、教育、生态等热点问题上做文章,借机宣传抽象的公平、公正、正义理念,以诸如"普世文明""人权高于主权"

---

① 赵丽涛:《西方"普世价值"思潮的网络议题与引导策略》,《思想教育研究》,2017年第8期。

等抽象话语宣扬西方价值观。"普世价值"思潮的宣传者也利用对现实热点话题发表正面评价的方式传播其价值理念。正如对汶川地震救灾的报道一样，当看到中国社会发展取得的进步时，"普世价值"宣传者将其归为中国推行"普世价值"的"功劳"，变相传播西方核心价值理念。

三是利用解读党和国家的决策、政策传播。中央的文件精神、领导讲话等涉及与"普世价值"具体内容相似或者相关的概念时，"普世价值"思潮的倡导者都会抓住时机，曲解相应的表述及这一表述传达的思想，借机宣传西方的"普世价值"。如2012年党的十八大报告明确提出社会主义核心价值观的三个倡导后，网络领域一些言论抓住社会主义核心价值观与西方"普世价值"字面上的某些重合，宣称社会主义核心价值观将"普世价值"中的"民主、自由、平等、公正、法治"等重要理念囊括其中，中国的社会主义核心价值观就是西方的"普世价值"。还有西方"普世价值"的倡导者以解读社会主义核心价值观的名义，故意将社会主义核心价值观和"普世价值"观混为一谈，试图模糊二者实质精神的差异。2015年，习近平总书记在联合国大会发言中提出"和平、发展、公平、正义、民主、自由，是全人类的共同价值"后，西方价值观的倡导者再次兴奋起来，一位长期活跃于海外网、凤凰网、和讯网等网站的知名博主立即推文，声称中国提出的"自由、法治、民主"的核心价值观同网友所说"普世价值"里的"自由、法治、民主"并无本质区别，中国领导人在推崇自由、民主的"共同价值"时，并没有排斥、反对自由、民主的"普世价值"，暗示只是囿于目前的条件、环境还不成熟，中国领导人只好暂时使用"共同价值"。①

同新自由主义思潮一样，"普世价值"思潮的观点主张也以灵活多样的形式出现，网络时评文章、网络热点议题讨论、评论区留言、视频及弹幕等都

---

① 汪亭友：《"共同价值"不是西方所谓"普世价值"》，《红旗文稿》，2016年第2期。

是"普世价值"思潮在网络领域传播的呈现形式。

3.网络历史虚无主义思潮的传播方式

网络历史虚无主义思潮祛除了历史虚无主义思潮的学理性特质,在传播方式上突出表现为大众娱乐及野史逸闻式的传播。网络历史虚无主义思潮有三种常见的传播方式。

一是通过浸染大众文化和大众娱乐传播,这也是网络历史虚无主义最典型的传播方式。把虚无历史的内容渗透到"恶搞"段子、花边新闻、"无厘头"综艺等网络大众文化、大众娱乐中,通过"简化模糊"来淡化意识形态性,以娱乐、调侃的形式哗众取宠,以轻松、搞怪的形式呈现原本悲壮、肃穆的历史事件。如调侃董存瑞炸碉堡是因为被双面胶粘住了,雷锋是帮人太多累死的;戏唱侮辱国歌,"恶搞"红色经典《黄河大合唱》;以纪录片《二十二》中幸存的"慰安妇"老人表情图制作表情包并传播于网络;明星粉丝以中国受侵略历史中曾经签订过的不平等条约作梗应援偶像,等等。这些以大众文化和大众娱乐方式传播的文字、图片和短视频以偶然的、无底线娱乐行为的面貌出现,但其传播的信息对历史的虚无和历史价值观的消解是极其深刻和广泛的,而且对于不同文化程度的受众都具有欺骗性,容易网罗辨识能力有限、缺乏家国情怀、以消遣娱乐为目的的追随者。

二是通过制造与历史相关的舆论议题传播。通过制造网络议题引发网络舆论是网络历史虚无主义思潮常态化的传播方式,突出表现为一些"网络大V"和网络"公知"通过制造所谓的"历史真相"获取知名度,打着"科学考证""历史真相"的幌子散布歪曲过的碎片化的历史事件、人物信息。历史虚无主义者中的一些代表以网络"公知"的面貌出现,这些所谓的网络"公知"往往具有一定的政治动机,也是网络领域跟历史相关的错误舆论的主要来源。一些商业门户网站、网络自媒体出于通过传播和转发吸人眼球的信息和言论获取自身利益的需要,与这些"公知"不谋而合。这些"公知"虽然只是一小撮人,但是借助所谓"公知""大 V"的知名度,利用新媒体搭建的传播平台和大量网民关注所带来的巨额信度,其言论能够被网民轻易相信和二次传播。

三是利用重要时间节点上的热点事件炮制舆论话题传播。在重大历史事件的周年纪念日和重要历史人物纪念日"蹭热度",在学术名义的掩盖下以"重读历史""反思历史""重新"或者"深入"研究重大事件和重要人物为幌子对党和革命的历史进行歪曲,并在网络上制造舆论。2015年是中国取得抗战胜利暨世界反法西斯胜利70周年,在纪念日到来之际,有关共产党"抗战动机不纯、只为争夺地盘势力","国民党正面战场的支撑,共产党只会躲在后方捡漏","国民党牺牲将领多而共产党牺牲少"等历史虚无主义言论在网络上不时出现,片面夸大国民党在历史上的作用,诋毁共产党的地位和作用。同时,还对张灵甫、邱清泉等国民党将领进行历史翻案,围绕"张灵甫本人是不是抗日名将"等话题展开论战,以期重塑公众观念中的历史人物形象。2016年纪念长征胜利80周年,网络领域再次掀起质疑"二万五千里长征"的真实性的舆论,依据是曾经在一些知名网站转载的2003年两个英国年轻人在重走长征路后声称长征大约只有3700英里(约6000千米)。2018年10月11日,南京大屠杀幸存者沈淑静辞世,侵华日军南京大屠杀遇难同胞纪念馆在官方微博发布讣告,网民戴某翼(网名"无限派")在下方留言并否认南京大屠杀的存在,并在个人微博发文声称昭和12年(1937年)"完全是一片祥和","日本军队是威武文明之师""南京事件是虚构的,你们的纪念馆应当立刻关闭"。①

在采用上述主要传播方式传播的过程中,网络历史虚无主义观点和现象呈现的形式灵活,其中以短文字、图片和视频等碎片化信息的隐蔽性传播

---

① 《精日分子叫嚣南京大屠杀不存在 南京警方:正开展调查》,2018年10月13日,https://m.huanqiu.com/article/9CaKrnKdB3s。

居多,这些传播形式渗透性强、传播迅速且传播范围和覆盖面广。

(二)"反西化"类社会思潮的传播方式

网络领域具有文化保守主义倾向和左派倾向的网站众多,因而文化保守主义思潮和新左派思潮都有较为稳定的传播阵地。在具体的传播方式上,文化保守主义思潮同时兼具理论阐释和与大众互动两类传播方式,新左派思潮则与其对立面的新自由主义思潮一样,倾向采用理论阐释的方式传播。

1. 网络领域文化保守主义思潮的传播方式

同网络民族主义思潮一样,文化保守主义思潮在网络领域也有着丰富的传播平台。国内具有文化保守主义色彩的网站、论坛及微信公众号众多,在拥有众多的网络传播平台的基础上,文化保守主义思潮既通过大量常规传统文化知识特别是儒家思想的宣传传播,也通过发起各类活动、参与社会热点讨论、参与主流意识形态的解读等多种方式发声,宣传思想主张和价值诉求。

通过具有文化保守主义倾向的网络平台开展常规的传统文化及儒学学术交流、思想宣传传播。文化保守主义思潮的传播平台众多,既有专门的网站和论坛、亦有博客、微信公众号,以及一些商业门户网站的传统文化板块,这些不同的网络平台在文化保守主义思潮的宣传方面既各有特色、各有侧重,又互相支援、互相补充。在网站和论坛方面,当前国内具有文化保守主义色彩的网站和论坛有近百个,知名网站和论坛二十余个,其中中国儒家思想文化活动的代表性网站儒家网成立于2008年,其公告显示儒家网是当代中国儒生主办的公益性思想文化网站,坚持儒家立场、民间身份,努力打通学术与社会,增进学术与社会的交流、互动,重点发布当代儒家的最新思想学术成果、社会热点评论及民间社会实践信息。①儒家网常设栏目有偏重学术研究的《思想学术》栏目,报道涉及学术、研讨和涉及传统文化活动的《新闻快讯》栏目,以儒家视角评析现实热点话题的《儒家看法》栏目等。此外还有知名度较高的中国儒学网、国际儒学网、中国儒教、儒家中国、儒教复兴论坛等,这些网站和论坛凝聚了大量从事儒学研究的知识分子,发表和转载学术文章、评论文章,举办网络活动,宣传报道现实领域的文化活动,在传统文化的学术圈子和传统文化爱好者中都颇具影响力。许多儒家团体都开设有微信公众平台,这些自媒体平台通过内容形式更加亲民的文章向全社会普及传统文化特别是儒家儒学知识,与喜欢传统文化的网友积极互动。此外,一些知名的门户网站开设如《腾讯儒学》《凤凰国学》此类的专网或专栏,邀请在传统文化领域享有盛誉的专家学者撰文、做讲座开展儒学的交流与传播。

通过网络空间的仪式性活动传播。通过网络空间的仪式性活动传播是文化保守主义思潮独具特色的网络传播方式,这种方式能够吸引广大网民参与,扩大宣传影响范围。其中影响力最大的当数网络祭孔活动。祭孔是民间的一种对"先贤"的尊敬仰慕和追思的纪念活动。2016年全球同祭孔活动首次实现网上联合直播,作为全球同祭孔活动的一部分,中国孔子网开启了线上的"网上祭孔"活动,人们可以在虚拟现实中完成祭孔,以表达对孔子的感念与尊崇。②2019年中国孔子基金会发起组织了2019全球祭孔网络直播,活动通过中国孔子网融媒体、中国青年网、大众网·海报新闻、中华微视等平台直播,引起社会各界热烈反响。③2020年,为了让更多的人了解祭孔

---

① 《儒家网说明》,2008年7月16日,儒家网,https://www.rujiazg.com/about。

② 《2016全球同祭孔 首次实现网上联合直播》,2016年9月28日,https://www.rujiazg.com/article/9237。

③ 《祭孔直播反响热烈 儒家文化彰显影响力》,2019年9月28日,https://www.rujiazg.com/tag/3279。

的形式和内涵,推动优秀传统文化创造性转化、创新性发展,中国孔子网对"线上祭孔"平台进行了优化升级,采用虚拟现实、短视频、H5互动等多种技术手段,重现古代祭孔场面。平台由国内权威礼乐专家指导,模拟还原了"就位、整理衣冠、肃立、迎神、读祝、诣盥洗所、献花、上香、送神、礼成"十个祭孔流程,人们可以通过互动点播在虚拟现实中完成祭孔,感受规范隆重、庄严肃穆的祭孔仪式,表达对孔子的感念与尊崇。同时平台还设置有"送鲜花、献爱心、共祈福"等互动形式。①此外,仪式性活动还有"读经"活动,参与的网站通过建立读经的网页、安排好读经的内容、规定好读经的具体时间及系列相关程序,所有参加人可以在不同地点、但在同一时间通过网络这一虚拟空间,进行具有很强仪式性的读经活动。

利用总结分析国家重要文件、精神、指示中与其有关联的具体内容扩大自身影响。从新儒家网站历年的年度儒家十大热点来看,文化保守主义思潮的常驻网站把中央文件精神中涉及传统文化、传统道德的内容列入儒家年度十大热点之列,从自己的视角解读这些文件精神,凸显自身与中央文件精神的一致性。如2017年儒家网的年度十大热点,排在第二的是"传承发展传统文化上升到国家战略层面,党的十九大提出'坚定文化自信'",报道写道,中共中央办公厅、国务院办公厅《关于实施中华优秀传统文化传承发展工程的意见》的印发,"标志着传承中华优秀传统文化已上升到国家战略层面"。习近平在党的十九大报告中以执政党全国代表大会文件的形式提出坚定文化自信,"进一步明确了'中国特色社会主义的道路自信、理论自信、制度自信,其本质是建立在5000多年文明传承基础上的文化自信',表明执政党径由经济、政治职能回归文明初心"。"从2013年习近平曲阜之行,2014年习近平牵手中华孔子学会会长汤一介,到出席纪念孔子诞辰2565年国际

① 《祭孔进行时:2020全球祭孔有序筹备中》,中国孔子网,2020年9月24日,http://www.china-kongzi.org/whyw/202009/t20200924_470750.htm。

学术研讨会并发表讲话,再到今年两办印发《关于实施中华优秀传统文化传承发展工程的意见》和党的十九大高扬文化自信,这是一场真正意义上的文化复兴,它追求的是我们历史、社会和国家的内在目标,是当代生活和生命与古典精神和优雅趣味的融会贯通。"①2019年10月,中共中央、国务院印发《新时代公民道德建设实施纲要》,继续强调仁爱、教化、孝亲等理念。儒家网把公民道德实施纲要的版本列为"2018—2019年儒家十大热点",并认为"《纲要》指出,中华传统美德是中华文化精髓,是道德建设的不竭源泉,要深入阐发中华优秀传统文化蕴含的讲仁爱、重民本、守诚信、崇正义、尚和合、求大同等思想理念,深入挖掘自强不息、敬业乐群、扶正扬善、扶危济困、见义勇为、孝老爱亲等传统美德,充分发挥礼仪礼节的教化作用。如此等等,说明儒学复兴在进一步深化"②。

此外,文化保守主义思潮还通过网络传播结合线下实践活动,积极介入社会热点话题传播思想主张。当代文化保守主义着眼于最突出的社会问题、教育问题、家庭问题,利用新媒体和社会大众交流互动,有效对接线上线下,通过与社会现实和社会大众建立直接联系,扩大社会影响力。如网络媒体掀起的"国学热""国学大师评选",个别文化界人士倡导的"中华圣诞节"等,虽然这些活动和热点事件不能简单地等同于文化保守主义,但是客观上推动了文化保守主义思潮的传播,提升了文化保守主义思潮的关注度和影响力。

2.网络领域新左派思潮的传播方式

新左派在与自由主义思潮交锋论战中获得了思想文化版图中的一席之地,虽然二者在主要传播平台的选择上有差异,但在传播方式上有较多共同之处。通过具有左派倾向的网站传播是新左派思潮的常规传播方式,同时,

---

① 《2017年儒家十大热点》,2018年1月2日,https://www.rujiazg.com/article/13144。

② 《2018—2019年儒家十大热点》,2020年1月19日,https://www.rujiazg.com/article/18049。

新左派还通过对现实问题的关切和回应宣传其思想主张、通过人们公共讨论的议题和通过阐释中央出台的文件精神与方针政策传播理论观点。

具有左派倾向网络平台的常规传播。新左派思潮主要以具有左派倾向的网站为传播阵地，其中成立最早的网站是2003年开设于北京的政经评论网站——乌有之乡，由于长期发布"左倾"类文章，被公认为是政论网站中的左派。此外，共识网、民族复兴网、毛泽东旗帜网、察网等网站也是新左派人士通过学术形式阐释、宣扬价值理念的主要平台，这些平台互相转发左派倾向的文章，互相声援。左翼知识分子主要以这些左派网站为传播平台，推动网络领域新左派思潮的持续发展和传播。此外，具有左派倾向的微信公众平台和左翼知识分子的个人微信公众号也是新左派思潮的常规传播平台，这些平台经常发表具有左派倾向的原创时评文章，通过这些文章传播新左派的思想主张。

通过关切和回应现实问题传播。关怀弱势群体、关注现实社会矛盾、关切社会公平正义一直以来都是新左派阐发其思想主张的重要方式，对社会现实问题的关注和评论也随着新左派思潮的网络传播延伸到了网络空间。在左派倾向的网站，大量针砭时弊的时评文章聚焦于当今社会的现实问题，谴责中国市场化改革所派生出的利益分化、腐败丛生问题，呼吁保护广大基层民众的基本权益、追求公平正义，在抛出这些问题的同时，把问题的成因归结到新左派的对立面自由主义身上，进而阐发和宣传自己反对私有化、市场化的思想主张。

利用解读中央文件精神、国家政策传播。从自己的立场对中央文件精神、国家政策予以新的解读是新左派传播其思想主张的另一种主要方式。新左派知识分子关注党和国家的方针政策，热衷于分析国家大政方针，并在对国家大政方针的剖析中加入新左派思想主张的元素。如2013年党的十八届三中全会提出"允许混合所有制经济实行企业员工持股，形成资本所有者和劳动者利益共同体"①。有新左派学者对此进行解读，并评论此举为"党在新形势下依靠人民，发挥普通人民群众改革主体地位的重大创新"②。2020年国家基于国内外经济形势提出了双循环、内循环发展战略，新左派学者即发文呼吁"发展双循环，应考虑人民公社的成功经验"。③

通过就社会热点问题发声传播。新左派积极就社会热点发声，通过对热点话题的评论阐发思想观点。以2018明星偷税漏税这一热点话题为例，新左派思潮积极就这一话题发声。乌有之乡网站在2018年6月5日发表《崔永元复仇，只为明星偷漏税？这才是真相！》和《大腕偷漏税常有，而崔永元不常有》，此后又在其《争鸣——网友时评》栏目陆续发表和转发《范冰冰8亿偷逃税案：不是贫穷限制了想象，是资本超出了想象》《范爷已经这么富，还要偷税漏税？》《假如小崔没"妄议"，"范爷"偷税到何夕？》《大腕偷漏税常有，而崔永元不常有》等评论文章。在这些评论文章中痛斥资本，反对市场化，如"层出不穷的行业乱象已经充分说明，市场并不万能，正常的市场调节机制在这一行业内已经失灵"，"资本跨行操纵股市，凶狠'割韭菜'的贪婪"，④并以底层老百姓的立场呼吁"支持崔永元就是支持我们自己可怜的钱包"⑤。

在采用上述主要传播方式传播的过程中，新左派思潮观点的阐发主要以理论文章和时评文章的形式出现，辅以评论区留言、视频及弹幕等形式，

---

① 《十八大以来重要文献选编》（上），中央文献出版社，2014年，第515页。

② 崔之元：《理解习近平的宏大改革战略——总目标和框架性目标》，2014年5月28日，http:// www.guancha.cn/cui-zhi-yuan/2014_05_28_233137.shtml。

③ 李博昌：《发展双循环，应考虑人民公社的成功经验》，2020年9月21日，http://www.wyzxwk. com/Article/lishi/2020/09/424036.html。

④ 王忠新：《假如小崔没"妄议"，"范爷"偷税到何夕？》，2018年10月10日，http://www.szhgh. com/Article/opinion/zatan/201810/181116.html?from=groupmessage。

⑤ 老田：《大腕偷漏税常有，而崔永元不常有》，2018年6月5日，http://m.wyzxwk.com/content. php?bclassid=4&classid=28&id=390279&style=0。

但总体上仍以系统化的思想信息传播形式为主。

三、网络领域大众化社会思潮的传播方式

网络领域的大众化社会思潮大多没有专门的网站、论坛,但在综合性网站、商业门户网站,各种论坛、贴吧,微博、微信自媒体平台,微信朋友圈等到处都能捕捉到大众化社会思潮的影子。大众化社会思潮与网络文化相辅相成,其传播均与网络亚文化有着密切的关联甚至深度的融合。

(一)网络民粹主义思潮的传播方式

网络民粹主义思潮主要有两大传播方式:一是通过依附热点事件、炒作热点事件掀起网络舆论的方式传播;二是通过网络段子、网络流行语等渗入网络亚文化传播。这两种传播方式使得网络民粹主义思潮得以以网络舆论和网络文化的形式存在,从而更加广泛地渗透了网络领域。

通过依附和炒作热点事件传播。无论是回溯二十多年来发生的网络热点事件,还是网络民粹主义思潮的传播,都可以发现网络热点事件既是诱发网络民粹主义的直接原因,也是网络民粹主义滋生和传播的载体。在网络时代,现实生活中发生在任何地点的公共事件只要在网上发布,人们都会即时获取相关的信息,网民可以就相关事件表述自己的观点和意见。一旦发生涉及政府官员、富人等精英群体,特别是涉及精英与平民双方冲突的公共事件,在民粹主义"意见领袖"的煽动和诱导之下,网民在就相关事件表述观点和意见时就容易把自己对于生活和社会的不满,对精英阶层的对抗心理融入其中,最终导致网络民粹主义浪潮的产生。如民粹主义传入网络早期的黑龙江宝马撞人案(2003年),一方是驾驶着农用四轮车卖大葱的农民夫妇,一方是开宝马车并被网络渲染有官方背景的"富婆",案件中各种信号强

烈的强弱对比诱发了社会情绪的总爆发,以至"撞人者是黑龙江省某领导亲属""撞人者老公用钱买通了关系""证人被封口"等舆论在网络上热传,并据此推断这是一起典型的司法不公的审判。2009年的"邓玉娇案""罗彩霞冒名顶替案""杭州飙车案"等都是因为涉及普通民众与官员、富人等精英群体双方冲突而引发网络民粹主义热潮的网络热点事件。有些公共事件只涉及其中一方,但是只要具有引爆公众情绪的引爆点,也会成为引发民粹主义舆论的热点事件,如"表叔"杨达才事件(2013年),因为在一起36人死亡的重大交通事故的新闻照片中被发现"面带微笑",时任陕西省安监局局长的杨达才引起了网友的关注,并因为被网友"深挖",杨达才出席不同活动的照片中佩戴的手表、眼镜乃至皮带都被网友用图片一一呈现,并被猜测有贪污腐败的重大嫌疑而成为舆论焦点,最终成为"网络反腐的又一次胜利"。

有些公共事件本身不涉及官民冲突或贫富对抗,但是通过夸大和虚假宣传来吸引广泛关注,渲染民粹主义情绪,把公共事件炒作成为网络民粹主义热点事件也是民粹主义思潮的常规操作。只要被贴上标签,具体的事件就超出了一般案件的范畴而转化为一个政治事件。如"药家鑫案"(2010年)、"合肥少女毁容案"(2011年)和"张扣扣案"(2019年)等都通过被冠以"权二代""官二代""有官方背景"等标签,原本并不复杂的刑事案件被上纲上线并发展成为网络民粹主义事件。这些事件虽然最后被证实并不涉及官民冲突或贫富对抗,但事态在发展过程中伴随的民粹主义话语和情绪的释放,事实上促成了网络民粹主义思潮的传播。比较典型的如"药家鑫案",在舆论发酵阶段,网络领域一再谣传药家鑫家庭的富裕,夸大其父亲的职位暗示其有官员背景,这些最后都被证实为子虚乌有,但是这些夸大和虚假的信息极大地刺激了网民的情绪,实现了网络民粹主义的动员和话语传播。

渗透入网络段子、网络流行语、网络热词等网络亚文化中传播。随着网络段子、网络流行语等的出现和流行,以网络段子或者网络流行语自嘲,表达底层小人物生活的艰辛和无奈,讥讽和批判精英阶层,暗示和嘲讽社会不公是网络民粹主义思潮的另一传播方式。网络段子和网络流行语短小精悍、辛辣幽默、富有寓意,因而广受人们喜欢,渗透民粹主义话语的网络段子极具穿透力、感染力,容易吸引和感染普通网民,加速对抗、仇视话语的传播,加剧悲情、愤怒氛围的形成。网络领域广为传播的具有民粹主义倾向的网络段子和网络流行语中,有些是基于某些现实问题由网友原创或者改写、续写,其中传递的主要信息即是官员腐化、官商勾结、仇恨官员、对社会不满、对社会体制不信任等民粹主义话语。

(二)网络泛娱乐主义思潮的传播方式

泛娱乐主义思潮的形成和大量传播均得益于网络技术的出现和发展。网络泛娱乐主义思潮渗透于网络领域的各个角落,充斥于各种网络平台,传播渠道和传播方式繁多。众多的传播方式大致可以归为两类,一是渗透于网络领域的各种泛娱乐化现象中传播,二是与其他网络社会思潮融合传播。

1.依附于网络领域的各种泛娱乐化现象传播

网络领域的泛娱乐主义思潮体现于网络领域的泛娱乐化现象之中。泛娱乐化与泛娱乐主义思潮形成这样一个交互场域,泛娱乐化程度越深,越容易形成泛娱乐主义的大众文化和生活态度;泛娱乐主义大众文化和生活态度越普遍,泛娱乐化现象越盛行,泛娱乐化的程度也越严重。因此,网络领域的泛娱乐主义思潮主要依附网络领域的各种泛娱乐化现象传播,这些泛娱乐化现象广泛存在于泛娱乐化的网络新闻资讯、网络视听节目、网络舆论和网络大众文化中。

充斥于泛娱乐化的网络新闻资讯传播。泛娱乐化是网络领域新闻资讯的一个突出特征。一方面表现为在综合新闻资讯中,娱乐新闻占据的比重最大,娱乐新闻受到的关注最多,娱乐明星的个人生活、个人隐私乃至丑闻等八卦新闻的报道往往比时政、民生大事更频繁,更容易上头条和热搜。如2015年娱乐明星黄晓明婚礼的关注度超过了科学界屠呦呦教授获得诺贝尔奖的关注度,2016年娱乐明星王宝强离婚事件在网络上的热度超过了当年巴西的里约奥运会。另一方面表现为严肃新闻的娱乐化报道。为了迎合受众以获取更高点击率,网络新闻资讯在报道新闻时侧重新闻的故事化、趣味性、戏剧化,以情节性、煽动性的表达内容刺激受众的感官,以吸引人们的关注。网络新闻资讯的泛娱乐化操作一方面在内容和形式上都偏离了新闻的本质,另一方面加剧了泛娱乐主义思想意识和价值观的传播。

渗透于泛娱乐化的网络视听节目传播。网络视听节目的泛娱乐化既是网络领域泛娱乐主义思潮滋生的重要推动因素,也是泛娱乐主义思潮泛滥的结果之一。网络领域视听节目繁多,鱼龙混杂,很多视听节目内容的侧重点都不在节目的文化内涵上,有些网络视听节目一切以观众高兴为目的,人为制造笑料,甚至用低俗、恶俗的情节和画面来取悦观众。如2021年被央视点名的低俗网红"郭老师",为了迅速提高知名度,在直播类视听节目中走"审丑"路线,以自黑、自嘲为看点,以卖弄粗俗行为和粗鄙言辞博关注。为了给节目注入更多的娱乐效果,网络视听节目的制作者无所不用其极地寻找刺激点,致使快餐化、感官化、浅薄化的视听节目充斥网络领域。对于网络文化产品制造者和供应者来说,获取关注度和点击率进而获取经济利益是其操纵泛娱乐化视听节目的动力所在,而受众在节目中只得到了短暂的没有营养的娱乐满足,这一供需关系造就的网络视听节目在强化受众求消遣、图轻松、避沉重、弃思考的娱乐心态的同时,助长了泛娱乐主义思潮的滋生和传播。

弥漫于具有狂欢特质的网络舆论传播。网络舆论场本身具有广场狂欢特质,这一特质很大程度上出于参与主体的多元化和匿名性。网络舆论主体泛化,借浮夸言行"博出位"的网络红人,大炒明星隐私的"娱乐大V",擅长炒作造势的网络推手,从推动网络事件由畸变走向狂欢的"哄客"到卷入灰色利益链条传播谣言的"网络水军"等网络舆论主体活跃于网络舆论场。加上资本操控和文化消费主义盛行,人们的娱乐需求因网络媒体追逐自身利益最大化而异化和放大。"众声喧哗""娱乐至死"式的网络舆论生态消解着人们的理性精神,降低了人们的文化品位,舆论主体与普通网民在集体狂欢中沉浸与盲从,在改变舆论生态的同时也被舆论生态改变,导致网络舆论的泛娱乐化呈现出普遍化、显著化的趋势。"广场狂欢"特质的网络舆论表达既受泛娱乐主义思潮的催化,又反过来成为滋生泛娱乐主义思潮的温床和传播泛娱乐主义思潮的载体。

渗透于泛娱乐化的网络文化中传播。网络文化是在网络信息技术的基础上形成的一种全新的文化形态,是网络空间文化活动、文化方式、文化产品和文化观念的集合。网络文化外延宽且边缘模糊,与上述同样渗透着泛娱乐主义思潮的网络新闻资讯、网络视听节目和网络舆论存在着交融乃至包容的关系。网络文化是现实社会文化的延伸,是新兴技术与文化内容的综合体,具有一般文化的精神娱乐、涵养审美情趣、形塑思维方式和构建价值理念等功能,但是与一般文化相比,网络文化的娱乐功能更加突出。网络流行语、网络游戏、网络"恶搞"和网络文学等彰显娱乐功能的网络亚文化是网络文化中的活跃部分。特别在资本逻辑的支配下,侧重娱乐功能的网络亚文化被过度放大,致使网络文化中泛娱乐化现象突出。泛娱乐主义思潮与网络文化的泛娱乐化现象共存共生,泛娱乐主义思潮为泛娱乐化现象的存在和发展铺垫社会心理和思想意识基础,网络文化的泛娱乐化现象承载和传播泛娱乐主义思潮的思想主张和价值诉求。

2.吸附于其他社会思潮传播

网络泛娱乐主义思潮"稀薄"的"理论内核和虚无的价值取向降低了其

话语的独立性,使其容易被其他社会思潮渗透和裹挟"①。作为一种缺乏系统理论支撑的"空心化"社会思潮,泛娱乐主义具有较强的依附性和渗透性,特别是其契合网络话语的狂欢特质,使其在与网络语言、网络文化、网络舆论浑然一体的交融中成为网络传播的其他社会思潮的背景色调,成为其他社会思潮娱乐化和大众化的推进力量。同时,泛娱乐主义思潮在特定议题与特定时刻与虚无主义、民族主义、民粹主义等思潮的融合,在推动这些社会思潮走向娱乐化的过程中提升自身的影响力。泛娱乐主义思潮"因其游戏化、娱乐化属性,非常容易与各类思潮耦合而产生新的变体"②,网络领域中明显出现衍生形态的社会思潮往往渗透着明显的泛娱乐主义话语,一些政治敏感度高的社会思潮,如"普世价值"思潮、新自由主义思潮、历史虚无主义思潮等,也会与泛娱乐主义思潮结合,以娱乐化的外衣掩盖和降低自己的敏感度,以泛娱乐化的形式传播。

细数近年来掀起较大网络舆论,引发社会思潮高潮的舆论热点事件,都可以找到与泛娱乐主义思潮融合的蛛丝马迹。有些因裹挟某种社会思潮而成为网络热点事件的公共事件之所以能够具有持续影响力,就在于其在舆论发酵的过程中融入了娱乐元素,形成了某种社会思潮与泛娱乐主义思潮融合的网络舆论。以2017年网络上闹得沸沸扬扬的"杨舒平事件"为例,这一事件原本是民族主义、民粹主义合流的典型,但后期泛娱乐主义元素的介入,使得该事件主要以泛娱乐化的形式留存下来。因为毕业演讲中对美国空气和自由夸张的吹捧和对自己家乡的抹黑,杨舒平受到网民关注,网友由对其演讲内容的关注发展到对其家庭背景的关注,网络领域关于其父亲是昆明一个区的公安局局长的谣言把事件引向了民粹主义的轨道,进而引起

---

① 张恂、吕立志:《祛魅与消解:网络泛娱乐主义的资本逻辑批判》,《思想教育研究》,2020第6期。

② 陈昌凤:《斜杠身份与后真相——泛娱乐思潮的政治隐患》,《人民论坛》,2018年第6期。

了更多的网民关注。这一事件在舆论发酵的过程中泛娱乐主义元素持续介入,使这一事件主要作为娱乐、取乐、嘲讽的对象流传下来。如有网友发文表示看到她这张脸想起了《西游记》里的一个人物,配图是杨舒平头像截图和电视剧《西游记》中银角大王手下的小妖,引发网络围观取乐,网友惊呼"怪不得看着面熟"的评论赢得大量点赞。还有网友把杨舒平演讲视频截图,配上各种自创字幕。

潜隐于各类社会思潮复杂交织的乱局中,网络泛娱乐主义思潮不仅使普通大众难以辨识其融合的其他社会思潮的意识形态底色,还能通过其他社会思潮的传播隐蔽、巧妙地散播其娱乐一切的态度和价值观念。

(三)网络消费主义思潮的传播方式

在网络领域,大多数传播平台本身是遵循市场法则、迎合市场需要谋取生存和发展的营利组织,网络平台不仅为各种企业宣传产品或服务,而且自身也通过生产和传播消费主义文化吸引受众,因而网络消费主义思潮在网络领域存在着广泛的渗透和传播。网络消费主义的传播方式众多,归纳起来突出体现为渗入商品和服务的网络广告传播,通过网络平台直接的消费主义文化和生活方式宣传传播及通过自媒体平台上个人消费主义生活方式、生活场景的展示传播。

渗入商品或服务的网络广告中传播。商业性广告是产品生产者和经营者通过媒体向广大消费者宣传产品、树立品牌形象、促进产品销售、扩大经济效益的手段。商业广告之所以同时是消费主义的传播手段,在于商业广告往往通过夸张、联想、象征等手法赋予商品社会意义和符号价值,通过画面和文案刻意渲染和强调商品内在的精神属性、符号意义和社会关系,赋予一些商品和服务尊贵的社会属性,把人们对商品的占有和消费与美好生活、文化品位、身份地位等相联系,点燃人们的消费欲望,刺激消费行为。与传统媒体的广告形式相比,网络广告更加生动灵活而且兼具互动性,网络广告还可以通过网络平台准确统计受众数量及类型,通过全面而精准的信息发送增强广告的针对性,根据受众特质渗透消费主义理念,诱导人们对物品的感性感受,营造影响受众购买心理的氛围,塑造受众消费主义的消费价值观。

通过网络平台上各种形式的消费主义价值观念和生活方式的宣传传播。相比网络商业广告,网络平台上各种形式的消费主义价值观和生活方式宣传对消费主义的传播更加明确、广泛和深入。与传统媒体的官方特质相比,网络平台大多是具有较为灵活产权的法人实体,网络平台遵循市场法则、迎合市场需要的特质使其倾向于展示具有浓郁的消费主义特征的信息内容。网络消费主义价值观念和生活方式的传播在文化消费方面突出表现为为了吸引流量不断迎合受众感官需求,侧重娱乐信息的报道、娱乐化地报道新闻资讯,迎合受众的各种文化快餐式的视听节目等。网络平台上消费主义价值观念和生活方式的传播在物质消费方面表现为渲染国内新富阶层消费观念和生活方式,名车豪宅、名牌服饰的消费物品,挥金如土、一掷千金的消费方式等,在有意无意间制造一种富足和幸福生活的标准与示范效应。网络平台上消费主义价值观和生活方式的宣传和传播还表现在以影视娱乐明星、网络红人为主体形象,塑造"消费崇拜"的对象,将报道焦点集中于明星大腕的衣食住行,炒作他们的服饰、食品、住房和汽车,通过名人效应,诱导人们关注相应的消费品,形成相应的消费观。网络平台在休闲娱乐、购物旅游、居室装修、服饰化妆、烹饪美食等各种栏目融入大量生活消费的行情、趋势、热点等的报道,塑造裹挟消费主义的时尚,传播消费主义文化,营造消费主义氛围,传播消费主义价值观和生活方式。

此外,普通网民通过自媒体平台展示个人消费主义生活方式和生活场景也助力了网络消费主义思潮的传播。网络自媒体是个人展示生活的平台,普通网民可以通过个人微博、微信公众号或者朋友圈分享信息或图片。在消费主义文化的影响下,一些普通网民在微博、微信等自媒体平台分享消费体验,或者展示自己富裕的生活,或出于满足自己的虚荣心通过"炫富"来获得注意力。这些有意无意地"炫富"行为产生了大量的消费主义文化,形成了消费主义的示范效应,这种示范效应在潜移默化中完成了消费主义价值观的传播。

(四)网络犬儒主义思潮的传播方式

网络犬儒主义思潮的传播方式均与网络亚文化有着密切的互动关系,或直接通过各种形式的网络亚文化传播,或附着于网络亚文化上赋予某些网络亚文化以犬儒主义特质,或诱导犬儒主义倾向的网络亚文化现象的出现。

直接通过各种形式的网络亚文化传播。网络犬儒主义直接通过网络流行语、网络文学等形式的网络亚文化传播,其中通过网络流行语传播是最明显也是最常见的传播方式。犬儒主义自传入网络领域伊始即以网络流行语的方式传播。网络流行语一般是衍生于网络领域的具体事件和具体现象的话语和表达,这些话语和表达被受众关注、传播,被网络平台热炒进而成为盛行于网络空间的网络流行语。作为风靡于网络空间的交际语言,网络流行语既是网络社会大众生活的反映和记录,也是网民的心理特征、思维方式和价值取向的集中反映。但是,网络流行语并不完全都是自发产生和传播的,也并不完全是当下社会现实和大众心理的客观反映,其产生也受网络商业资本的运作及各种社会思潮、思想倾向的综合影响。其中,一些网络流行语在传播的过程中被歪曲现实的话语及侧重负面宣泄的消极情绪裹挟逐渐衍生出逃避现实、玩世不恭、普遍性质疑、价值虚无等犬儒主义意味。如"元芳,此事你怎么看?"原本是网友对电视剧台词的吐槽,因为网友的跟风援引、改写和续写而走红,在这一过程中逐渐演变为网友在面对压力时的自我调侃,用以表达对某些现实现象的无奈而附着了犬儒主义色彩。一些衍生于诱发民粹情绪和民粹话语的社会热点事件、反映广大网民对社会热点事件的关注和愤慨的网络流行语,如"俯卧撑""至于你信不信,反正我信了""躲猫猫""我爸是李刚"等,也在频频引用的过程中成为犬儒主义质疑、怀疑一切的代言话语。

通过附着于网络亚文化上赋予某些网络亚文化以犬儒主义特质传播。网络犬儒主义附着在各种形式的网络亚文化上传播,其中突出地表现为附着于网络"恶搞文化"上传播。"恶搞文化"是网络社会形成早期即出现的文化现象,比网络犬儒主义更早地盛行于网络领域。"恶搞作品""恶搞"的对象涉及范围广泛,艺术作品、影视人物、文化精英、历史人物、社会事件等都是"恶搞"的对象,因而网络领域的"恶搞文化"具有大众化、普遍化、日常化的特点。网络领域大量出现的"恶搞作品"是迎合娱乐的需要而产生的,网络"恶搞文化"与网络领域"娱乐至上"的氛围相互助力,容易吸引网民的追捧和参与。"恶搞文化"具有反权威、叛离传统的特征,其中大量以冷嘲热讽的话语风格表达的"恶搞作品"与犬儒主义的话语风格不谋而合。特别是表达对现实生活的无奈的"恶搞文化",在嘲讽、调侃的话语背后传达的是普遍性怀疑、无可无不可、何必认真等犬儒主义态度。

通过诱导犬儒主义倾向的网络亚文化现象传播。通过诱导犬儒主义倾向的网络亚文化现象来传播既是网络犬儒主义思潮的重要传播方式,也是网络犬儒主义传播弥散化、影响深入化的表现。"犬儒主义是一种通过幽默或厌倦尘世的方式来抑制焦虑在情绪上影响的模式。"[①]"佛系文化""躺平学"等都是渗透有"通过幽默或厌倦尘世的方式来抑制焦虑在情绪上影响"

---

① [英]安东尼·吉登斯:《现代性的后果》,田禾译,译林出版社,2000年,第120页。

的网络文化现象,这些文化现象的形成与流行与犬儒主义的传播是一个双向互动、相得益彰的过程,在很大程度上,这些网络文化现象的出现是犬儒主义思潮传播和诱导的结果,同时又反过来加剧犬儒主义思潮的传播。"佛系文化"虽然是每个社会都会存在的亚文化,但当前的"佛系"现象突出表现为以"90后"为主体的青年在巨大的竞争压力下对社会现实表现出来的逃避状态,在这种状态下的人们怀疑"人生是奋斗出来的"的人生信条,对现实社会做出怎么都行,不走心,处处不坚持,事事随大流,看淡一切,不争不抢、不问输赢,得过且过的无奈之举,"佛系"反映的是一种略丧的生活态度,是现代的甚至后现代的犬儒主义。①"躺平学"是与"佛系文化"一脉相承的网络青年亚文化,"躺平学"认为个体毫无改变现状的希望,不从事积极的抗争,只是消极嘲讽,尽量让自己的生活状态安逸舒适的心态是现代犬儒主义的突出表现。

    整体而言,从对网络领域活跃的十种社会思潮的传播方式的分析可见,"西化"与"反西化"类社会思潮中,除了网络历史虚无主义外,其他社会思潮在网络领域的传播方式基本上沿袭了其在现实领域的传统传播方式;网络民族主义思潮、网络历史虚无主义的传播方式既有现实领域传播方式的延续,也有网络领域新生成的传播方式;大众化类社会思潮则在使用网络平台的基础上,更多地采用新生成的与网络语境、网络文化密切结合的传播方式。

---

① 叶穗冰:《当代中国"佛系青年"价值观初探》,《理论导刊》,2018年第8期。

第五章　网络社会思潮的利弊影响

　　每一种社会思潮的出现都建立在一定的社会现实基础上,当前中国社会思潮的多样化和复杂性是在社会转型的特殊时期和复杂的国际环境下出现的思想文化状态,是社会经济生活、政治生活、文化生活和国际环境变化在思想文化领域的反映。不同的社会思潮基于各自的思想文化根源、现实背景和利益主体,形成了不同的思想主张、价值取向和精神追求,从不同角度反映当下中国社会的现实问题和矛盾,同时本身又存在着各自的问题或错误。有些社会思潮既有积极的建设性的思想内容,又有错误的理论观点和思想主张,有的则与中国主流意识形态是完全对立的。[①]

　　作为社会意识的重要组成部分,社会思潮具有强大的能动作用。社会思潮一经产生,其思想主张和价值诉求便会对社会的政治发展和人们的精神生活产生影响。网络新媒体条件下,"自助化"的社会思潮信息了解方式,多元广泛的信息参与主体,提高了公众的政治参与度,海量化的社会思潮信息活跃着人们的思维、释放着人们的情绪,为化解社会矛盾和冲突提供了一定的缓冲作用,也有助于政府了解社情、听取民意,推动中国政治不断发展。同时,部分不良社会思潮利用网络媒体大范围传播,也诱发了价值危机和信仰危机,而且还制造社会矛盾,扰乱意识形态安全。

---

　　① 杨植迪、卢晓勇:《主流意识形态与多样化社会思潮关系问题的哲学思考》,《理论与现代化》,2017年第4期。

在网络社会背景下,社会思潮的网络传播扩大了社会思潮的覆盖面和影响范围,大大增强了社会思潮的大众化程度和对社会及社会成员个体的影响。同时,社会思潮在适应网络传播的过程中发生了不同程度的变化,表现出不同程度的非理性、庸俗化等思想倾向和思想特征,与主流意识形态在精神追求和价值取向上构成对立。整体而言,多样繁杂的社会思潮对国家主流意识形态建设、社会的稳定与发展和公民个体的思想认识与价值构建均有不同程度的影响,但是不同社会思潮的思想主张、价值取向与精神追求不同,影响的性质和层面也有所不同,对此需要进行具体的分析研判。

一、网络民族主义思潮的利弊影响

网络民族主义思潮与传统意义上的民族主义思潮没有根本差异,网络民族主义思潮与历史形态中所有的民族主义思潮一样具备"激励民族斗志、维护国家利益与制造混乱、麻烦并存"的突出特质。[①]网络民族主义是尚在不断变化发展中的社会思潮,不同类型的网络民族主义思潮在关注的问题、话语方式、社会动员方式等方面差异明显,这也是人们包括学界对网络民族主义的认识分歧较大,对其褒贬不一的原因。从积极的角度看待网络民族主义,认为其本质上是爱国主义者有之,从消极的层面认为网络民族主义偏激幼稚,是狭隘民族主义的亦有之。总而言之,网络民族主义是一把"双刃剑",这一"双刃剑"的特质决定了网络民族主义思潮的积极影响与消极影响并存,正面负面效应均有,需要从两个方面去认识。

---

① 罗迪、毛玉西:《争论中的"网络民族主义"》,《中国青年研究》,2006年第5期。

(一)网络民族主义思潮的积极影响

从网络民族主义思潮的话语体系来看,不管是其话语内容中的爱国话语,抵制、对抗话语,还是忧患或优越话语,也不管这种话语是以理性平和的方式还是以激进非理性的方式表达,反映的都是网络民族主义的支持者和传播者朴素的爱国情怀,对国家和民族的热爱与责任感。这种爱国情怀和责任感表达对于激发民众对国家积极认同的情感体验、提升民众民族责任感等具有积极的意义。

第一,营造提升民族凝聚力的舆论氛围,激发人们对民族国家积极认同的情感体验。网络民族主义思潮及其带动的民族主义运动具有灌输和强化民族意识、激发民众对民族国家积极认同的情感体验的作用。网络民族主义思潮强调民族的尊严和利益,能够营造国家和民族认同的舆论氛围,激发民族共同体成员的归属感和使命感。在网络民族主义思潮传播的过程中,表达民族主义思想意识和情感的文字、图片、短视频等素材在各个网络平台传播,成为网民日常网络表达的资源,不管是"犯我中华者,虽远必诛"类的民族主义口号,网友社交平台上使用的"那兔"头像或者表情包,还是"帝吧出征"中网友上传的祖国各地美食、风景名胜都是对自己民族的自豪感、归属感、责任感和使命感的话语表达。这些素材的使用和传播潜在地起到了传达民族意识、培养民族感情的作用。网络民族主义思潮还具有强大的感召力和凝聚力,"民族复兴""国家振兴"等口号能满足民众对国家复兴的心理渴望,唤起命运与共的意识,进而推动自强、向上、团结一心的民族情感,提升民族凝聚力和向心力,激发民众对国家积极认同的情感体验和爱国热情。

第二,提高民族责任感,调动人们参与维护民族利益、参与国家建设行动的积极性。同任何形态的民族主义思潮一样,网络民族主义思潮也是激励其成员的一种精神力量,具有强大的社会动员能力。在常态时期,网络民族主义有关国家民族利益至上的号召有助于社会成员认识到个人与国家、个人与民族共同体之间休戚与共的关系,能够以中华民族共同利益为纽带,提升社会成员对社会共同利益的认同,增强广大民众的民族责任感,调动广大民众参与国家建设的积极性和创造性,激励人们为实现民族的共同利益和根本利益而奋斗,形成民族重新崛起和复兴的精神合力。当民族利益面临威胁时,网络民族主义能够激发各民族团结一心、共克时艰的情感与斗志,动员民众参与到保护民族利益的共同行动中。

此外,网络民族主义思潮在扩大民众政治参与,释放和展示民意,推动国家的民主化进程,乃至使国际社会听到中国民众的声音从而影响相应事件的发展进程等方面都具有直接和间接的积极影响。

(二)网络民族主义思潮的消极影响

非理性是民族主义思潮屡屡被诟病和招致非议的原因。虽然民族主义思潮是出于捍卫民族尊严与利益的良好初衷,但是网络民族主义思潮自身非理性的一面决定了其必然带来一定的消极影响。网络民族主义的不良影响主要是其非理性的情绪,以及非理性情绪导致的过激言论与行为带来的影响,主要表现为助长非理性的网络舆论环境,冲击社会秩序和社会稳定,损害中国国际形象等。

第一,加剧网络舆论环境的非理性。网络民族主义思潮容易带来的最直接的消极影响是加剧网络舆论环境的非理性。虽然从目前的发展方向上看,网络民族主义思潮有趋向理性温和的走向,但非理性是民族主义思潮本身无法摆脱的突出特质,特别是在网络这一多元主体的开放领域,在传统媒体上无法表达的激进乃至极端的民族主义言论,都能够在网络平台上出现。在网络领域,偏激的声音和煽动性的言论往往更容易吸引人眼球,因此使用侮辱性字眼、发表煽动性言论、提议过激行为、宣扬狭隘的民族仇恨等现象在一些激进的网络民族主义表达中屡屡出现。一些营销号"大V"把民族主义事件作为营销素材,为追求点击量发表煽动性观点等,这些都会加剧网络舆论环境的非理性。

第二,冲击社会秩序和社会稳定。网络民族主义思潮有助于推动网民的政治参与,但非理性的政治参与不利于社会秩序的稳定。网络民族主义舆论氛围能够形成"广场效应"的心理暗示,互不相识的网民在这种心理暗示下容易形成群体极化,产生同仇敌忾的情感体验和法不责众的非理性心理,进而造成无序的政治表达与政治参与,甚至形成冲突性社会运动。在激进的民族主义话语占优势的情况下,人们的愤怒还会由于"攻击目标"的遥远和不确定性,转向在国内爆发,转变成社会泄愤事件。[1]对外呈现为网络民族主义积极参与者的网民,同样也是批判现实的主力军。[2]中国网络民族主义者对中国在世界政治舞台上争取更多的权力和权益有着较高的心理期待,这些期待与中国现实的国际影响力之间有一定的差距。当中国在国际事务中受到"挫折"时,激进的民族主义者往往期望政府采取"大快人心"的激进外交政策,如果政府对网络民族主义热点事件的回应与网民过高的期待有落差,激进的网络民族主义者会把不满转向国内,与民粹主义思潮裹挟,批判现实,居高临下地指责政府,挑战政府权威,进而冲击社会秩序和社会稳定。

第三,损害中国和平友好的国际形象。网络民族主义思潮常常通过一些过激言论来表达对祖国利益的捍卫,表达民族的优越感,这些言论虽然也

---

① 郭小安、杨绍婷:《网络民族主义运动中的米姆式传播与共意动员》,《国际新闻界》,2016年第11期。

② 闵大洪:《对中国网络民族主义的观察、分析——以中日、中韩关系为对象》,《中国网络传播研究》,2009年辑刊。

是真情实感的表达,但是也难免会折射出一种狭隘的民族主义倾向,不利于中国和平友好国际形象的构建。在国家和民族利益面临挑战时,还会出现一些威胁以武力解决问题的极端言论。由于互联网传播的全球性,任何一国网民的不当言论都能够迅速被他国网民获知,引起国外媒体注意并传播到所指向的国家,甚至引发两国网民的口水仗。一些偏激、狭隘的言论不仅对事件的解决毫无帮助,而且会加剧中国与涉事国的对抗,导致中国网络民族主义与他国网络民族主义的恶性互动。有些言论还会被国外相关媒体歪曲报道,在国际社会上给中国形象带来不利影响,不利于中国和平崛起的外交环境的营造。特别是在当前中国综合国力提升的情况下,网络民族主义逐渐显露出过高的乐观主义和民族优越感苗头,如近两年的"轻视"印度实力的言论,倡导武力解决问题的舆论,这些为国际上的"中国威胁论"提供口实,影响中国和平崛起的国际形象。

二、网络领域"西化"与"反西化"类社会思潮的利弊影响

"西化"与"反西化"类社会思潮都是政治意识形态类社会思潮,作为公共性的政治力量和文化力量,这两类社会思潮都试图提出具体的整治措施和改革方案来实现政治完善,显示了不同利益阶层对中国问题的政治诊断。[1]因此,在一定程度上,其思想主张和价值诉求的传播本身也在与主流意识形态争夺理论阵地,都会对主流意识形态造成一定的冲击,但是"西化"与"反西化"类社会思潮与主流意识形态的关系不同,因而,除了冲击主流意识形态的共同之处,他们对国家、社会和个人三个层面的影响性质不同。

---

① 安娜、林建成:《新媒体条件下社会思潮传播的特征及其引领》,《社会主义研究》,2016年第6期。

(一)网络领域"西化"类社会思潮的消极影响

新自由主义思潮、"普世价值"思潮和历史虚无主义思潮都是反马克思主义的社会思潮,尽管思想主张和价值诉求关涉的领域有差异,但其实质都是服务于资产阶级意志的意识形态,是西方资本主义意识形态在经济、政治、伦理、历史等领域的反映。这三种社会思潮在思想文化领域的存在和传播表达了一种可以用来作为对照的不一样的理论和主张,开阔了人们的思路和视野,因此不能说完全没有有利的一面。但是,作为以马克思主义为指导的社会主义意识形态的异己力量存在的弊端,使得他们的影响主要表现为消极影响。

1.网络领域新自由主义思潮的消极影响

新自由主义思潮在网络领域没有衍生形态,与现实领域的新自由主义思潮没有明显的形态差异,因而其利弊及影响基本上与现实领域的新自由主义思潮完全一致。新自由主义思潮是服务于当下西方发达国家政治目的的意识形态,其传播不仅冲击主流意识形态和人们的主流意识形态认同,而且容易诱发社会和个体层面的价值观混乱。

冲击主流意识形态。新自由主义否定社会主义发展道路,鼓吹全球资本主义化,反对公有制,反对政府干预,反对马克思主义一元指导思想。正如有学者所指出的,在几十年的嬗变中,中国的自由主义表现形式虽有变化,但"对待马克思主义和社会主义的基本立场和政治主张是一贯到底的","中国的自由主义同中国的马克思主义斗争的根本问题,就是中国究竟要举什么旗,走什么道路,建立什么样的基本制度,建立什么样的国家"。①在网络领域,新自由主义不仅采用传统方法直接发表反对公有制及以公有制为

①　梅荣政、张晓红:《新自由主义思潮》,高等教育出版社,2004年,第99页。

基础的社会主义制度的学术观点和时评文章,而且通过参与网络热点讨论、网络留言等隐蔽的方式否定和抨击社会主义公有制和以马克思主义为指导思想的社会主义意识形态。

消解主流意识形态认同。网络领域新自由主义理论的倡导者主要由学者、资深媒体人和评论人构成,他们在网络空间凭借着身份地位、文化学识、人生阅历和社会影响力,打着解决现实问题的旗号,披着学术理论的华丽外衣,能够比较成功地吸引受众,其高调宣扬的市场化、自由化、私有化又似乎"代表"着时代潮流,①因此极具迷惑性,对网民特别是青年网民具有相当的吸引力。这些新自由主义的倡导者活跃于网站、微博、微信和移动客户端构成的舆论场,以突出的社会问题为"靶子",从经济、政治、社会和文化等方面,无限夸大中国当前社会发展过程中出现的问题,宣扬渗透有新自由主义思想的价值观念和理论观点,散布资产阶级价值观,诱导人们对社会主义道路的怀疑、制造人们对未来改革走向的迷茫,干扰和消解人们的主流意识形态认同。

诱发价值观混乱。新自由主义思潮倡导个人主义,强调个人在社会之上的独立意义,否定集体主义价值取向,否定社会主义社会的集体主义价值观。"经济人"假设是新自由主义的理论前提,新自由主义极力夸大"经济人"假设,鼓吹人性自私论,宣称理性人都是追求自身利益最大化的,为推行个人主义价值观提供依据。在新自由主义各个层面的思想主张中,"经济人"假设和价值观层面的个人主义对普通网民来说是相对直观和具体的部分,也是普通网民生活常常涉及的问题,因此在网络领域渗透最广、影响最大,各类网络平台上的个人主义言论层出不穷。新自由主义的个人主义价值观的传播,诱导人们质疑乃至否定集体主义价值观,误导部分社会成员将个人

---

① 宁阳:《深化经济体制改革须认清新自由主义的本质与危害》,《思想理论教育》,2018年第6期。

与集体视为一对矛盾,将个人利益与集体利益视为一对矛盾,在社会生活中只关注个人利益,或形成唯我独尊的个人主义倾向,造成价值观的错位,诱发价值观的混乱。

2.网络领域"普世价值"思潮的消极影响

"普世价值"思潮是西方为世界量身定制一整套符合西方利益的价值坐标和话语体系,是西方资产阶级实施和平演变的思想武器。[①]网络领域的"普世价值"思潮与现实领域的"普世价值"思潮没有形态差异,网络领域"普世价值"思潮带来的利弊影响与现实领域的"普世价值"思潮也完全一致,其带来的消极影响突出地表现为冲击中国的主流意识形态和干扰人们的主流意识形态认同。

冲击主流意识形态。美国当代著名的国际政治理论家塞缪尔·亨廷顿在著作《文明的冲突与世界秩序的重建》中明确写道:"普世主义是西方对付非西方社会的意识形态","普世文明的概念有助于为西方对其他社会的文化统治和那些社会模仿西方的实践和体制的需要做辩护"。[②]"普世价值"思潮在中国意识形态领域的渗透,旨在按西方政治理念和制度模式改造中国的政治制度,企图侵蚀马克思主义在中国意识形态中的指导地位,推翻中国共产党的领导和社会主义制度。因此,"普世价值"思潮是冲击主流意识形态的社会思潮,其在网络领域的传播会提高其在中国意识形态领域渗透的速度和程度,会对中国主流意识形态造成更大冲击。

干扰人们的主流意识形态认同。"普世价值"思潮的网络传播,使得大量传播西方资产阶级价值观的思想信息以全人类的共同价值观的假象渗透于网络空间,冲击和误导人们的思想认识。"普世价值"思潮的倡导者用西方的

---

① 唐利如:《"普世价值"的理性解读》,《红旗文稿》,2014年第9期。

② [美]萨缪尔·亨廷顿:《文明的冲突与世界秩序的重建》,周琪等译,新华出版社,2002年,第229~230页。

标准来衡量和评价中国改革开放的得失,脱离中国的现实国情,无视中国社会的发展与进步,盲目推崇西方的政治制度,夸大西方政治制度上的成功,腐蚀广大网民特别是青年网民的政治信仰。"普世价值"思潮的支持者把国家和民族取得的成绩和进步视为遵循"普世价值"的结果,把社会问题和社会发展中出现的问题归结为没能有效践行"普世价值"的原因,误导一部分人盲目听信于西方资本主义的话语范式,陷入西方资本主义制造的话语陷阱,从而对社会主义制度的合理性、科学性和未来的发展前景产生疑问。"普世价值"思潮对人们思想认识、政治信仰的误导和扰乱会影响人们中国特色社会主义道路自信、理论自信、制度自信、文化自信的树立,干扰人们对主流意识形态的认同。

3.网络历史虚无主义思潮的消极影响

网络历史虚无主义思潮是历史虚无主义在网络领域的衍生形态,其影响范围与传统意义上的历史虚无主义思潮主要对学术领域和政治领域产生影响不同,网络历史虚无主义思潮的消极影响更多地体现在个体和社会层面,并通过其在个体和社会层面的影响间接冲击主流意识形态。

扰乱人们的历史认知,引发思想认识混乱。网络历史虚无主义思潮助推历史虚无主义由学术话语向大众话语的转换,扩大了历史虚无主义的覆盖面,把大量历史知识储备不充分、思考历史问题方法不成熟、对错误言论缺乏足够甄别和抵御能力的普通网民纳入传播范围。普通网民对"历史"缺乏系统性理解,掌握的历史知识多是以具体人物和事件为中心的片段化、故事化的历史信息,对标新立异的观点和见解容易表现出盲从。因此,网络历史虚无主义碎片化剪切历史,纠缠细节的历史重评、历史重写对普通网民具有很大的吸引力和蛊惑性。同时,娱乐化伪装后的网络历史虚无主义信息内容以无厘头的搞笑段子,剪辑调侃、"恶搞"英雄人物的搞笑视频等形式出现,传播速度更快,影响面也更大而且隐蔽性强。网络历史虚无主义思潮的生产者和传播者利用人们对于标新立异的历史观点、野史秘闻的好奇心及无厘头娱乐心理,发布和传播歪曲历史事实、"戏说"历史人物、事件的碎片化信息,这些信息通过"网络大V"的转载,网络的围观与炒作乃至不知情网民的转发而在网络领域蔓延,此类信息的大量传播和蔓延势必会扰乱人们的历史认知,引发思想认识的混乱。

消解积极的价值追求,引发价值观的混乱。网络历史虚无主义恶意污蔑革命领袖,丑化、调侃历史英雄人物,美化反动历史人物,严重侵蚀正确的价值取向和价值追求。英雄是构筑人们追求崇高人生理想和价值追求的精神坐标,英雄烈士的事迹和精神是中华民族共同的历史记忆和宝贵的精神财富,也是个体和社会积极价值追求的力量源泉。网络历史虚无主义热衷于就人们熟知的历史人物说事,颠覆丑化英雄人物,翻案和美化反动历史人物。网络历史虚无主义对英雄历史人物的调侃、戏弄和对历史事实的拼接、颠倒黑白,既挑战社会的道德底线和积极价值取向,也严重冲击人们的道德认知和价值观念。特别是网络历史虚无主义以搭载大众娱乐的方式,把其核心观点、思想主张、价值取向及历史评价方法通过生活化、大众化的方式渗透于网络空间,诱导"远离崇高""质疑主流""一切都别当真""历史是用来玩的"等错误思想观念,[①]消解积极的价值追求,扰乱正确的价值取向,引发价值观的混乱。

消解共同的历史记忆,削弱人们的主流意识形态认同。20世纪90年代以来的历史虚无主义思潮,主要以"告别革命"的形式泛起。进入21世纪以来,历史虚无主义突出表现为假借"学术创新"名义,重提"中国文明外来"说,鼓吹"历史人物重评"说和"党史诟病"论。[②]习近平明确指出:"历史虚无

---

① 杨军:《历史虚无主义的三个表现》,《人民论坛》,2019年第2期。

② 周良书:《中国共产党反对"历史虚无主义"的历史考察》,《中国高校社会科学》,2017年第2期。

主义的要害,是从根本上否定马克思主义指导地位和中国走向社会主义的历史必然性,否定中国共产党的领导。"①20世纪90年代以来的历史虚无主义旨在通过对中国近现代历史的虚无来摧毁主流意识形态建设的历史根基。正如习近平所指出的:"古人说:'灭人之国,必先去其史。'国内外敌对势力往往就是拿中国革命史、新中国历史来做文章,竭尽攻击、丑化、污蔑之能事,根本目的就是要搞乱人心,煽动推翻中国共产党的领导和我国社会主义制度。"②历史虚无主义思潮通过网络传播后,更加肆意地虚无历史人物,碎片化书写历史以否定历史定论,歪曲、诋毁共产党带领中国人民的奋斗史,质疑已有的历史定论,诱导人们对原有历史的信任危机,意在肢解、歪曲和否定跟中国共产党有关的历史认知和历史记忆,否定中国走社会主义道路的历史必然性,瓦解人们对中国共产党的信任和对中国特色社会主义的信念,削弱人们对主流意识形态的认同。

(二)网络领域"反西化"类社会思潮的利弊影响

文化保守主义思潮和新左派思潮是两种形成于不同历史时期、具有完全不同的思想主张和价值诉求的"反西化"类社会思潮。在利弊影响方面,文化保守主义思潮和新左派思潮都是利弊共存,积极影响和消极影响均有。

1.网络领域文化保守主义思潮的利弊影响

文化保守主义是一个有着广泛影响力的社会思潮,文化保守主义思潮的网络传播使其思想主张与社会大众有了更加广泛、频繁的接触和互动。文化保守主义思潮是一个利弊均有的社会思潮,所以既有积极一面,也存在着一定的弊端并带来消极的影响。

---

① 中共中央党史研究室:《历史是最好的教科书——学习习近平同志关于党的历史的重要论述》,中共党史出版社,2014年,第8页。

② 《十八大以来重要文献选编》(上),中央文献出版社,2014年,第113页。

　　文化保守主义思潮的积极影响既反映在个体层面,也反映在社会和国家层面。

　　在个体层面,文化保守主义思潮有助于增强国民民族身份认同。文化保守主义思潮的倡导者和这一领域的学者注重传统文化知识的挖掘和传播,为传承中国文化开展学术研究、著书立说并开展文化交流活动。网络领域诸多的具有文化保守主义倾向的网络平台为开展传统文化宣传、交流提供了平台,为更多的人通过便捷的渠道接触传统文化知识提供了机会,扩大了传统文化特别是儒学的受众面,有助于提升和加深人们对传统文化的认识。文化保守主义者秉持民族立场和中国文化本位,强调发掘传统文化的现代价值,倡导向全社会宣传普及传统文化,用传统文化构建民族历史记忆,构建民族凝聚和生存的精神支柱,有利于强化中国人的民族根性和民族身份,强化国民的爱国意识和民族身份认同。

　　在社会层面,文化保守主义思潮能够助力良好社会风尚的培育。中国传统文化尚道德,重人伦。在文化保守主义思潮的传播中,传统文化中的传统文化价值观和个人思想品德养成等话题,如"尚和""慎独""知耻""仁孝信""重义轻利"等重新得到重视和探讨,传统儒家文化推崇的"礼、义、忠、信、孝、悌、廉、耻"等内容也不断得以发掘、阐释和宣传,并在通过网络传播和交流的过程中扩大了受众面,这对于公民道德建设和良好社会风尚的形成无疑具有积极作用。文化保守主义思潮的发展推动了民间儒学的发展,并在不同地方、针对不同的对象发展出"大众儒学""百姓儒学""生活儒学""乡村儒学""社区儒学"等,推动了儒学的大众化、草根化、生活化和实践化。不同领域的儒家学者参与到民间儒学、大众儒学的理论研究与实践探索中来,探讨以儒学来规范百姓日常行为,提升个体道德水平,促进人际和谐,这对于提升国民素质、敦风化俗具有潜移默化的作用。

　　在国家层面,文化保守主义思潮有助于增强民族文化的主体性。当代中国文化保守主义思潮传承了近代以来文化保守主义对抗"全盘西化"、反对文化虚无主义的传统,坚持国家立场和文化标准,重视和推崇传统文化,对中国文化的独异民族特质做出肯定与阐扬。文化保守主义思潮的网络传播,扩大了传统文化、民族文化的影响面和影响力,强化了其制衡西方文化扩张,削弱西方文化霸权主义影响的作用,助力了民族文化主体性的增强。

文化保守主义思潮在政治立场上否定马克思主义的主流意识形态地位,并在对待其他文化上持"偏狭的文化心态"①,这些弊端导致文化保守主义思潮带来相应的消极影响,其带来的消极影响主要体现在国家和社会层面。

在国家层面,对主流意识形态构成一定的冲击。中国当代文化保守主义思潮并不是单纯的学术思潮,而是具有意识形态指向性的社会思潮。文化保守主义思潮的基本诉求是文化的复兴,特别是以儒学为代表的文化体系的复兴。文化保守主义者阐释和宣传儒家文化,立足政治层面来进行传统文化的反思,其学术观点和由此带动的社会活动显示出要把儒学作为当今社会占统治地位的意识形态打基础的意识形态指向性。当代中国文化保守主义者发起的一系列全民参与的拓宽、加深儒家文化影响面和影响力的活动多少带有儒化社会甚至儒化国家政治的意识形态企图,这些活动在全国范围乃至全世界华人范围内都产生了巨大的影响。作为当代文化保守主义代表的大陆新儒家们重建儒教的思想有一定差异,但意欲把儒学价值作为核心价值,把儒学当作当今中国指导思想的态度相当明确。文化保守主义者或多或少否定马克思主义在中国的主流意识形态地位。大陆新儒家对马克思主义进行直接或间接否定、排斥甚至攻击,倡导要把儒学作为当今中国人的精神信仰,认为在当代中国只有恢复儒学才能找到民族安身立命的

---

① 李翔海:《当代中国文化保守主义思潮的意义与问题》,《华东师范大学学报(哲学社会科学版)》,2010年第5期。

方向,这无疑与马克思主义信仰是相冲突的。一些坚守文化保守主义的学者一味坚持以儒学为唯一标准衡量近代以来中国文化的发展,从批判文化激进主义走向声讨政治激进主义。

在社会层面,文化保守主义思潮对传统文化的过度推崇助长狭隘的民族主义。部分文化保守主义者对于传统文化过于全面推崇,不客观辩证分析其优缺点,沉醉于对传统的盲目自信,而且表现出妄自尊大的文化心理,认为儒家文化是解决当今社会问题的唯一办法,预言和论证21世纪是儒学的世纪、是东方文化的世纪。在这种盲目的推崇下,网络领域渲染东方文化优越论、华夏文化中心主义及儒学普适论的声浪颇高,放大了眷恋传统、妄自尊大的非理性民族自恋文化情结,助长了对传统文化不分良莠的盲目迷信,这既不利于儒家文化在传承和发展中吸收西方及其他文化的思想精华,也容易导致国人的盲目陶醉和骄傲,导致文化发展过程中缺乏开放批判意识,陷入了盲目自信的误区,助长狭隘的民族主义。

此外,文化保守主义思潮的热潮也带动了文化糟粕的沉渣泛起。在文化保守主义思潮带起的"传统文化热"和"国学热"中,传统文化中的优秀成分和精华固然得到弘扬,但其中的糟粕也随之沉渣泛起。网络自媒体平台上精华与糟粕共存的现象不胜枚举,如将儒家经典的价值绝对化,误导人们以迷信的态度来对待传统文化典籍;冠以传统文化之名宣传严重遏制个性发展和个体理性判断的尊卑等级观念;打着"国学"的名义宣传不合于现代价值观的"三从四德""女德";宣扬占卜、风水、算命等封建迷信和神秘主义,等等。这些虽然不全部属于文化保守主义思潮的内容,但与文化保守主义思潮有着直接或间接的联系,这些内容不仅背离了弘扬传统文化的初衷,也偏离了文化发展的方向。

2.新左派思潮的利弊影响

新左派思潮是一个利弊共存的社会思潮,因此其在网络领域传播带来的影响也表现为积极影响和消极影响两个方面。

利的一面表现在中国的新左派十分关注中国社会主义的前途命运,关切底层民众的生存与发展权益,由此带来有助于政府部门及全社会更加关注和重视底层民众的生存和发展权益的积极影响。

新左派人士对中国社会发展问题抱有极强的敏感性和关注度,他们关切底层民众的生存与发展权益,呼吁我们党和政府根除现代化建设进程中所出现的"偏离社会主义方向的倾向"。新左派思潮表达了一种对国家改革命运、社会发展前途、人民群众利益的担忧和焦虑。①新左派思潮对于现实问题和底层群众权益的关注,及新左派人士对于现实问题和底层群众权益的呼吁对于政府决策具有一定的参考价值。因此,新左派思潮网络传播的积极影响在于其对于现实问题和底层群众权益的关注和呼吁通过网络传播扩大了影响范围,有助于政府部门及全社会更加关注和重视底层民众的生存和发展权益。

弊的一面主要源于新左派对改革开放政策的质疑乃至否定,由此带来干扰人们主流意识形态认同,制造社会隔阂,激化社会矛盾的消极影响。

新左派思潮从坚持所谓的马克思主义"原典"精神出发,以坚持正统马克思主义为旗号,依据僵化标准审视社会主义现代化和改革开放政策,谴责中国的改革开放偏离了社会主义方向。新左派思潮将社会客观存在的贫富分化、贪污腐败、社会不公等问题归咎于市场经济,并据此认为中国的市场化改革已经偏离了社会主义方向,进而要求终止市场化改革,企图回到过去来解决当下中国改革开放进程中出现的问题。新左派美化"文化大革命",主张继续坚持"以阶级斗争为纲",人为地制造中国特色社会主义理论与马克思主义和毛泽东思想的对立,干扰人们对主流意识形态的认知和认同,且

---

① 竟辉:《中国新左派思潮的成因与嬗变略论》,《现代哲学》,2018年第5期。

容易制造社会隔阂甚至怨恨,激化社会矛盾。

新左派思潮与马克思主义理论有着一定的"亲缘"关系,中国新左派思潮的理论资源来自传统马克思主义和西方新马克思主义,新左派的理论观点都是来自马克思主义及相关的各种马克思主义的变种。在网络领域,貌似马克思主义的主张和见解的新左派言论频出。新左派在坚持中国共产党的领导、坚持人民民主专政、维护人民群众根本利益、巩固公有制主体地位的根本遵循上与主流意识形态一致,[1]这也使得人们在遇到新左派的观点主张时,难以和主流意识形态观点主张区分清楚。新左派虽然以新自由主义思潮的对立面出现,但并不与主流意识形态保持一致,"新左派思潮是作为主流意识形态的'异质性'力量存在的"[2]。新左派貌似马克思主义的观点、见解和主张会造成人们对中央大政方针的误解,带来认识上的混乱,这对人们的主流意识形态认知和认同具有消极的影响。

同时,新左派是一个构成成分复杂的批判新自由主义的"思想联盟",中国新左派中的一部分"文化大革命"左派人士一味眷恋改革开放前的时代,经过他们选择性记忆加工所建构的貌似理想主义的"革命"话语在具有左派倾向的网站上十分常见,极易迷惑没有计划经济和"文化大革命"切身经验的年轻人,导致他们盲目认同新左派的选择性记忆和提出的解决当下中国问题的策略,进而影响和干扰他们对主流意识形态的价值认同。

新左派知识分子以匡扶社会正义、拯救人民于水火的角色身份出场,以心系国家命运、关怀弱势群体为政治取向,他们的观点切中了弱势群体对社会现实的不满、对社会公正的渴望,因而对于身处现实困境的弱势群体和底层民众来说十分具有吸引力。[3]新左派中的"民粹左派"以"人民利益""底层

---

[1] 竞辉:《中国新左派思潮的成因与嬗变略论》,《现代哲学》,2018年第5期。

[2] 王炳权:《新左派的表现、趋势及应对》,《人民论坛》,2019年第2期。

[3] 竞辉:《中国新左派思潮的成因与嬗变略论》,《现代哲学》,2018年第5期。

关怀""关注弱势"等为抓手,打着捍卫平等、追求公平的旗号要求限制精英权力。"民粹左派"关注社会底层和弱势群体,其捍卫人民大众利益的鲜明立场彰显出了浓厚的人道主义色彩,但同时也在所谓的"社会底层"和"社会精英"之间制造隔阂甚至怨恨,容易激化社会矛盾。

三、网络领域大众化社会思潮的利弊影响

网络领域的大众化类社会思潮均有着具有独立能动性的网络形态,有些大众化类社会思潮甚至主要表现为网络形态,大众化类社会思潮的影响主要体现在社会和个体层面,但也会直接或者间接对国家主流意识形态构成影响。

(一)网络民粹主义思潮的利弊影响

坚持平民立场,对抗精英是所有民粹主义的思想核心,强调平民大众的价值和理想是各种民粹主义积极的一面,但极端平民化倾向,忽视或者极端否定精英在社会历史发展中的重要作用又是其突出的弊端所在。网络民粹主义思潮完整地承袭了民粹主义的这一突出特质,这一特质也决定了网络民粹主义所能带来的积极影响与消极影响。

1.网络民粹主义思潮的积极影响

网络民粹主义思潮对弱势群体利益的关注,提升了平民大众自我表达的话语权,有助于保护弱势群体权益;其对精英与权威的监督,对于推动问题处理、政策制定的公正和透明,推动社会公平具有积极的意义。

在现实领域,普通民众缺乏自我表达的渠道,不具备为自己争取利益的优势,在社会急剧转型带来的贫富差距拉大、阶层的固化、资源分配不均等

现实问题中容易成为弱势的一方。网络时代,虽然互联网给予了所有人发出自己声音的机会,人们可以通过网络将现实社会中的境遇、不满与诉求发表出来,但是这些呼声极易淹没于浩如烟海的网络信息世界。网络民粹主义积极就涉及平民阶层、弱势群体利益的话题和事件发表意见,吸引网络上来自各个阶层、数量众多的网民群体的关注,能够有效整合网民的力量。网络民粹主义通过议程设置和舆论操控,使涉及普通民众利益的相关议题获取为数众多的网民的关注和讨论而形成热点话题,制造舆论压力,推动政府相关部门加强对弱势群体的关注和对弱势群体切身利益的保护。网络民粹主义的议题和舆论也能够部分地呈现民意的走向和流动,网络民粹主义所聚焦的问题指向社会矛盾中关乎平民利益的不公平现象,表达了平民的利益和诉求,也提升了平民大众自我表达的话语权。网络民粹主义推动涉及弱势群体的公共事件的传播并形成舆论振动的效应,能够引起有关部门持续的高度重视,促使有关部门形成关注弱势群体的政治惯性,保障之后类似情况下的弱势群体的权益也能够得到相应的尊重与保护。

网络民粹主义关注平民、弱势群体的另一面是对精英、权威阶层的舆论监督。民粹主义有着天然的对于精英和权威阶层的批判精神与反抗意识。以专家、官员、富人为代表的权威和精英拥有更多的政治、经济、文化资源,也具有更多的话语权。在现实社会中,平民阶层不仅在话语权上处于劣势,对于精英和权威的监督也往往处于"不敢说""不知道到哪里说""说了没用"的困难境地,无法对精英阶层进行有效的监督。网络民粹主义将视线集中于以专家、官员和富人为代表的精英和权威,一旦他们卷入某个事件之中,这一事件就会被网络民粹主义推波助澜进而发展成为网络热点事件,一旦炒作成为热点事件,精英、权威的言行就都处于网民的监督之下,错误言行的信息容易被曝光。网络民粹主义对弱势群体的声援支持,对精英权威的质疑容易形成一定规模的网络舆论,这种舆论攻势能够迫使各级政府及时公布事情的真相,使事件的处理、政策的制定更加的公正和透明,对于预防精英和权威滥用权力,对于推动社会公平具有积极意义。

2.网络民粹主义思潮的消极影响

网络民粹主义虽然关注弱势群体利益、监督权威与精英,对推动社会公平正义具有积极意义但是网络民粹主义是通过非理性的动员和抗争方式聚集的民意,本质上是一种非理性的意识形态,具有极端化和盲目性的倾向,因此消极影响更加突出。

诱发网络暴力。网络民粹主义打着"为民代言"的大旗,操控网络舆论的方向,往往将具有民粹色彩的观点包装成为代表全体民众的民意,还往往采取"扣帽子""贴标签"的方式人为地建构强势群体与弱势群体,号召网民联合起来,集中力量对"强势群体"进行批判。构成网络主体的是普通网民,他们缺少专业知识,难以甄别信息的真伪,容易被网络民粹主义煽动性的言论所蛊惑。网络民粹主义还擅长"话语强占",[①]并打压不同的声音,煽动和汇聚人们的不满情绪,容易使网络舆论的参与主体在群体性暗示下全盘否定或接受某些观点,形成绝对的舆论优势乃至群体极化。网络民粹主义群体极化的舆论策略极易导致网民丧失冷静思考和理性判断能力,产生非理性的网络暴民群体,进而诱发通过人肉搜索公开隐秘信息,以及使用文字、图片、视频等进行人身攻击的网络暴力行为。

制造和加剧阶层对立。与历史上其他形式的民粹主义一样,网络民粹主义对精英阶层充满了本能的敌意。网络民粹主义坚守极端平民化的立场,高度推崇社会底层民众的作用和价值,视精英阶层为腐化堕落的特权阶层,否认精英阶层的作用,将贫富差距、阶层差距等社会发展进程中的必然存在的现象归咎于精英阶层的存在,将精英阶层树立为必须攻击的靶标,人

---

① 陈龙:《话语强占:网络民粹主义的传播实践》,《国际新闻界》,2011年第33期。

为地建构二元对立的阶层关系。①在网络领域,民粹主义者对涉及精英阶层的热点事件有着高度的敏感性,往往将涉及精英的个别现象夸大为普遍存在的现象,将社会成员个体之间的冲突阐释为阶层之间的对立,将普通事件煽动为公共事件。在网络民粹主义话语塑造的网络热点事件中,民粹主义者为了强化自身的话语说服力,往往夸大事实、放大事件的严重性,甚至不惜编造虚假信息混淆大众视听,煽动普通民众对精英阶层的质疑乃至怨恨。网络民粹主义非理性的网络言论对网民的误导,容易导致网民在不了解事件前因后果的情况下,仅根据网络民粹主义所贴的"官员""富豪""官二代""富二代"等标签就加入批判的队伍中。民粹主义者还善于通过煽动性言论激化人们对现实生存状况的不满,并将人们的不满引向对富人、官员、知识分子、警察等群体的怨恨。在网络民粹主义的煽动下,普通民众数量上的绝对优势具备了压倒精英阶层的话语优势,使得精英阶层在某种意义上成为网络社会中的弱势群体,又从精英阶层的一方强化了精英和平民之间的对立。网络民粹主义诱发的这些网络舆论现象消解社会结构中各阶层之间的有效对话和信任,制造情感隔阂,加剧阶层对立。

冲击政府公信力。公信力是政府的影响力与号召力,是政府行政能力的客观结果,也反映了人民群众对政府的满意度和信任度。政府公信体系的构建,直接受益者或主体是政府,间接或最终受益者是由单个公民及其形成的各种组织所构成的社会。民粹主义最基本的政治主张是对政府的不信任、对现行体制的排斥。美国著名学者克利福特·斯托尔克曾指出,"网络是历史上存在的最接近真正的无政府主义状态的东西"②。作为民粹主义与网络的结合体,网络民粹主义在实践中经常表现出极端化的反政府、反权威倾向。把政府权威组织当作自身的对立面,不论政府做什么或是不做什么,都

---

① 陶鹏:《对网络民粹主义的审视与治理思考》,《理论导刊》,2013年9月。

② 转引自陈岗、潘飞虎:《网络参与对中国民主政治消极影响》,《人民论坛》,2012年第2期。

能成为网络民粹主义批判的对象和理由。网络民粹主义常常利用极少数腐败官员去否定整个官员群体,渲染"为官必腐、为官必贪"的逻辑偏见,消解人们对政府官员的信任度。网络民粹主义思潮还往往无限放大政府的失误决策和失当行为,将具体政府的不当行为扩展至所有的公权力机关,将一个不公事件延伸至所有的事件,攻击公权力机关,恶化公权力机关的社会形象。网络民粹主义思潮聚焦于公权力机关、公权干部问题,尤其是官民对抗事件,以底层、对抗、哄客等叙事手法抨击社会体制、恶意中伤政府工作人员,甚至通过歪曲事实、制造虚假信息来质疑政府的权威性和公正性,加重公众的反向政治认知,弱化人们对现行政治体制、政府管理的认同,冲击政府的公信力。

(二)网络泛娱乐主义思潮的消极影响

娱乐是一种休闲和放松,但是泛娱乐主义思潮中的娱乐主要是一种对待生活的态度,而非仅仅是休闲和放松的意思。因此,网络泛娱乐主义思潮在娱乐休闲和放松身心方面的积极意义甚微,反而是其通过戏谑手段对承载主流价值象征物的"价值侵犯"行为导致的价值虚无危机[1]带来众多流弊,在国家、社会和个体层面都产生了广泛的消极影响。

1.冲击主流意识形态特别是主流意识形态中的主流价值观

网络泛娱乐主义思潮对主流意识形态特别是社会主流价值观的冲击体现在三个方面:一是作为后现代的产物,泛娱乐主义思潮具有明显的质疑国家权威、淡化意识形态、肢解民族精神、排斥政治话语的"非政治化"倾向。[2]

---

[1]　郝娜、黄明理:《"泛娱乐化"现象:现代性语境下崇高精神的虚无困境》,《思想教育研究》,2020年第1期。

[2]　刘白杨、姚亚平:《"泛娱乐化"思潮下大学生党史教育研究》,《思想教育研究》,2017年第9期。

泛娱乐主义思潮对主流价值观的解构、对政治话语的排斥,对宏大叙事的拒斥本身构成了对主流意识形态特别是主流价值观的冲击。二是泛娱乐化"广场狂欢"式的网络文化背后,是各色价值观的众声喧哗。①网络泛娱乐主义思潮催生的网络泛娱乐化现象大量制造娱乐泡沫,填充、挤占网络资源,掠夺注意力资源,客观上挤压了主流意识形态的话语空间和传播空间。泛娱乐主义思潮任意模糊是非曲直、真假、善恶、美丑的边界,或明目张胆或暗度陈仓地向大众传达是非颠倒、美丑不分的错位价值观。在资本与娱乐的合谋下,网络泛娱乐主义注重感官刺激的娱乐表象渗透着个人主义、奢靡主义、拜金主义等错误观念,这些思想观念的扩散构成了对主流价值观的冲击和挑战。三是网络泛娱乐主义思潮传播过程中易与其他社会思潮耦合,特别是一些危害较大的社会思潮,以娱乐化的伪装降低可识别度,借助娱乐话语的伪装,将其思想植入娱乐产品之中,使娱乐话语变异成为意识形态斗争的工具,以娱乐话语宣传与主流意识形态对立的思想观点,这些都直接或者间接对主流意识形态特别是主流价值观构成冲击。

2.侵蚀网络大众文化,破坏网络舆论生态

网络泛娱乐主义思潮在社会层面的不良影响主要表现为侵蚀网络大众文化,恶化网络舆论生态。

大众文化是具有涵养品格、教化人文、实践引领功能的普及性精神资源,新时代人民的美好生活需要包含着健康积极的大众文化需要。健康积极的大众文化既包含正确、科学的价值观,又切实关注普通民众的生活世界。但是网络泛娱乐主义的盛行,导致网络空间文化产品的价值诉求逐渐从艺术价值、欣赏价值和审美价值让位于娱乐价值,无论是内容还是形式,娱乐性都已经成为网络文化产品的一个显著特征。泛娱乐主义助推大量同

---

① 韩升、毕腾亚:《大众文化发展的"泛娱乐化"倾向及其批判》,《思想教育研究》,2020年第2期。

质化、模式化、肤浅化的娱乐文化产品,①消解了文化产品应该具有的原本厚重的人文底蕴。娱乐导向的文化产品以浅薄粗鄙的调侃与无知的嬉笑代替了深入心灵的理性解读、意义追问和对现实的反省与批判。网络泛娱乐主义的恣意扩张还造成了劣币驱逐良币现象的出现,各种拜金、炫富、暴力、色情及所谓的时尚充斥大众的眼球,而那些精致的、深刻的、富有内涵的文化则被边缘化,这些现象的出现导致文化产品的涵养、教化与实践引领作用被降低被忽略,破坏了健康积极的大众文化氛围的构建。

同时,在网络泛娱乐化大潮下,网络领域存在着大量拥有强大的传播能力和庞大粉丝队伍的娱乐营销号和娱乐营销组织,这些个人和组织热衷于搬运、炒作各种娱乐化信息,善于营造瞬间情绪和短时欲望的娱乐氛围,并在必要时进行情绪引导甚至恶意引战,掀起激烈的舆论狂欢风暴。如受一些网络平台的纵容和营销号的诱导,在青少年中出现了以偶像的声誉和利益为最高追求的"饭圈文化"。"饭圈"之间时常掀起"粉黑大战",互相攻击、谩骂乃至恐吓,制造病态的网络氛围,毒化网络舆论生态。随着网络泛娱乐主义思潮的不断演进,舆论娱乐化成为网络时代舆论发展的一个鲜明特征。网络舆论的娱乐化实质上是网民娱乐取向的集体走偏和失控表达,网络舆论的娱乐化使严肃的公共话题讨论领域沦为网民心理、情感和个性的自我宣泄场,恶化网络舆论环境,破坏网络舆论生态的良性发展。

3. 阻碍个体精神世界的健康成长

网络泛娱乐主义思潮广泛地渗透于网络文化、网络舆论之中,必然深刻地反映在人们的认知和思想中,泛娱乐主义娱乐一切、拒绝理性和深刻的特质决定了其必然是阻碍个体精神世界成长的异己力量。

首先,网络泛娱乐主义思潮干扰人们理性思维能力的提升。理性思维

---

① 邢国忠:《泛娱乐主义对青年价值观的影响研究》,《中国特色社会主义研究》,2018年第6期。

能力是帮助人们正确认识和把握客观事物的本质和规律的能力。网络泛娱乐主义思潮的侵蚀则会在潜移默化中误导人们放弃理性、抵制权威,在虚幻的想象中寻求肤浅的精神愉悦与满足,销蚀人们的理性思维。这种潜移默化的销蚀体现在人们日常生活的言行细节中:随意调侃民生、政治、历史等严肃话题;围观和参与对热门话题不负责任的娱乐化评论;过度关注娱乐明星隐私和绯闻,等等。沉迷于网络泛娱乐主义营造的轻松、诙谐的娱乐消遣中,人们在看待事物时会自觉或不自觉地从娱乐的角度去解读,这种表层的解读抑制了个体对问题的深入、理性思考。在泛娱乐主义全民狂欢的群体语境裹挟下,从表面上看,各种严肃的公共话题似乎得到了更多关注和讨论,但实际上这种关注和讨论并不能提升人们对此类事物或事件更深层的了解和认识,公众的关注焦点始终停留在围观的表层,很少去思考话题背后真正值得被关注的东西,并逐渐习惯用娱乐的视角看待苦难、以娱乐的态度消费不幸,以无所谓的态度对待是非曲直,这些都会使人们在无意识的盲从中逐步丧失理性思考能力,从而造成理性思维的缺失。

其次,网络泛娱乐主义思潮会诱发审美的庸俗化。审美即欣赏、品味或领会事物的美。审美是人类理解世界的一种特殊形式,人之所以审美,既是为了愉悦自己,也是为了完善自己。对于个体而言,审美文化综合素养的提升是精神世界自我突破与自我超越的重要推动力量。因此,拥有感受、体验美的审美能力和审美修养,追求高雅的审美是人的全面发展的应有之意。但是在网络泛娱乐主义思潮的"加持"下,泛娱乐化的盛行使得新鲜刺激、琐碎杂乱的网络娱乐信息充斥网络空间。网络泛娱乐化营造了娱乐的虚假狂欢,这种虚假狂欢也让更多缺少批判精神、缺乏理性思考能力的人卷入进来,长期沉浸在肤浅的网络娱乐信息中的人们会在视觉刺激下陶醉在感官娱乐的快感中,弱化用美涵养精神生活和对向上向善价值的追求。泛娱乐化对人们审美观的长期侵蚀,会导致人们把表面、直观、形象等感性化的方面视为判断美的价值标准,淡化对美的内涵和意义的深入探究。网络泛娱乐主义还通过戏谑、调侃解构权威和价值,模糊美与丑之间的界限,割裂高尚与庸俗之间的边界,甚至以审丑、示丑、露丑吸引眼球,吸引人们围观、关注乃至追捧。网络泛娱乐主义思潮对雅俗边界的模糊和对审美价值判断的误导,会导致个体自我审美品位、审美能力降低和审美取向的庸俗化。

最后,网络泛娱乐主义思潮误导价值认知和道德判断,消解政治信仰,虚无精神追求。泛娱乐主义思潮解构意义与价值,带有浓厚的价值虚无化气息,泛娱乐主义思潮的侵蚀会导致人们在无"营养"的娱乐文化狂欢之中丧失价值判断能力和对崇高价值的信仰与追求。在泛娱乐主义的语境中,权威、价值、精神、历史、文化等无不是"戏说""恶搞"的对象,"戏说"历史、"恶搞"英雄、"戏谑"文化、否认规则、漠视道德都是泛娱乐主义思潮的常见现象。在网络泛娱乐化氛围的浸染下,人们难免以"娱乐化"的心态看待被娱乐的对象,从而缺乏对权威、价值、道德、历史等严肃事物的敬畏之心。娱乐化的炒作严肃的事实和话题,弱化人们的道德自律,降低道德羞耻感,并进一步模糊、混淆道德判断标准,削弱道德敬畏,消解道德共识;娱乐性的调侃严肃的历史及历史人物,会消解历史的厚重,歪曲人们的历史价值认知,淡化人们的历史责任感;娱乐化的歪说、曲解政治,会解构政治的严肃性,误导人们以调侃、"恶搞"的方式进行政治参与,甚至仅仅把政治议题作为"恶搞"对象,导致人们政治情感的冷漠和麻木,降低人们的政治参与能力、政治判断力和敏感性,弱化人们的政治信仰和政治认同。

(三)网络消费主义思潮的消极影响

网络消费主义思潮是消费主义思潮在网络领域的衍生形态。网络消费主义渗透性和扩张性强,易与其他社会思潮融合,因而在网络领域弥散甚广。网络消费主义虽然客观上起到了刺激消费、拉动需求的经济效应,但其本质上是一种异化的消费理念的弊端导致其在国家、社会和个体层面均存在突出的消极影响。

1.在国家层面,网络消费主义对主流意识形态构成一定的冲击

网络消费主义思潮内含的物质主义、经济主义、享乐主义和个人主义等价值理念与强调整体主义、集体主义的社会主义意识形态是相矛盾的;网络消费主义思潮倡导奢侈消费、过度消费的生活价值观与艰苦奋斗、勤俭节约的中国传统美德也是冲突的。网络消费主义思潮以消费文化为掩饰进行消费主义价值观的传播,用西方社会的消费观念、消费方式影响人们的思想观念、价值理念,对人们进行意识形态的塑化,会诱使人们向往资本主义的生活方式和消费文化,认同消费至上、个人至上和实用主义等资产阶级价值观,这对社会主义主流意识形态和人们的主流意识形态认同都构成了冲击。

2.在社会层面,网络消费主义思潮对社会安全、文化发展等均存在不良影响

在社会安全方面,网络消费主义思潮蔓延导致的过分渲染奢侈消费、炫耀性消费,容易放大社会贫富差距,激起人们的社会不公平感。网络消费主义诱导下的炫耀性消费、奢侈性消费、符号消费,会强化人们的攀比、炫耀心理,被消费主义激起的内心需求和现实消费能力之间的矛盾会给人们带来心理落差,强烈的心理落差会造成一部分人社会心态失衡。网络消费主义导致的社会不公平感和心理落差、心理失衡等容易滋生仇富心理,催生社会矛盾,助长社会不稳定因素,危及社会和谐稳定。

在文化方面,网络消费主义思潮对文化领域的侵蚀严重影响了文化的教化与引领功能。传媒原本是文化从书斋走向大众的载体,但是市场逻辑、利润至上的价值诉求主宰了网络媒介的选择,英国社会学家、传媒研究专家约翰·B.汤普森指出:"大众传播的商业化在根本上改变了性质:一度曾经是理性批判辩论的特权论坛成为仅仅是另一个文化消费领域,而兴起中的公

共领域则沦为一种受文化产业塑造和控制的虚假的私密世界。"①网络文化强调文化产业、文化产品的价值属性和经济效益,甚至为文化产业、文化产品贴上符号价值的标签,导致文化产业和文化产品的精神内涵和审美教化功能淡化。在网络消费主义笼罩下,严肃文化、高雅文化在网络领域备受冷落,娱乐文化、时尚文化、暴力色情文化在互联网上吸引到更多注意力并大肆扩张。经典作品的厚重意蕴被娱乐化的解读和解构,无深度、片段性、重复性的快餐式消费文化在网络中大行其道并受到相当的追捧,严肃文化、高雅文化在网络文化格局中被忽略、被消解,导致整体上文化的教化与引领功能被侵蚀。

此外,消费主义裹挟的物质主义在网络背景下被放大,人们过度追求物质生活享受和对物质资源的占有,不断膨胀的欲望会导致人们对自然资源和生态环境的无限索取,从而对生态环境构成不良影响。

3.在个体层面,网络消费主义思潮不利于人们精神追求和精神境界的提升

消费主义崇尚物质消费,追求物质享受的"贵族化",鼓励人们在消费中寻求快乐、刺激和满足。网络消费主义思潮营造的奢靡的享乐主义氛围容易麻痹人们的理性思维,使人们认识不到自己的真正需求,不知不觉沉溺于物欲追求和贪图享乐之中,陷入异化消费之中。网络消费主义思潮营造的符号化消费设定,会使人们误以为消费不仅能满足生存的需要和享受的欲望,而且还能带来生活品位和社会地位的提升,从而形成对人生价值的物质主义理解,把高消费和随心所欲地消费视为人生终极目的和追求,对物质利益和金钱的膜拜,颠覆了人们对自身存在意义的理性思考、对丰盈生命价值的追求、对社会责任的担当和对远大理想的向往,导致人们精神维度追求的

---

① [英]约翰·B.汤普森:《意识形态与现代文化》,高铦等译,译林出版社,2005年,第121页。

缺失。

网络消费主义思潮也放大了对文化的消费,消费主义把文化发展的目的归结为娱乐、消遣,把娱乐、消遣追求又局限于感官刺激类的非理性文化享受。网络消费主义思潮诱使人们在网络文化消费中寻找精神满足,在感官享乐中寻找快乐,导致人们的人生体验空洞化和对于自我价值思索的肤浅化。网络消费主义把民族文化、历史与历史英雄人物、精神信仰等都视为消费对象的思想倾向,也导致人们失去对严肃事物的敬畏心,抗拒生命本身所应该具有的严肃性,导致玩世不恭的人生态度和错位的人生价值观,这无疑影响人们健康人格的养成和精神境界的提升。

(四)网络犬儒主义思潮的消极影响

具有犬儒主义倾向的网络亚文化的盛行是当前网络文化领域的一大景观。使用犬儒话语表达自己对生活和现状的不满在一定程度上可以帮助人们释放压力和情绪,但在网络化生存的时代,网络犬儒主义思潮的蔓延会像温水煮青蛙一样在无意识中慢慢销蚀人们的精神世界,进而侵蚀中国社会的思想根基。因而,网络犬儒主义思潮的影响主要表现为消极影响。

1.冲击国家主流意识形态和人们的主流意识形态认同

网络犬儒主义思潮解构崇高价值,否定甚至嘲笑理想主义,解构主流意识形态倡导的对崇高理想的追求。网络犬儒主义玩世不恭的话语对社会主流信仰、道德、价值的调侃和"恶搞"使主流价值的"能指"与"所指"发生颠覆性的变化,消解主流价值的庄重性和严肃性,构成了对国家主流意识形态的解构。网络犬儒主义难得糊涂的话语营造了对主流意识形态所宣传的治国理念、倡导的核心价值的冷漠与拒绝氛围,其愤世嫉俗、冷嘲热讽的话语更是渲染了一种对官方话语的不信任,网络犬儒主义以调侃的姿态对权力话语进行的抵抗,瓦解着主流意识形态的严肃性。网络犬儒主义的这些话语和话语表达在对主流意识形态话语权威构成挑战的同时冲击着人们对主流意识形态的认同。

2.带偏社会舆论氛围,毒化社会心态

犬儒主义以其认识论上的怀疑主义、价值论上的虚无主义、公共生活的"假面化"特征与生存抉择的"去精神化"状态侵蚀着中国社会的精神基础,恶化着中国社会的价值生态。[①]网络犬儒主义以"恶搞"、娱乐消解真理,解构崇高,以平庸化的生存状态嘲弄他人追逐理想、锐意进取的建设性行动,以低俗的价值取向反讽高贵的人格追求,带偏社会的整体文化与舆论氛围。盛行于网络空间的犬儒主义以"丧文化""佛系文化""躺平学"等网络亚文化宣扬消极的生存策略和异化的存在方式,放大了消极避世的人生态度和颓废的大众生存境遇,消解积极向上的社会心态,消磨社会发展进步的内在动力与精神源泉。

3.消解个体积极进取的精神面貌与积极向上的奋斗精神

只有奋斗的人生才能称得上幸福的人生。作为社会的一分子,社会个体只有以振奋的精神风貌、坚持不懈的奋斗精神投身社会实践,才能不断提高自身能力,实现对个人幸福和美好生活的需要。然而,网络犬儒主义则以辛辣幽默的方式传递愤世嫉俗、消极混世的话语,消解人们对自己美好生活的追求和为实现美好生活而努力的奋斗精神。存在于网络空间的"看穿一切、玩世不恭、愤世嫉俗"的消极人生态度虽然只代表了极少一部分人真实现实生活的状态,但是经过网络犬儒主义的嘲讽调侃和渲染放大,则会触发人们对奋斗带来美好人生的信念的怀疑,从而更易陷入网络犬儒主义烘托和营造的看淡一切、安于现状、不走心、无欲无求的生活态度。渗透着网络犬儒主义的"丧文化""佛系文化""躺平学"对个体特别是青少年群体的精神

---

① 刘宇:《论中国社会转型中的犬儒主义及其扬弃》,《理论与现代化》,2015年第6期。

面貌的影响极大,这些网络亚文化带来的价值虚无主义、玩世不恭、藐视一切的生活态度会导致青年人在怀疑一切、否认生活意义、丧失奋斗激情等心态的影响下以消极、悲观的态度来对待生活和实践交往,放弃直面挫折、愈挫愈勇的信心、信念和激情。

　　整体而言,具体网络社会思潮的利弊影响与其在现实领域的影响一致,只是影响覆盖面更广,渗透性更强。不同类型的社会思潮影响的具体层面有差异,网络民族主义思潮在国家、社会和个体层面均存在积极和消极影响。网络领域"西化"与"反西化"类社会思潮对国家主流意识形态和人们主流意识形态认同产生消极影响,网络领域的大众化类社会思潮的影响主要体现在社会和个体层面,但是也都会直接或者间接地对主流意识形态产生一定的冲击。

第六章　网络社会思潮的应对与引导

网络社会思潮种类繁多,性质各异,但是不同的社会思潮同为特殊运动形式的社会意识,因此有着通用的应对与引导举措。同时,不同网络社会思潮的思想主张和价值诉求不同,产生的具体影响不同,对此,需要基于具体网络社会思潮的特质采取个性化的应对与引导举措。因此,网络社会思潮的应对既要有整体的应对之策,也要有针对具体网络社会思潮的应对方法与策略。

一、应对和引导网络社会思潮的基本举措

整体而言,应对和引导网络社会思潮要从强化主流意识形态的建设与宣传;加强网络社会思潮的研判,正确区分并科学对待各种社会思潮;加强公众的教育引导,以及加强网络空间的监管四个方面着手。

(一)强化网络领域主流意识形态的建设与宣传

高度重视意识形态建设,始终坚持马克思主义在意识形态领域的指导地位,是做好意识形态工作的基本遵循,也是积极引领社会思潮的保障。改革开放以来,党中央高度重视意识形态工作,巩固和强化了中国共产党在意识形态领域的领导权,有力抵制了各种错误和腐朽社会思潮的不良影响。

党的十八大以来,习近平总书记在各种会议和座谈会上反复强调意识形态工作的极端重要性,指出"宣传思想阵地,我们不去占领,人家就会去占领"①。"要把意识形态工作领导权和话语权牢牢掌握在手中,不断巩固马克思主义在意识形态领域的指导地位,巩固全党全国人民团结奋斗的共同思想基础。"②

当前,网络是意识形态交锋的主战场与主阵地,互联网成为西方敌对势力向中国兜售价值观念和思想文化、对中国进行意识形态渗透和策动中国"颜色革命"的重要平台。网络领域各种非马克思主义、反马克思主义的社会思潮在互联网技术的助力下,传播更加迅速、覆盖面更加广泛,甚至逐渐演变出新的形态,以碎片化、娱乐化的形式渗透于网络空间,冲击社会主流意识形态。面对网络领域复杂的社会思潮态势,特别是西方价值观念的渗透,要强化网络领域主流意识形态建设与宣传,掌握网络领域主流意识形态的领导权和主动权,巩固马克思主义在意识形态领域的指导地位。

1.强化主流意识形态的网络阵地建设

习近平总书记强调:"读者在哪里,受众在哪里,宣传报道的触角就要伸向哪里,宣传思想工作的着力点和落脚点就要放在哪里。"③在网络普及的时代,马克思主义意识形态的宣传要深入网络领域,这既是思想宣传工作的必然要求,也是武装网络阵地应对网络社会思潮不良影响的重要前提。因此,要建设网络新媒体空间的主流意识形态理论平台,通过专门宣讲主流意识形态的网站、博客、微博与微信公众号等的创建,打造一批综合实力强、影响

---

① 中共中央宣传部:《习近平总书记系列重要讲话读本(2016年版)》,学习出版社、人民出版社,2016年,第196页。

② 中共中央宣传部:《习近平总书记系列重要讲话读本(2016年版)》,学习出版社、人民出版社,2016年,第193页。

③ 习近平:《坚持军报姓党坚持强军为本坚持创新为要 为实现中国梦强军梦提供思想舆论支持》,《人民日报》,2015年12月27日。

力大、覆盖面广的网络平台,构建多层次、立体化的网络新媒体主流意识形态传播体系,以通俗易懂、图文并茂、寓教于乐的形式在主题教育网络平台上宣传马克思主义理论、毛泽东思想、中国特色社会主义理论和习近平新时代中国特色社会主义思想,打造网络主流意识形态前沿阵地。

2.把握网络舆论引导的主动权

要牢牢把握网络领域意识形态话语权,用社会主义核心价值观、社会主义先进文化构建网络意识形态领域的"文化领导权",掌控网络意识形态的话语权和领导权,把握网络舆论引导的主动权。习近平总书记强调:"做好网上舆论工作是一项长期任务,要创新改进网上宣传,运用网络传播规律,弘扬主旋律,激发正能量,大力培育和践行社会主义核心价值观。"①"把握好网上舆论引导的时、度、效,使网络空间清朗起来。"②把握网络舆论引导的主动权需要不断增强网络宣传思想工作能力,提升主流话语的引导能力和水平。创新主流意识形态话语体系宣传的方式方法,深入浅出、推动社会主义核心价值观的大众化,使主流意识形态话语的传播更具亲切感、亲和力和感染力,提升党的舆论宣传的广泛性和有效性。要追踪网络热点,及时发现问题、主动出击,回答人们普遍关心的重大理论问题和现实问题,正面回应对人们影响较大的社会思潮。把握网络舆论引导的主动权需要打造一支具有深厚理论素养,既可以用大众化的语言宣讲主流意识形态,又有娴熟的新媒体运用技术的马克思主义理论宣讲队伍,运用新媒体主流意识形态话语平台,设置相关议题的专家互动与讨论区,解疑释惑,掌控方向,引导话题,提升主流意识形态的影响力与感染力,牢牢掌握网络舆论场的主动权,引领网

---

① 习近平:《总体布局统筹各方创新发展 努力把我国建设成为网络强国》,《人民日报》,2014年2月18日。

② 《习近平主持召开中央网络安全和信息化领导小组第一次会议强调 总体布局统筹各方创新发展努力把我国建设成网络强国》,《人民日报》,2014年2月28日。

络意识形态的正确方向。

(二)注重网络社会思潮的研判,正确区分并科学对待各种社会思潮

多种社会思潮的涌入和兴起是全球化和信息化背景下的必然现象,网络社会思潮的纷繁复杂也是网络时代思想舆论领域的必然现象。针对社会思想观念和价值取向日趋活跃,社会思潮纷纭激荡的社会现实,习近平总书记指出,思想舆论领域"大致有红色、黑色、灰色'三个地带'。红色地带是我们的主阵地,一定要守住;黑色地带主要是负面的东西,要敢于亮剑,大大压缩其地盘;灰色地带要大张旗鼓争取,使其转化为红色地带"①。对于网络空间多样化的社会思潮,要加强分析研判,加强社会思潮的鉴别,对不同的社会思潮采取不同的应对举措。要引导和鼓励积极、进步的社会思潮;包容并引导反映现实社会生活及社会群体利益的社会思潮;辩证分析本身存在两面性的社会思潮,吸收借鉴其合理因素,摒弃其消极因素,采取措施减少或消除其消极因素带来的不良影响;旗帜鲜明、立场坚定地驳斥和批判错误社会思潮与一些社会思潮中的错误观点。对于历史虚无主义、"普世价值"等反马克思主义的社会思潮,要通过摆事实、讲道理,有理有据、理直气壮地给予驳斥,厘清危害并加以抵制;对犬儒主义、消费主义、泛娱乐主义等多样化社会思潮中侵蚀人们价值观,导致人们理想淡漠、信念动摇、意志衰退、价值错位和精神空虚的消极有害因素,不仅要予以抵制和批判,更要在剖析、批评、批判的基础上,通过弘扬先进有益、积极健康向上的思想文化来加以引领;对于网络民族主义、文化保守主义、新左派等利弊俱有的社会思潮,则要发扬其积极因素,抵制其消极因素,引导其积极、建设性的一面的发展成长。

---

① 习近平:《在全国党校工作会议上的讲话》,《求是》,2016年第9期。

研判、区分和科学对待网络社会思潮还要健全网络社会思潮、网络舆情的分析研判机制,加强对意识形态领域新变化、新情况的分析研究。科学预测社会思潮的发展趋向,分析和把握网络社会思潮形成、演变的特点和规律,深入剖析社会思潮的内容,把握社会思潮的本质和发展态势,及时发现并处理倾向性、苗头性问题,提高应对网络社会思潮的预见性、前瞻性和主动性。全面评判网络社会思潮的社会作用,合理应对社会思潮的相关影响,及时组织力量开展坚决、积极的理论和舆论斗争。

分清政治问题、思想问题和学术问题之间的区别与联系也是研判、区分和科学对待网络社会思潮的应有之义。尊重学术界不同学派在理论探讨上的自由讨论,不把学术问题政治化,不采取扣帽子、打棍子等简单、武断、粗暴的方式处理学术论争。正确区分和处理学术问题和政治原则的关系,警惕假借"学术"之名宣扬错误社会思潮,警惕假借"学术"之名攻击社会主义制度、反对党的领导。①

(三)加强对公众的教育引导

在当前社会改革深入发展的时期,新的社会现象和社会矛盾不断出现,给人们带来诸多思想困惑。社会思潮与社会现实相关联,并致力于从特定的视角解释和回答现实社会的矛盾与问题,在一定程度上回应了人们的思想困惑,迎合或者满足了人们的一些心理和思想需求。社会思潮传入网络领域后,在网络领域的发展过程中呈现出不断向人们生活领域扩张的强劲趋势。与现实领域凸显理论性和抽象性的社会思潮话语表达相比,越来越多的网络社会思潮通过生活化、戏谑化表达其思想主张和价值诉求的网络信息进行传播。网络领域越来越多似是而非的网络话语隐喻地表达着特定

---

① 戴立兴:《科学引领社会思潮必须正确处理六个关系》,《红旗文稿》,2015年第10期。

社会思潮的价值诉求。网络社会思潮的内容更加大众化、平民化,各种经过娱乐化、生活化包装的网络社会思潮能够延伸到人们日常生活的各个角落,这些碎片化表达的社会思潮话语在潜移默化中影响人们的思想认知、浸染人们的精神世界。对此,要加强有针对性的教育引导。

首先,要加强有针对性的思想教育。2016年,习近平在网络安全和信息化工作座谈会上的讲话中专门提道:"网民大多数是普通群众,来自四面八方,各自经历不同,观点和想法肯定是五花八门的,不能要求他们对所有问题都看得那么准、说得那么对。""要多一些包容和耐心,对建设性意见要及时吸纳,对困难要及时帮助,对不了解情况的要及时宣介,对模糊认识要及时廓清,对怨气怨言要及时化解,对错误看法要及时引导和纠正。"①

要通过中国当前国情、社会形势、国家政策等的讲解宣传引导公众正视改革开放中所面临的矛盾和困难,理解和认清改革攻坚阶段的复杂情形、矛盾和问题的深层原因,解决公众思想上的种种疑虑和困惑,疏导社会情绪,铲除错误社会思潮产生和蔓延的社会心理基础;加强对中国特色社会主义制度和道路的宣传教育,让人们更好地认识选择中国特色社会主义道路的必然性与重要性,增强道路自信,减少人们被错误社会思潮误导的可能性。同时,要普及社会思潮的基本知识,剖析网络领域常见社会思潮的观点主张、呈现方式、不良影响,让公众了解网络社会思潮的主要类型和影响力,增强人们对社会思潮的基本认知,引导人们保持对网络社会思潮的敏感性,不盲目追随不良社会思潮,自觉抵制网络领域的错误思想言论。

其次,要加强公众的网络媒介素养教育。网络领域信息泛滥,在纷繁复杂的海量信息的冲击下,分析问题能力不强,逻辑思辨能力训练不足,缺乏自主判断能力的普通网民、青少年容易受到各种新奇又貌似合理的歪理邪

---

① 习近平:《在网络安全和信息化工作座谈会上的讲话》,北京:人民出版社,2016年,第6页。

说的引诱,在无意识中接受社会思潮的观点与主张,甚至在围观、娱乐的过程中转发相应的信息,从而成为网络社会思潮的传播者。对此,要通过深入开展网络新媒体的媒介素养教育,提升公众理性运用新媒体的能力。培养公众对网络信息的解读、分析和判断能力,引导人们提高对网络信息的警惕性,强化甄别网络信息真伪的自觉性;引导公众合理选择和使用媒介,理性表达自己对网络热点话题的正确认知,不盲信、不盲从;教育公众在网络媒体公共参与的过程中保持自律,在国家法律法规和道德范围内使用网络媒体,不参与造谣、传谣,不盲目吸收和转发来源不明的信息;引导公众做有理性、有素养、负责任的网民,肩负起在网络舆论引导方面的个体责任,积极利用网络社交平台传播正能量。

(四)加强网络加强网络领域的信息监管

网络社会思潮传播渠道众多,网络时代社会思潮传播路径的监管,不仅需要互联网企业和政府主管部门担当责任,也需要发动社会力量齐抓共管,2016年习近平在网络安全和信息化工作座谈会上就指出:"网上信息管理,网站应负主体责任,政府行政管理部门要加强监管。"[1]2021年习近平在致首届中国网络文明大会贺信中进一步指出:"各级党委和政府要担当责任,网络平台、社会组织、广大网民等要发挥积极作用,共同推进文明办网、文明用网、文明上网,以时代新风塑造和净化网络空间,共建网上美好精神家园。"[2]

完善网络信息监督管理机制,加强网络媒介把关,首先要完善网络实名认证机制,进一步落实网络实名制,确证信息传播的来源归属,遏制网络谣言、错误社会思潮的肆意蔓延。其次要完善信息监督机制,对网络社会思潮

---

① 习近平:《在网络安全和信息化工作座谈会上的讲话》,人民出版社,2016年,第20页。

② 《习近平谈治国理政》(第四卷),外文出版社,2022年,第319页。

进行数据分析画像,利用大数据建立高效科学的网络舆情监测、分析、研判体系,对社会思潮进行有效监测与预判,从而实现对社会思潮的有效引导与管控。最后还要完善网络社交媒介的信息净化机制,通过网络议程设置对错误社会思潮、负面情绪进行有效的过滤、疏通和引导。

　　网络空间不是法外之地,规制网络空间错误社会思潮的肆意散播还要充分发挥法律的强制规范作用。习近平总书记在第二届世界互联网大会上发表主旨演讲时明确指出:"网络空间不是'法外之地'。网络空间是虚拟的,但运用网络空间的主体是现实的,大家都应该遵守法律,明确各方权利义务。要坚持依法治网、依法办网、依法上网,让互联网在法治轨道上健康运行。"[①]党的二十届三中全会在健全网络综合治理体系部分指出要"加强网络空间法治建设,健全网络生态治理长效机制"[②]。要构建完善的网络法律体系,为打击传播不良社会思潮的网络谣言、恶意舆论煽动提供科学的法律依据。定期开展对各类网站、论坛、微博、微信等网络公众平台和网络社交平台的专项监管和整治,对于公然挑衅法律权威的网络言论严加处置、责令整改,必要时采取法律手段对相关平台与责任人加以惩戒,对传播不良社会思潮信息的发起者和传播者形成有效威慑。通过网络空间的法治治理,在法律框架规制不良网络社会思潮信息传播,让严格法律监管为正能量的信息传播保驾护航。

　　此外,除了上述应对网络社会思潮的直接对策,还要从社会现实的角度着手,为消除网络社会思潮的不良影响打下坚实的现实基础,营造良好的社会环境。不管哪一种类型的社会思潮,都有一个共同的特点,那就是其产生和蔓延都有具体的现实原因。现阶段兴起和活跃的社会思潮都与中国的社

---

①　习近平:《论坚持推动构建人类命运共同体》,中央文献出版社,2018年,第306页。

②　《中国共产党第二十届中央委员会第三次全体会议文件汇编》,人民出版社,2024年,第57页。

会现实、社会的发展过程中出现的问题息息相关,是对现阶段经济、政治、文化和社会等领域所出现的种种问题和矛盾的反映。因此,不断推进经济、政治、文化、社会和党的自身的建设,消除滋生不良社会思潮的土壤,可以为从根本上消除网络社会思潮的不良影响打好社会基础。

二、网络社会思潮的具体应对与引导

应对具体网络社会思潮的举措因社会思潮的不同而有差异。对于错误社会思潮及其消极影响来说,既要有应对其传播的举措,也要有应对其不良影响的举措;而对于利弊兼具的两面性社会思潮来说,则是既要应对其可能带来的不良影响,又要避短扬长,引领其健康发展。

(一)网络民族主义思潮的应对与引导

有"民族主义之父"之称的卡尔顿·海斯说过:"对爱国主义、民族性和民族主义的属性和历史的完整且系统的研究,在任何语言中都不存在。"[①]民族主义是个多面体,不能作单一化的理解,而要进行理性思考、辩证分析。理性务实的民族主义有助于培育民族精神、提升民族凝聚力,因而应该给以包容和积极引导;而极端、激进的网络民族主义,则要依据其消极性与潜在危险性加以疏导与治理。具体而言,应对网络民族主义思潮的举措主要包括三个方面:

一是注重对网络民族主义思潮的分析与鉴别,关注和防范网络民族主义思潮中的激进、极端话语。网络民族主义话语中常常夹杂着情绪、情感宣泄话语和冲动偏激言论,在网络民族主义热潮中,也经常有大量伪民族主义

---

① 转引自王联:《关于民族和民族主义的理论》,《世界民族》,1999年第1期。

言论充斥其中,这些极端的言论和伪民族主义言论极易诱发网民在网络民族主义动员和参与过程中的极端行为。对此,要加强对具有民族主义倾向的相关网站、论坛的调研,密切关注门户网站的舆论动态与舆论走向,充分肯定活跃在这些网络平台中的个人和团体的爱国热情,同时对其潜在的风险要及时防范。

二是强化网络民族主义事件的舆论疏导。网络民族主义热潮往往由激发民众民族主义情绪的热点事件触发,引导和应对网络民族主义思潮的核心要义是及时疏导激发网络民族主义浪潮的热点事件的网络舆论。爱国热忱和激情需要宣泄,但宣泄需要有合理的渠道,更离不开科学引导。因此,要积极回应引发网络民族主义舆情的热点事件,及时就相关事件发表看法和见解,引导网民理性讨论相应事件。及时回应和制止破坏党和国家形象,渲染对政府的不信任感及盲目排外情绪的误导性言论,避免民众产生非理性民族主义情绪;鼓励理性爱国主义言论,引导民众理性爱党、爱国,引导社会性力量的成长,汇聚向上向善的网络正能量,引领网络民族主义思潮的健康发展。

三是做好青少年的爱国主义教育,把非理性的民族主义情绪转化为爱国主义情怀。网络民族主义思潮的传播者和接收者以青年群体特别是青年学生为主,从网络民族主义思潮的发展过程来看,历次网络民族主义运动的"意见领袖"几乎都是青年知识分子,参加者主要是青年网民。通过具有民族主义倾向的网络平台宣传、表达爱国思想,开展民族主义动员是青年群体宣泄民族主义情绪的主要渠道之一。对此,要通过民族主义倾向的网络平台了解青年群体关注的社会热点和焦点问题,倾听青年网民的声音,了解青少年的思想动向,防止青少年卷入群体狂热,预防青少年被极端民族主义者蛊惑和利用,避免他们成为极端的、非理性的民族主义者。加强对青少年的爱国主义教育,引导青少年合理表达爱国情怀,树立理性爱国的观念并外化为积极投身于现代化建设大潮的实际行动,把怀着朴素爱国情感的年轻人引导到理性爱国的道路上来,培养具有理性的社会心态、宽阔的胸怀和国际主义视野的下一代。

(二)网络领域"西化"与"反西化"类社会思潮的应对与引导

"西化"与"反西化"类社会思潮都是与主流意识形态相左的涉及社会发展道路和发展走向的社会思潮,在网络时代社会思潮日益大众化的背景下,应对"西化"与"反西化"类社会思潮的影响首先需要正本清源,再在厘清具体社会思潮本质的基础上采取针对性的措施。

1.网络领域"西化"类社会思潮的应对举措

新自由主义思潮、"普世价值"思潮和历史虚无主义思潮三种"西化"社会思潮都是反马克思主义的社会思潮,由于这些社会思潮危害较大,因此在应对举措上以"破"为主。

(1)新自由主义思潮的应对

应对网络领域新自由主义思潮蔓延和不良影响的举措主要是要加强对新自由主义思潮理论误区的分析和现实危害的宣传。新自由主义思潮虽然源于经济学学说,但是其理论既有经济主张,也有政治、思想文化层面的主张,因此要分析新自由主义各个层面的思想主张及其在网络领域的话语呈现,逐一分析逐一批判,结合现实解释新自由主义思潮的理论缺陷和思想本质。理论缺陷如新自由主义"经济人"假设的人性论对人的利己性和个人至上主义的过分强调恰恰违反了以人为本原则;现实危害如以阿根廷等推行新自由主义的拉美国家陷入"中等收入陷阱",出现经济衰退、社会动荡的客观事实,以及推行新自由主义的西方国家近年来出现的问题等为例子,摆事实,讲道理。通过这些鲜明的事实呈现新自由主义思潮的理论误区、现实危害和西方国家极力推行新自由主义思潮的目的所在,引导人们认清新自由主义的幻象,打破对新自由主义的迷信。

(2)"普世价值"思潮的应对

应对网络领域"普世价值"思潮,首先要对"普世价值"思潮进行理论"祛魅"。加强"普世价值"思潮本质的披露和宣传,引导人们认识大众话语中的普遍价值、普遍伦理,学术话语和宗教话语中的普适伦理、全球伦理和政治话语中的西方"普世价值"思潮并不是同一个概念。"普世价值"思潮的支持者、倡导者有目的、有计划地宣传"普世价值",既不是把"普世价值"作为一个学术问题来进行交流和讨论,也不是作为人们美好价值理想的追求来探讨的,而是传播以西方民主制度为核心的话语霸权和政治理论。引导人们认识到西方国家大肆渲染和传播"普世价值"有着特殊的政治目的。结合西方国家在东欧、中东等地区发起的"颜色革命"和发生"颜色革命"的国家经济衰退、政治动荡的社会现状,揭露"普世价值"暗藏的实践陷阱,揭露西方国家对中国进行"普世价值"渗透的用心和图谋。引导人们在西方"普世价值"的引诱和误导面前保持头脑清醒,防范"普世价值"的实践陷阱。

应对"普世价值"思潮的影响,还要加强中国话语体系的建设与宣传,坚定中国特色社会主义道路自信、理论自信、制度自信、文化自信,以中国话语体系的"立"来应对"普世价值"思潮的挑战。坚定文化自信,是应对"普世价值"挑战的根本依托。习近平总书记指出:"要坚定中国特色社会主义道路自信、理论自信、制度自信,说到底是要坚定文化自信。"[①]"文化自信,是更基础、更广泛、更深厚的自信,是更基本、更深沉、更持久的力量。"[②]作为一个具有悠久历史和灿烂文化的大国,中国更要坚定文化自信。要坚持以马克思主义为指导,立足于民族土壤,植根于中国的文化传统,从中华优秀传统文化、中国经验和党的理论创新成果中提炼新话语,进而构建自己的话语体

---

① 习近平:《坚定文化自信,建设社会主义文化强国》,《求是》,2019年第12期。
② 《十八大以来重要文献选编》(下),中央文献出版社,2018年,第474页。

系。①结合新中国成立七十多年特别是改革开放以来中国坚持科学的理论
指导、正确的价值观念和自身的发展道路所取得的伟大成就，讲好中国故
事，传播好中国声音。

（3）网络历史虚无主义思潮的应对

活跃在网络领域的"西化"类社会思潮中，网络历史虚无主义思潮虽然
不是直接宣传西方资本主义的价值观与政治、经济体制，但是其通过对中国
近现代史、中共党史等的虚无否定马克思主义指导思想、否定党的领导和社
会主义道路，为宣传"普世价值"提供历史论证，为西方价值观和西方资本主
义意识形态的渗透铺路。对于网络历史虚无主义思潮及其带来的不良影
响，既要加强监管、依法打击，又要拨乱反正、正本清源，还要释疑解惑，加强
正面引导。

强化网络信息内容的监管力度，是消除网络历史虚无主义传播的前提
条件。充分利用大数据技术的信息整合、分析、挖掘功能，预判网络历史虚
无主义思潮的发展动向，有针对性地打击网络历史虚无主义。要充分发挥
人工智能的信息自动识别功能，及时阻断网络历史虚无主义错误信息的发
布和传播。加强对网络平台、网络"圈群"的监管，对其中涉及"四史"、革命
领袖和英雄人物的信息进行系统监控和过滤。互联网不是法外之地，依法
依规加大网络治理力度，对蓄意伪造历史抹黑党的领导、诋毁革命领袖和革
命英烈、传播历史谣言的言行要依法制止，对于蓄意传播历史虚无主义、危
害国家意识形态安全的网络平台和相关责任人要依法依规惩处。

及时回应、理性批判和驳斥网络中出现的历史虚无主义言论。党的理
论工作者、思想宣传战线特别是主流媒体要坚定政治立场，敢于与散布历史
虚无主义信息者针锋相对，发现网络中的虚无历史言论时要敢于亮剑，与之

---

① 崔唯航：《中国话语体系建设必须实现"中国化"》，《人民论坛》，2018年第34期。

展开正面交锋,运用唯物史观进行驳斥、批判。培养具有深厚历史底蕴、又擅长运用网络媒体的"意见领袖",追踪思想理论热点,及时发现问题,及时回应网络历史虚无主义的错误言论。一旦发现否定、歪曲党史、新中国史、改革开放史、社会主义发展史的各种历史虚无主义言论,立即做出回应并给予严厉批判,深刻揭露其政治本质和严重危害并向公众及时披露,让公众认清历史虚无主义真实面目和隐藏在其背后的政治图谋,鼓励普通网民积极参与到抵制历史虚无主义的队伍中来,遏制网络历史虚无主义的蔓延。

针对被历史虚无主义否定和歪曲的历史内容,有的放矢地开展拨乱反正工作。以唯物史观为指导,通过档案史料的梳理和研究,实事求是地展现重大历史事件的背景、重要历史人物的事迹,以翔实的史料和朴实的笔触,全面、客观、系统地分析、阐释被虚无的历史事件。让"史实发言",通过档案、资料、事实、亲历者口述等批驳网络领域各种对英雄人物的"诋毁说";通过摆事实把历史虚无主义肆意裁剪的"碎片"放在历史的事实中定位,给人们一个准确完整的历史史实陈述,向人们还原历史的真相,彻底粉碎历史虚无主义者的迷惑性谎言,帮助广大人民群众形成正确的思想认识,自觉地摒弃和批判历史虚无主义的错误观点。

注重历史教育和正面宣传,通过各种网络平台对相关历史事件和历史人物进行正确而广泛的宣传,形成挤压历史虚无主义的强势舆论氛围。重视对广大人民群众特别是青少年的历史教育,借助各种载体、通过各种途径加强对广大群众尤其是青少年的历史观教育,讲好真实的历史故事,积极弘扬社会主旋律,筑牢思想防线。

2.网络领域"反西化"类社会思潮的应对与引领

文化保守主义思潮和新左派思潮虽然与主流意识形态相左,但与"西化"类社会思潮鲜明的反马克思主义立场不同,文化保守主义思潮和新左派思潮都具有建设性的一面,因而对这两大社会思潮要辩证对待、积极引导。

（1）文化保守主义思潮的应对与引领

文化保守主义所包容的群体极广，思想主张也极复杂。从20世纪90年代文化保守主义思潮重新兴起到当前的发展历程来看，文化保守主义是一个仍然在发展演变中的社会思潮。文化保守主义者内部思想主张差异明显，群体内部也在不断地分化重组。因此，需要以发展的眼光来看待文化保守主义思潮和文化保守主义者群体，也需要具体分析、区别对待文化保守主义的不同派别及其思想主张，既要发现其合理的、有贡献的地方，肯定其积极的一面，吸收和发扬文化保守主义思潮中的积极因素，又要警惕和批判其负面因素和负面影响。

马克思主义在看待中国传统文化问题上有着明确的主张，习近平总书记强调，"要坚持古为今用、以古鉴今，坚持有鉴别的对待、有扬弃的继承，而不能搞厚古薄今、以古非今，努力实现传统文化的创造性转化、创新性发展，使之与现实文化相融相通，共同服务以文化人的时代任务"①。因此，要运用马克思主义的立场和观点，辩证地认识传统文化在现实生活中的作用，赋予传统文化新的时代内涵，让优秀传统文化在新的时代条件下不断发扬光大。要充分认可文化保守主义在挖掘和弘扬优秀传统文化方面的积极贡献，更要批驳文化保守主义思潮中"儒化国家"的错误言论，批判其在传统文化上盲目自信的误区，同时引导人们认识到当代中国文化保守主义思潮的局限性和不合理部分，预防文化保守主义思潮带来狭隘民族主义和带动文化糟粕的沉渣泛起，以批判来消除文化保守主义思潮的不良影响。要在"尊重差异""百家争鸣"的基础上，引导文化保守主义思潮在传承中创新，使其成为中国社会主义多元文化建设中的一支有益力量。

---

① 习近平：《论坚持推动构建人类命运共同体》，中央文献出版社，2018年，第163页。

（2）新左派思潮的应对与引领

新左派思潮虽然与中国特色社会主义理论同源，但是无论是在价值要义还是在实践目标上都与中国特色社会主义存在明显差异与矛盾碰撞。新左派思潮成分复杂，需要根据新左派思潮中具体构成成分的思想主张具体分析，区别对待。对于言论与立场更趋近于主流意识形态的话语表达，在主流意识形态范围内观照和分析国内社会问题的温和左派要给以包容和适当的引领；对于专门从"文化大革命"理论中寻找学理资源的"文化大革命"左派思潮要结合历史进行理论匡正；对于借助道德优势、政治正确之名扭曲主流意识形态话语的激进左派思潮和以倡导绝对平均主义、追求民粹式民主为核心诉求的民粹左派思潮要及时加以批判和"拨乱反正"。

要整体上对中国新左派思潮进行理论匡正与科学引导，通过对其非马克思主义成分的揭露和批判破除人们对它的意识形态迷思，化解新左派思潮发展过程中可能带来的"走封闭僵化的老路"和极端民粹主义倾向的风险；要敢于和善于对新左派"走封闭僵化的老路"的思想倾向作斗争，排除现实中"左"倾错误的干扰，避免重蹈历史上"左"倾路线的覆辙。同时，要在剥离和剔除新左派思潮中的非马克思主义意识形态成分的同时，引导新左派思潮在不断贴近、契合主流意识形态话语表达的过程中发展成为一支能够促进中国社会进步的建构力量。

（三）网络领域大众化类社会思潮的应对与引导

大众化类社会思潮在网络领域渗透广泛，与网络文化结合度高，对网民有着普遍的影响力，因而需要从多方面着手应对其传播和消极影响。

1.网络民粹主义思潮的应对与引导

全面深化改革，推动经济快速发展；解决民生领域的突出问题，推动社会公平正义；减少不同社会阶层之间的仇视情绪等，都是从根源上消除民粹主义的基本途径。在从根源上寻求消解网络民粹主义举措的同时,还要基于网络民粹主义思潮当下的传播现实采取直接的应对与引领之策。

加强网络平台热点事件的舆论疏导。网络民粹主义热潮往往由网络热点事件引起,或者借炒作网络热点事件传播。因此,加强网络热点事件的舆论疏导是应对网络民粹主义传播和不良影响的首要举措。

首先,要把握舆论引导的先机和主动权。在网络热点事件中,信息披露得越慢、披露程度越低,给网民的想象空间也就越大,以网民主观推导为参照的推测信息越容易在网上发酵,网络谣言和虚假信息越容易传播,网络民粹主义煽动和操作的空间也就越大,越容易导致网络民粹主义舆论的生成和蔓延。信息披露得越及时,信息越全面、翔实,公众越早知情,网络舆论就越不容易被网络民粹主义话语煽动和带偏。因此,及时、准确发布权威信息,及时公布事件调查进展、政府部门处理问题的态度、解决问题的措施等,加强信息疏导,消除诱发公众焦虑情绪、猜疑与对抗心理的因素。

其次,要及时开展心理与思想疏导。公共事件发生时,谣言往往比真相来得快,"造谣一张嘴,辟谣跑断腿",真相需要科学全面的调查分析,解决方案的确定也需要依据法定的流程,事情发生到真相披露、解决方案公布之间的一段时间是网络民粹主义容易煽动和发酵的时间段,在这一时间段需要依托适度宣传引导公众换位思考、保持理性,纾解与网络民粹情绪生成关系紧密的各种不良心态,避免人们的认知和情绪被过度解读或者过度悲情渲染营造的网络舆论带偏,预防网民集体情绪的发酵和高涨,以及由此带来的偏执心态和暴戾之气。

最后,加强网络平台的舆论引导还要积极发挥舆论领袖的引领作用。在网络空间,"意见领袖"是网络舆论的风向标,"意见领袖"消息灵通,传播能力强,影响力大,擅长利用网络平台吸引网民关注,激发网民讨论热情并影响舆论走向。在网络热点事件出现时,"意见领袖"对热点事件进行的信息解读和价值判断是公众看法和态度的重要参照。为此,一方面要与网络领域现有的"意见领袖"开展积极的对话,促使其提高社会责任感,敦促其以客观理性的态度发表观点、引导舆论;另一方面,主流媒体和政府部门也要积极培养自己的"意见领袖"和网络评论员,通过专业和权威的声音回应公众的困惑和质疑,安抚公众情绪,扭转民粹化的观念和态度,把控网络舆论走向。

提升网民网络政治参与方面的综合素养。作为网络空间的中坚力量,网民是影响整个网络空间秩序的重要因素,网民的民意表达是网络民粹主义思潮生成和发展的必要条件。网民网络政治参与中的非理性行为是导致网络民意表达演变为网络民粹的大众狂欢、助推网络民粹主义思潮滋生与蔓延的重要因素。提升网民网络政治参与的综合素养,推动理性化的公民网络政治参与,抵制民粹式的网络民意表达是应对网络民粹主义的关键环节。把握好这一关键环节需要依托公民网络法律素养、网络道德素养和网络媒介素养的培养和提升。网络空间信息鱼龙混杂、泥沙俱下,普通网民缺乏足够的辨别能力,极易被民粹化的情绪感染,被民粹化的言论煽动,互联网的虚拟性等特征容易使网民弱化角色意识,淡化责任意识,导致部分网民无视法律与道德的规范和约束,甚至抱着法不责众的心理肆无忌惮地宣泄情绪、发表极端化言论,充当网络民粹主义的棋子。对此,要注重网民网络政治参与规则意识的培养,引导网民认识到网络不是道德的洼地,更不是法外之地,不能抱着虚拟环境中法不责众的心态肆意妄为,培育网民强烈的社会责任意识、法律意识、道德观念,引导网民正当行使自己的网络表达权和监督权。只要网民具有足够的自律意识,就能够塑造风清气正的网络舆论,进而将网络民粹主义的苗头扼杀在摇篮之中。

此外,一些极端的网络民粹主义事件往往伴随着虚假信息的散布和网络幕后黑手有预谋的策划和推动,对于这一类事件,必须从风险的源头进行治理,依法及时查处虚假信息散布者,打击网络幕后黑手,遏制极端民粹主义的发展。

2.网络泛娱乐主义思潮的应对与引导

各种网络泛娱乐化现象是滋生和助长网络泛娱乐主义思潮的温床,也是网络泛娱乐主义思潮传播的载体,网络中充斥的各种泛娱乐化现象昭示着泛娱乐主义已经深刻嵌入到网络文化之中,也广泛地渗透于人们的生活中,因此应对网络泛娱乐主义思潮及其消极影响需要从多方面着手。

首先,要加强对网络泛娱乐化现象的监管。要坚持底线思维,确立娱乐行为边界,在明确正常娱乐和泛娱乐化界限的基础上借助人工智能技术和人工审核相结合的方式,对网络信息进行筛选和归类,及时发现和过滤清除负面、低俗、有害的泛娱乐化信息。提高对无底线泛娱乐化现象和恶俗、低俗泛娱乐化热点事件的反应速度,及时出手阻止低俗泛娱乐化事件的升温,不放任泛娱乐化舆论发酵。加强对泛娱乐主义思潮及受泛娱乐主义思潮影响而外化、具象化的现实进行治理。依法惩处散播"恶搞""戏说"党和国家历史,丑化、矮化英雄形象的网络谣言与戏谑段子的个人与网络平台,依法处理各种传播庸俗、粗俗、媚俗娱乐化信息的平台,致力于通过监管减少和消除网络泛娱乐主义的负面效应。

其次,加强官方主流媒体的示范与引导工作,及时引导、纠正偏离正确方向的泛娱乐化现象和泛娱乐化舆论。主流媒体和官方平台在资讯报道和节目制作中以身作则,发挥强大的示范作用,在发布信息时把握好严肃性、公信力、娱乐化三者之间的平衡,避免对娱乐的过度迎合和纵容;对各类网络娱乐"失范"现象积极发声,对于偏离正确方向的过度娱乐现象和行为要及时纠正、正确引导,增强对泛娱乐化舆论的回应力度,及时纠偏泛娱乐化的网络舆论。在纠偏泛娱乐化现象和舆论的同时,官方主流媒体还要通过创造性转化、创新性发展,把主流价值话语转换为易于理解和接受的通俗化、大众化、时代化话语,做好主流价值的宣传工作。

再次,要引导公众追求高雅文化,升华自身审美境界。引导人们有意识地进行自我调节和自我控制,及时纠偏过度娱乐化的心理和思想倾向,自觉地对哗众取宠的泛娱乐化作品说不,不沉迷于泛娱乐化产品带来的感官刺激,减少泛娱乐化带来的网络沉溺、情感异化和精神庸俗,避免在网络媒体制造的泛娱乐化信息中迷失自我。培育公众的理性批判意识,引导人们抵制不合理的娱乐话题,抵制和批判泛娱乐化中"戏说"历史、篡改经典、解构崇高、调侃英雄等现象。引导人们积极拓宽精神生活发展的视野与思路,追求高雅文化,不断提升自我存在的精神境界,自觉建构意义丰盈的精神家园。

最后,积极回应公众的休闲娱乐需求,不断挖掘新的创作资源。结合新时代要求创作一批既生动有趣又深刻隽永的主旋律作品,挖掘、宣传生活中蕴含着真、善、美的现实素材,善于把生动的现实素材转化为优秀作品,以创作贴近人民群众生活的健康向上的作品来拓展网络娱乐内容建设的生长点。不断供给符合主流价值导向的品牌化网络娱乐内容,寓教于乐、以文化人,在潜移默化中丰富人们的精神生活。

3.网络消费主义思潮的应对与引导

网络消费主义思潮是消费主义及其向文化领域扩张形成的文化消费主义和网络媒介消费主义的有机统一体。网络消费主义思潮构成内容复杂,迷惑性强,应对网络消费主义的影响要从网络媒体的管理和公众的教育两个方面着手。具体来说:

首先,要加强对网络平台的管理和网络文化的引导。网络媒体"守门人"责任的缺位是导致网络消费主义特别是网络文化消费主义、传媒消费主义泛滥的重要原因。国家相关部门的管理和引导是媒介文化健康发展的压舱石,要扭转网络消费主义的不良倾向,需要以积极的监管和引导来规范网络媒介的传播行为。要加强对网络媒介的制度规范与社会监管,通过监管和引导强化媒体对自身责任的认识,加强媒体从业人员的社会责任意识,重塑网络媒体的社会责任意识,端正网络传媒价值导向,提升媒介文化的内在品质,从源头上控制消费主义文化的蔓延,以正确的价值观引导健康网络文化的构建,引领网络文化健康发展。

其次,要引导人们正确区分一般消费和消费主义,增强对网络消费主义思潮的鉴别力。网络消费主义是服务于资本增殖的异化的消费观,其倡导的消费与消费拉动内需和满足人民群众真实需求的合理消费有着本质的区别。很多人在消费上受"不消费就衰退""消费爱国主义"等话语的影响,认为消费主义能够拉动经济发展和提高人民生活水平,这是对合理消费和消费主义的混淆。消费主义还混淆欲望和需要的区别,将欲望伪装成需要,并通过各种形式的宣传刺激人们的欲望,误使消费者认为自己确实需要相应的消费品,制造虚假消费需求,导致人们并不是从商品的使用价值和自己的真正需要出发来消费,而是追求不断被刺激出来和制造出来的欲望。①消费主义的这种刺激经过兼具视听功能的网络媒体的表达更具吸引力和煽动性,更易误导人们把无止境的欲望和奢求理解为需要。对此,要向公众揭示网络消费主义的这些陷阱,引导人们理性认识和反思当前流行的消费文化和消费理念,引导人们透过网络消费主义制造的价值和意义等虚拟符号看到商品的真实价值和意义,反思消费的合理性,摆脱异化的消费观和消费行为。

最后,要引导人树立科学的消费观念。引导人们正确认识消费的目的和意义,理性看待自己的消费需求及他人的消费行为,建立理性消费心理,树立科学消费观念。要通过政策引导、法律调节等方式,深入贯彻以适度消

---

① 杨魁:《消费主义文化的符号化特征与大众传播》,《兰州大学学报》,2003年第1期。

费、健康消费和环保消费为核心内容的消费观念。引导人们立足自身的现实需要进行适度消费,量入为出,通盘考虑,合理计划,不盲目地"跟风"消费;引导人们健康消费,反对基于感官享乐的庸俗消费和低俗消费,推动有利于促进人的身心健康、文化品位的消费活动;引导环保消费,教育大众在消费过程中考虑消费带来的社会后果,考虑资源和环境的承载能力,摒弃只顾自己享乐而不顾社会后果的自利性消费行为。动员并整合社会力量在全社会倡导物质和精神协调、人与自然和谐、代内需求和代际需求公平的消费理性。推动科学消费观成为指导社会经济发展和人民消费追求的指导思想,成为广大人民群众在生活中自觉践行的消费观念,使物质消费和文化消费成为促进和实现人们全面发展的实践活动。

4.网络犬儒主义思潮的应对与引导

现代犬儒主义作为对"生活的妥协",已经转化为一种普遍的情感状态和社会心理,根本原因是文化生活和经济生活领域对意义的遮蔽和放逐。[①]现代犬儒主义的网络传播加剧了犬儒心态的蔓延,对此,要结合网络犬儒主义思潮的成因、表现及影响采取应对举措。

首先,要提升主流文化在网络文化中的引领作用。主流文化传播的是社会主导的价值观,发挥主流文化的引领作用能够有效挤压网络犬儒主义思潮的传播空间,抵制网络犬儒主义思潮渗透带来的不良影响。渗透着犬儒主义话语的网络大众文化的主要消费群体和影响对象是青年群体,这些网络大众文化之所以受到青年群体的青睐并使青年群体深受影响,既在于青年群体作为网络的常驻民,其思想观念本身深受网络文化影响,也在于渗透着犬儒主义的网络大众文化契合了一些青年的心理状态和生存样态,青年易于对此产生共鸣,还在于其趣味化和诙谐性的呈现方式本身就对青年

---

① 肖祥:《当代犬儒主义的现实样态及其伦理矫治》,《江西社会科学》,2020年第10期。

群体具有吸引力。对此,需要创建传播积极向上的文化与价值诉求的网络平台,打造主流文化网络阵地,加强主流文化在网络文化建设中的影响力,使网络空间成为传播主流文化、弘扬先进文化的重要场域,成为大众尤其是青年群体的精神家园。要把握青年群体的身心特点,大力加强网络平台上契合青年群体身心发展的文化内容的建设,要传播符合青年特点、满足青年需要的优质网络文化。要根据网络传播规律和特点创新主流文化的传播方式,深入浅出,寓正能量于有趣、轻松的内容之中,提升主流文化对青年群体的吸引力,提升主流价值观在青年群体中的认同度,用饱含积极内涵的先进文化引导青年网络大众文化的健康发展,在发挥主流文化引领作用中进一步彰显社会主流价值。

其次,要注重积极社会心态的培育。网络犬儒主义思潮的流行与当下部分人特别是青年群体的消极和负面社会心态不无关联。急功近利、心浮气躁、焦虑迷茫、怨天尤人等是当前常见的不良社会心态,社会情绪、社会心态具有感染力和传染性,特别是网络时代,不良社会情绪和社会心态会通过自媒体网络迅速传播,导致消极和负面社会情绪、社会心态蔓延,不良社会心态容易助力犬儒主义思潮的生成和传播。因此,促进社会成员积极社会心态的养成,瓦解网络犬儒主义生成和蔓延的社会心理,是消除网络犬儒主义思潮影响的关键环节。我们党一直高度重视社会心态建设,党的十八大报告指出:"加强和改进思想政治工作,注重人文关怀和心理疏导,培育自尊自信、理性平和、积极向上的社会心态。"①党的十九大报告也明确提出:"加强社会心理服务体系建设,培育自尊自信、理性平和、积极向上的社会心态。"②培育积极的社会心态、抵御网络犬儒主义的不良影响,需要深入群众做好思想政治工作和心理疏导工作,加强对社会成员心理品性、心理情感的

① 《十八大以来重要文献选编》(上),中央文献出版社,2014年,第25页。
② 《中国共产党第十九次全国代表大会文件汇编》,人民出版社,2017年,第39~40页。

调节,缓解社会群际心理冲突,提高社会凝聚力,培育人们对于美好生活的心理需要和精神向往,化解网络犬儒主义的消极心态取向,帮助人们以自尊自信、理性平和、积极向上的社会心态面对生活。

最后,引导大众特别是青年群体拓展生活境界。客观而言,作为网络犬儒主义重要表现形态的"丧文化""佛系青年"和"躺平学"等也是青年群体自我调整的一种方法,是通过自我调侃的方式来实现消极情绪的宣泄。但是这些网络亚文化打乱了主流文化对于大众特别是青年群体精神状态的期望,也消解人们特别是青少年积极向上的价值追求与精神状态。青年群体面对困难和压力时,应该迎难而上,而不是犬儒式的得过且过、随遇而安。对于网络犬儒主义思潮的消极影响,需要在关怀个体现实生活,给青年更多的"托举"力量的同时,引导青年拓展生活境界,激励青年胸怀理想、志存高远,促进当代青年精神成长。对此,要引导青年明确自身的角色定位,明白自己在社会进步、国家发展和民族复兴中的价值,树立自信心与远大理想,主动承担新时代历史使命;要提升青年家国情怀,社会责任意识,引导青年人关注国家前途、民族命运和人民幸福,不把生活的境界、眼界仅仅局限于个人利益的得失和个人情绪与需求的满足与否上,化压力为动力,激励自己不断前进,与颓废的生活方式绝缘;要引导青年紧跟时代的节奏和步伐,在适应时代的同时散发自己独特的光芒,推动社会向更好的方向前进。

小　结

　　在互联网迅猛发展的形势下,社会思潮借助于网络得以迅速传播并对各社会主体产生复杂、广泛而深刻的影响。因此,如何精准把握网络社会思潮的传播话语、传播方式与传播特点,并有针对性地加以应对和引导,是当前思想文化领域面临的重大理论与实践问题。本书梳理了网络领域活跃的社会思潮,把当前活跃度、影响力和关注度高的十种主要社会思潮划分为三个大类,分析谱系关系,确定十种社会思潮在网络领域的存在形态。从纵向上与传统社会思潮相比较,分析三大类十种具体社会思潮在网络领域的话语主体、话语权力、话语指向、话语内容与话语方式,揭示十种网络社会思潮各具特色的话语特质,同时也揭示不同网络社会思潮在话语方面的共性与差异,凸显这些社会思潮在网络领域与在现实领域的差异;从横向上分析社会思潮在网络领域的主要传播平台、传播方式与传播策略,进一步分析各种不同的社会思潮基于自身不同的性质、主张和价值旨趣,对主流意识形态、对社会稳定和发展、对个体社会成员所产生的不同影响,并在此基础上提出应对和引导网络社会思潮的基本举措和具有针对性的具体办法。这些研究拓展了社会思潮的研究领域,丰富了社会思潮的研究内容,完善了社会思潮的研究体系,对于进一步引导网络社会思潮,促进网络舆论生态健康良性发展,培养网民的健康心态和良好网络素养等具有一定的参考价值。

本书也存在诸多不足和尚需继续深入研究的地方。因为涉及的社会思潮众多,对每种社会思潮的分析只能局限在发展阶段、话语表征、传播方式等几个方面,未能对网络社会思潮传播的个案开展深度分析,也未对网络社会思潮深层的网络传播规律、特点等进行学理总结。同时,网络领域活跃的社会思潮还有很多,如生态主义思潮、女性主义思潮、逆全球化思潮等,这些社会思潮在网络领域也有一定的覆盖面和较大影响力,但是没有纳入本书的研究范围。因此,对每种社会思潮的深入分析和将更多的社会思潮纳入研究范围是今后网络社会思潮研究需要努力的方向。

参考文献

(一)经典文献

1.《马克思恩格斯选集》(第1—4卷),人民出版社,1995年。

2.《毛泽东选集》(1—4卷),人民出版社,1991年。

3.《邓小平文选》(1—2卷),人民出版社,1994年。

4.《邓小平文选》(第3卷),人民出版社,1993年。

5.《江泽民文选》(1—3卷),人民出版社,2006年。

6.《胡锦涛文选》(1—3卷),人民出版社,2016年。

7.《十八大以来重要文献选编》(上),中央文献出版社,2014年。

8.《十八大以来重要文献选编》(下),中央文献出版社,2018年。

9.《中国共产党第十九次全国代表大会文件汇编》,人民出版社,2017年。

10.《毛泽东邓小平江泽民胡锦涛关于中国共产党历史论述摘编》,中央文献出版社,2021年。

11.《毛泽东邓小平江泽民论思想政治工作》,学习出版社,2001年。

12.《习近平谈治国理政》(1—4卷),外文出版社,2014年、2017年、2020年、2022年。

13.《历史是最好的教科书——学习习近平同志关于党的历史的重要论述》,中共党史出版社,2014年。

14.《习近平总书记系列重要讲话读本》,学习出版社、人民出版社, 2016年。

15.《习近平新时代中国特色社会主义思想学习纲要》,学习出版社、人民出版社,2023年。

16.《习近平关于社会主义文化建设论述摘编》,中央文献出版社, 2017年。

17.《习近平关于网络强国论述摘编》,中央文献出版社,2021年。

18.《中国共产党第二十届中央委员会第三次全体会议文件汇编》,人民出版社,2024年。

19.习近平:《论坚持推动构建人类命运共同体》,中央文献出版社, 2018年。

20.习近平:《高举中国特色社会主义伟大旗帜 为全面建设社会主义现代化国家而团结奋斗——在中国共产党第二十次全国代表大会上的报告》,人民出版社,2022年。

21.习近平:《论教育》,中央文献出版社,2024年。

(二)学术著作

1.[美]阿瑟·伯格:《理解媒介:媒介与文化研究的关键文本》,秦洁译,清华大学出版社,2013年。

2.[英]安东尼·吉登斯:《民族国家与暴力》,胡宗泽、赵力涛译,生活·读书·新知三联书店,1998年。

3.[英]安东尼·吉登斯:《现代性的后果》,田禾译,译林出版社,2000年。

4.《巴赫金全集》(第六卷),李兆林、夏忠宪等译,河北教育出版社,2009年。

5.陈昕:《救赎与消费——当代中国日常生活中的消费主义》,江苏人民出版社,2003年。

6.陈锡喜:《意识形态:当代中国的理论和实践》,中国人民大学出版社,2018年。

7.[英]戴维·米勒、韦农·波格丹诺:《布莱克维尔政治学百科全书》,邓正来等译,中国政法大学出版社,1992年。

8.[美]E.M.罗杰斯:《传播学史:一种传记式的方法》,殷晓蓉译,上海译文出版社,2005年。

9.高瑞泉主编:《思潮研究百年反思》,上海古籍出版社,2009年。

10.高永亮:《网络传播消费主义现象批判》,中国传媒大学出版社,2014年。

11.公羊主编:《思潮:中国"新左派"及其影响》,中国社会科学出版社,2003年。

12.[加]哈罗德·伊尼斯:《传播的偏向》,何道宽译,中国传媒大学出版社,2013年。

13.[德]哈贝马斯:《作为意识形态的科学与技术》,李黎、郭官义译,学林出版社,1999年。

14.蒋庆:《再论政治儒学》,华东师范大学出版社,2011年。

15.[德]孔汉斯等编:《全球伦理:世界宗教议会宣言》,何光沪译,四川人民出版社,1997年。

16.[斯洛文尼亚]斯拉沃热·齐泽克:《意识形态的崇高客体》,季广茂译,中央编译出版社,2017年。

17.李国祁等:《近代中国思想人物论:民族主义》,时报文化出版社,1980年。

18.梁启超:《清代学术概论》,中华书局,2020年。

19.廖卫民:《网络舆论波研究》,浙江大学出版社,2014年。

20.林红:《民粹主义——概念、理论与实证》,中央编译出版社,2007年。

21.马立诚:《最近四十年中国社会思潮》,东方出版社,2015年。

22.马德普:《当代中国政治思潮(改革开放以来)》,天津人民出版社,2016年。

23.梅荣政、张晓红:《新自由主义思潮》,高等教育出版社,2004年。

24.[法]米歇尔·福柯:《疯癫与文明》,生活.读书.新知三联书店,2020年。

25.[法]米歇尔·福柯:《规训与惩罚》,生活.读书.新知三联书店,2020年。

26.[法]米歇尔·福柯:《知识考古学》,生活.读书.新知三联书店,2021年。

27.[美]尼尔·波兹曼:《娱乐至死》,章艳译,中信出版社,2015年。

28.秦晖:《共同的底线》,江苏文艺出版社,2013年。

29.秋风:《嵌入文明:中国自由主义省思》,江苏文艺出版社,2014年。

30.[美]让·鲍德里亚:《消费社会》,刘成富、全志钢译,南京大学出版社,2014年。

31.沈壮海:《文化强国的关键要素及其建设研究》,人民出版社,2023年。

32.[美]萨缪尔·亨廷顿:《文明的冲突与世界秩序的重建》,周琪等译,新华出版社,2002年。

33.[英]提摩太·贝维斯:《犬儒主义与后现代性》,胡继华译,上海世纪出版集团,2008年。

34.徐贲:《知识分子:我的思想和我们的行为》,华东师范大学出版社,2005年。

35.俞吾金:《意识形态论》,人民出版社,2009年。

36.[英]约翰·B.汤普森:《意识形态与现代文化》,高铦等译,译林出版社,2005年。

37.[英]约翰·斯道雷:《文化理论与通俗文化导论》,南京大学出版社,2001年。

38.[美]詹姆斯·罗尔:《媒介、传播、文化——一个全球性的途径》,董洪川译,商务印书馆,2005年。

39.张骥等:《马克思主义意识形态引领多样化社会思潮若干问题研究》,人民出版社,2013年。

40.张汝伦:《现代中国思想研究》,上海人民出版社,2014年。

41.中国社会科学研究会编:《中国与日本的他者认识——中日学者的共同探讨》,社会科学文献出版社,2004年。

42.朱汉国等:《当代中国社会思潮研究》,北京师范大学出版社,2012年。

(三)学术论文

1.安娜林:《建成新媒体条件下社会思潮传播的特征及其引领》,《社会主义研究》,2016年第6期。

2.蔡立媛、付芳薇:《消费主义下的网络"恶搞"》,《新闻爱好者》,2008年第3期。

3.曹泳鑫、曹峰旗:《西方网络民主思潮:产生动因及其现实性质疑》,《政治学研究》,2008年第2期。

4.陈昌凤:《斜杠身份与后真相——泛娱乐思潮的政治隐患》,《人民论坛》,2018年第6期。

5.陈定家:《网络空间的历史虚无主义症候》,《红旗文稿》,2016年第7期。

6.陈岗、潘飞虎:《网络参与对中国民主政治消极影响》,《人民论坛》,

2012年第2期。

7.陈继红:《在徘徊中前进的文化保守主义》,《人民论坛》,2018第6期。

8.陈龙:《话语强占:网络民粹主义的传播实践》,《国际新闻界》,2011年第10期。

9.陈清、刘珂:《自媒体时代历史虚无主义传播的特点、危害及对策》,《广西社会科学》,2016年第3期。

10.陈伟军:《虚拟社区中的社会思潮传播与价值形塑》,《浙江学刊》,2013年第1期。

11.程同顺、杨倩:《当前中国的民粹主义》,《江苏社会科学》,2016年第3期。

12.储昭华:《从"保守"到"引领"文化保守主义的新内涵新动向》,《人民论坛》,2020年第22期。

13.从日云:《中国网络民粹主义的表现与出路》,《人民论坛》,2014年第4期。

14.丛日云:《中国网络民粹主义表现与出路》,《人民论坛》,2014第4期。

15.崔唯航:《中国话语体系建设必须实现"中国化"》,《人民论坛》,2018年第34期。

16.戴立兴:《科学引领社会思潮必须正确处理六个关系》,《红旗文稿》,2015年第10期。

17.方付建:《网络空间社会思潮发展方式研究》,《宁夏社会科学》,2013年第2期。

18.方付建:《网络时代社会思潮发展动向研究》,《电子政务》,2015年第8期。

19.方克立:《关于当前大陆新儒学问题的三封信》,《学术探索》,2006

第2期。

20.桂勇、黄荣贵、丁昳:《网络左翼的三重面相——基于个案观察和大数据的探索性研究》,《社会》,2018年第3期。

21.郭明飞、郭冬梅:《互联网上影响我国主流意识形态建设的社会思潮分析》,《江汉论坛》,2014年第3期。

22.郭小安、王木君:《网络民粹事件中的情感动员策略及效果——基于2002—2015年191个网络事件的内容分析》,《新闻界》,2016第7期。

23.郭小安、杨绍婷:《网络民族主义运动中的米姆式传播与共意动员》,《国际新闻界》,2016年第11期。

24.郭小安、朱梦莹:《网络民粹主义的话语特征及动员逻辑》,《天津行政学院学报》,2015第2期。

25.郭中军:《警惕网络民粹主义来袭》,《社会观察》,2009年第12期。

26.韩升、毕腾亚:《大众文化发展的"泛娱乐化"倾向及其批判》,《思想教育研究》,2020第2期。

27.韩升、刘晓慧:《当前网络大众文化的犬儒主义批判》,《新疆社会科学》,2016年第2期。

28.郝娜、黄明理:《"泛娱乐化"现象:现代性语境下崇高精神的虚无困境》,《思想教育研究》,2020年第1期。

29.何彤宇:《论网络公共领域中的犬儒主义根源及形式》,《今传媒》,2014年第1期。

30.何召鹏:《经济发展须警惕新自由主义》,《中国社会科学报》,2016年第14期。

31.贺东航:《警惕疫情大考中网络民粹主义反向冲击》,《人民论坛》,2020年第8期。

32.胡静柔:《论网络消费主义对当代女大学生价值观念的塑造》,《新闻知识》，2020年第4期。

33.胡媛媛、王岩：《意识形态安全视阈中的"普世价值"思潮批判》，《马克思主义研究》，2019年第7期。

34.户晓坤、郭旭新：《改革开放视阈下我国消费主义的问题、表现及悖论研究》，《经济问题探索》，2014年第8期。

35.黄军甫：《民族主义内涵嬗变与中国现代化的道路选择》，《社会科学》，2018年第4期。

36.贾立政、王妍卓、张忠华：《重大社会思潮十年发展变革趋势研判》，《人民论坛》，2020年第3期。

37.蒋建国：《网络消费主义、网络成瘾与日常生活的异化》，《贵州社会科学》，2014年第5期。

38.蒋建国：《消费主义背景下的网络导向型生活与精神迷失》，《现代传播(中国传媒大学学报)》，2015年第2期。

39.蒋庆：《中国文化的危机及其解决之道》，《西南政法大学学报》，2005年第1期。

40.金涛：《政治新闻的泛娱乐化现象析——从媒体大战看"两会"报道的一种不良倾向》，《新闻记者》，2004年第4期。

41.竟辉：《中国新左派思潮的成因与嬗变略论》，《现代哲学》，2018年第5期。

42.竟辉：《中国新左派思潮的当代解析》，《探索》，2018第1期。

43.李方祥：《"历史虚无主义"是意识形态领域特定的政治概念——基于党的文献》，《思想理论教育导刊》，2015年第1期。

44.李红梅：《如何理解中国的民族主义：帝吧出征事件分析》，《国际新闻界》，2016年第11期。

45.李明德、乔婷：《新儒家主义思潮网络传播的表征及其引领》，《内蒙古社会科学》,2020年第5期。

46.李乾坤:《马克思对现代犬儒主义的批判》,《哲学动态》,2021年第3期。

47.李玮、蒋科:《基于媒介进化视角的网络语言问题与治理》,《青年记者》,2021年第15期。

48.李翔海:《当代中国文化保守主义思潮的意义与问题》,《华东师范大学学报(哲学社会科学版)》,2010年第5期。

49.李亚员:《当代中国社会思潮:谱系、特点与趋势》,《江汉论坛》,2018年第2期。

50.李宗陶:《中国只有老左派,没有新左派——对话丁学良》,《南方人物周刊》,2010年第31期。

51.栗蕊蕊、闫方洁:《历史虚无主义的网络话语表征与逻辑陷阱》,《思想教育研究》,2018年第10期。

52.连水兴:《网络、虚拟空间与社会思潮的延伸——关于网络空间"文化保守主义"论争的传播学思考》,《内蒙古社会科学(汉文版)》,2007年第5期。

53.刘白杨、姚亚平:《"泛娱乐化"思潮下大学生党史教育研究》,《思想教育研究》,2017年第9期。

54.刘波亚、郭燕来:《内涵·特点·路径:网络思潮的本质探析》,《理论与改革》,2012年第3期。

55.刘海龙:《像爱护爱豆一样爱国:新媒体与"粉丝民族主义"的诞生》,《现代传播(中国传媒大学学报)》,2017年第4期。

56.刘怀玉:《警惕消费主义营造的美好幻象》,《人民论坛》,2019年第35期。

57.刘军:《超越消费主义,树立科学消费观》,《人民论坛》,2019年第29期。

58.刘军宁:《民族主义四面观》,《东方文化》,1997年第6期。

59.刘瑞生:《网络自由主义思潮趋向偏激》,《人民论坛》,2012年第24期。

60.刘小龙:《当前中国网络民粹主义思潮的演进态势及其治理》,《探索》,2017年第4期。

61.刘小龙:《论当前中国的网络民粹主义动员及其治理》,《社会主义研究》,2017年第4期。

62.刘晓君:《全球化过程中的消费主义评说》,《青年研究》,1998年第6期。

63.刘影:《新自由主义话语的实质及中国应对》,《思想理论教育导刊》,2019年第8期。

64.刘宇:《论中国社会转型中的犬儒主义及其扬弃》,《理论与现代化》,2015年第6期。

65.罗迪、毛玉西:《争论中的"网络民族主义"》,《中国青年研究》,2006年第5期。

66.罗忠荣、杨永志:《警惕网络新自由主义对主流意识形态的消解》,《理论界》,2012年第6期。

67.马丽娟:《从消费主义看网络媒介审丑现象》,《今传媒》,2014年第4期。

68.毛铮、李海涛:《政治文明视野中的网络话语权》,《南京社会科学》,2007年第5期。

69.梅荣政、杨瑞:《历史虚无主义思潮的泛起与危害》,《思想理论教育导刊》,2010年第1期。

70.宁阳:《深化经济体制改革须认清新自由主义的本质与危害》,《思想理论教育》,2018年第6期。

71.潘亚玲:《爱国主义与民族主义辨析》,《欧洲研究》,2006年第4期。

72.秦志希、刘敏:《新闻传媒的消费主义倾向》,《现代传播》,2002年第1期。

73.人民论坛"特别策划"组:《2010—2019重大社会思潮十年演变》,《人民论坛》,2020年第3期。

74.石立春、何毅:《网络民粹主义与当代中国政治发展研究——当代中国网络民粹主义思潮评析》,《电子政务》,2017年第3期。

75.宋兰:《犬儒主义:传媒文化的大忌》,《青年文学家》,2009年第3期。

76.唐利如:《"普世价值"的理性解读》,《红旗文稿》,2014年第9期。

77.陶鹏:《对网络民粹主义的审视与治理思考》,《理论导刊》,2013年第9期。

78.陶鹏:《网络语境下历史虚无主义的流变及其批判》,《中州学刊》,2016年第8期。

79.陶文昭:《互联网上的民粹主义思潮》,《理论导报》,2011年第7期。

80.汪亭友:《"共同价值"不是西方所谓"普世价值"》,《红旗文稿》,2016年第2期。

81.汪行福:《理性的病变——对作为"启蒙的虚假意识"的犬儒主义的批判》,《现代哲学》,2012年第4期。

82.王炳权:《新左派的表现、趋势及应对》,《人民论坛》,2019年第2期。

83.王虎:《微博时代的"文化自弃"——微博中历史虚无主义和文化投降主义的倾向成因简析》,《东南传播》,2014年第1期。

84.王辉:《论民粹主义思潮网络嬗变对大学生的影响及其对策》,《湖南师范大学社会科学学报》,2016年第4期。

85.王军:《试析当代中国的网络民族主义》,《世界政治与经济》,2006年第2期。

86. 王君玲、石义彬:《网络事件中的民粹主义现象分析——以"哈尔滨警察打死大学生"事件为例》,《国际新闻界》,2009年第4期。

87. 王联:《关于民族和民族主义的理论》,《世界民族》,1999年第1期。

88. 王敏坚、钱凌梓:《"恶搞"现象对青少年思想道德的影响及应对》,《中国教育研究论丛》,2007年(年刊)。

89. 王绍光:《民族主义与民主》,《公共管理评论》,2004年第1期。

90. 王岩:《新自由主义的中国样态及其批判》,《探索》,2018年第1期。

91. 王玉鹏、孟献丽:《警惕历史虚无主义荼毒新媒体网络空间》,《红旗文稿》,2016年第5期。

92. 王煜、王倩:《网络民族主义的三个路标》,《新民周刊》,2009年第12期。

93. 吴江、兰颖:《中国公众的民粹化倾向调查报告(2012)》,《人民论坛》,2012年第15期。

94. 夏学銮:《当前中国八种不良社会心态》,《人民论坛》,2011年第12期。

95. 向洋:《网络民族主义:并不虚拟》,《世界知识》,2005年第14期。

96. 萧功秦:《困境之礁上的思想水花——当代中国六大社会思潮析论》,《社会科学论坛》,2010年第8期。

97. 肖祥:《当代犬儒主义的现实样态及其伦理矫治》,《江西社会科学》,2020年第10期。

98. 徐友渔:《当代中国两大社会思潮——自由主义和新左派》,《中国与世界观察》,2006年第3期。

99. 徐友渔:《当代中国社会思想:国学热和文化保守主义》,《社会科学论坛》,2006年第2期。

100. 杨建义:《历史虚无主义的网络传播与应对》,《思想理论教育导刊》,

2016年第1期。

101.杨魁:《消费主义文化的符号化特征与大众传播》,《兰州大学学报》,2003年第1期。

102.杨立雄:《商品抑或礼物:新自由主义与新左派在赛博空间的对垒》,《自然辩证法研究》,2004年第1期。

103.杨植迪、卢晓勇:《主流意识形态与多样化社会思潮关系问题的哲学思考》,《理论与现代化》,2017年第4期。

104.叶穗冰:《当代中国"佛系青年"价值观初探》,《理论导刊》,2018年第8期。

105.易鹏、王永友:《错误社会思潮网络传播对国家意识形态安全的危害与治理》,《思想理论教育导刊》,2018年第2期。

106.俞可平:《现代化进程中的民粹主义》,《战略与管理》,1997年第1期。

107.俞祖华、赵慧峰:《民族主义与近代中国三大思潮的双向互动》,《学术月刊》,2007年第8期。

108.喻大华:《中国近代民族主义的困境与歧路》,《天津社会科学》,2007年第5期。

109.袁婷婷:《意识形态安全阈下的网络民粹主义析论》,《理论导刊》,2016年第7期。

110.张程:《警惕"民主"概念陷阱》,《红旗文稿》,2015年第16期。

111.张秀敏:《网络标题"奇观化"叙事》,《学术交流》,2011年第5期。

112.张恂、吕立志:《祛魅与消解:网络泛娱乐主义的资本逻辑批判》,《思想教育研究》,2020年第6期。

113.张允熠:《评〈中国大陆复兴儒学的现实意义及其面临的问题〉》,《高校理论战线》,1997年第4期。

114.赵丰:《"新左派"势力回潮探析》,《人民论坛》,2014年第4期。

115.赵丽涛:《西方"普世价值"思潮的网络议题与引导策略》,《思想教育研究》,2017年第8期。

116.郑大华:《文化保守主义与"五四"新文化运动》,《北京师范大学学报》,1989年第3期。

117.郑大华:《"西化"思潮的历史考察》,《湖南师范大学社会科学学报》,2005年第2期。

118.郑大华:《现代中国文化保守主义思潮的历史考察》,《社会科学战线》,1992年第2期。

119.郑大华:《中国文化保守主义思潮的历史考察》,《求索》,2005年第1期。

120.郑大华、周元刚:《"五四"前后的民族主义与三大思潮之互动》,《学术研究》,2008年第7期。

121.钟志凌:《网络思潮的传播规律与合理性调控研究》,《学术论坛》,2010年第4期。

122.周红亚:《从闪客到二次元:互联网动画文化发展研究》,《当代电影》,2019年第12期。

123.周逵、苗伟山:《竞争性的图像行动主义:中国网络民族主义的一种视觉传播视角》,《国际新闻界》,2016年第11期。

124.周良书:《中国共产党反对"历史虚无主义"的历史考察》,《中国高校社会科学》,2017年第2期。

125.周庆智:《当前中国民粹主义思潮的社会政治含义》,《政治学研究》,2017年第5期。

126.周暾:《论网络话语的生长》,《湖南社会科学》,2009年第4期。

127.周新城:《戳穿歪曲恩格斯的谎言——兼析民主社会主义泛滥的危

害》,《毛泽东邓小平理论研究》,2019年第5期。

128.周莹莹:《网络社会思潮的运行规律》,《人民论坛》,2018年第18期。